INTELLIGENCE ÉMOTIONNELLE, SERVICES ET CROISSANCE

Luis M. Huete

avec la collaboration de Juan Serrano et Iñigo Soler

Myriam Maestroni

INTELLIGENCE ÉMOTIONNELLE, SERVICES ET CROISSANCE

Fidélisez clients et employés dans les services

grâce à l'intelligence émotionnelle

MAXIMA

LAURENT DU MESNIL EDITEUR

Luis M. Huete, professeur des Universités espagnoles, est un chercheur universitaire mondialement connu. Il a enseigné dans de nombreux pays des USA (Harvard) à l'Italie (Bocconi) en passant par l'Argentine et la France.

Myriam Maestroni, est Directeur Général de Primagaz en France. Elle apporte à ce livre l'expérience de la femme de terrain qui a consacré toute sa carrière au monde de l'énergie, des services et du développement durable.

Vous pouvez joindre les auteurs à l'adresse suivante :
intelligence.emotionnelle@maxima.fr

infos/nouveautés/catalogue : **www.maxima.fr**

MAXIMA
LAURENT DU MESNIL • EDITEUR

192, Bd Saint-Germain, 75007 Paris
Tél. : + 33 1 44 39 74 00 - Fax : + 33 1 45 48 46 88

ISBN : 978 2 84001 506 2

Titre original : *Servicios & Beneficios*, traduit et adapté de l'espagnol.

« Les auteurs ont fait leurs meilleurs efforts pour que les éléments d'informations et d'analyse figurant dans le présent livre ne comportent pas d'erreur ou d'inexactitude concernant notamment les entreprises qui y sont citées. Ils tiennent toutefois à informer le lecteur qu'il est impossible d'exclure totalement qu'une mauvaise interprétation d'une pratique ou d'une stratégie d'entreprise puisse avoir été commise. Si une telle hypothèse se présentait, les auteurs vous remercient par avance de leur écrire pour attirer leur attention et leur faire part de vos observations à ce sujet (et/ou tout autre sujet lié au présent ouvrage) à l'adresse e-mail suivante : iecs@orange.fr ce qui leur permettra d'en tenir compte pour la prochaine édition de l'ouvrage. »

Sommaire

Préface

C'est souvent en période de crise que vous appréciez la vraie valeur des gens et des entreprises. C'est dans une de ces situations que j'ai rencontré Myriam Maestroni, Directrice Générale de Primagaz. Vous vous demandez parfois pourquoi une personne vous a marqué, pourquoi vous avez envie de donner le meilleur de vous-même et d'engager encore plus votre entreprise au service de votre client ?

Ces questions je me les suis posées, cherchant ce qui distinguait Primagaz des nombreux clients que je rencontre et qui le rendait si particulier. Ces caractérisques ne sont-elles pas les attributs nécessaires à l'entreprise du futur dans un monde économique en pleine révolution accélérée ?

Les technologies de l'information ont bouleversé les équilibres jusque là connus. En effet, grâce à Internet et à la rapidité des réseaux, le travail, les clients, les partenaires et les concurrents peuvent se déplacer très rapidement d'un pays à l'autre. Cette globalisation représente autant de risques que d'opportunités pour ceux qui savent les saisir. C'est d'ailleurs ce qu'ont exprimé plus d'un millier de dirigeants, lors d'une étude réalisée par IBM, en soulignant la nécessité de changer les caractéristiques des entreprises. Elles doivent être avides de changement, innovantes et avant-gardistes dans leur approche client, intégrées à l'échelle globale, n'hésitant pas à remettre en cause l'existant tout en restant authentiques et responsables.

Face à l'ampleur de cette tâche de transformation il est deux fondamentaux qu'il ne faut en aucun cas perdre de vue, ses Clients et ses Employés. Leur destin est en fait intimement lié et l'alchimie entre ces deux acteurs permet de créer les conditions nécessaires à l'innovation. C'est par un enthousiasme contagieux que l'homme arrive à déplacer des montagnes, c'est la mission dévolue à chaque dirigeant et manageur d'entreprise. Libérer les énergies positives, créer un environnement propice à la création de valeur, fidéliser ses clients et ses forces vives nécessitent de revoir radicalement les prismes habituels et usités de la notion de performance.

En remettant l'humain et l'émotion au centre de nos préoccupations, ce livre vous redonnera les clefs des fondamentaux qui, ensemble, permettent la perspective d'un développement durable de l'entreprise au plus grand bénéfice de ses clients et de ses collaborateurs. Que de fraîcheur…

Nicolas Sekkaki
Directeur Général
IBM Global Technology Services

Avant-propos

Lorsque Primagaz me confia l'enthousiasmante mais bien délicate mission de créer puis de développer une start-up industrielle spécialisée dans la distribution de gaz de pétrole liquéfiés, tous mes acquis professionnels, mon expérience du monde de l'énergie et mon assurance semblèrent m'abandonner. Tout ce capital était pourtant bien là, aussi intact que ma passion, mais pour réussir dans cette entreprise périlleuse, il me manquait quelque chose, quelque chose que l'on trouve assez peu dans le monde de l'industrie qui était le mien depuis mes tous débuts. Et cela je le découvrais dans un de ces livres de management que je lisais par dizaine à l'époque. Il faut dire que j'avais pris l'habitude d'en acheter un à l'aéroport de Barcelone et de le finir pendant le trajet… et je voyageais beaucoup !

Comment, en effet, identifier les meilleurs leviers de croissance et de succès dans un contexte de marché dominé par un concurrent jouissant d'un monopole historique et d'un niveau de performance largement supérieur à la moyenne ? Comment, plus généralement, trouver sa place au milieu des nombreuses start-ups, pas industrielles du tout, qui connaissaient alors un succès virtuel et des taux de retour sur investissement incluant une prime de risque très largement, elle aussi, supérieure à la moyenne ? Comment un projet industriel basé sur un paradigme de fonctionnement éminemment historique pouvait réussir dans un monde moderne post industriel ?

Toutes les réponses non techniques à ces bonnes questions qui me hantaient, c'est à cette époque que je les découvris dans *Services & Bénéfices*, le livre de Luis-Maria Huete. Vous pouvez me croire, j'ai lu de nombreux livres de management mais jamais aucun ne m'avait autant captivée que celui-ci. Huete a en effet ce talent, propre aux grands auteurs et aux grands professeurs, de pointer du doigt des choses simples et évidentes, qui relevaient jusqu'alors du domaine du ressenti mais que personne n'avait réussi à formuler avec clarté et bon sens. Et pourtant, tout coulait bien de source…

Sans dévoiler ici les pages qui vont suivre, j'aimerais simplement mettre en lumière le tout premier enseignement de Huete, et non des moindres : **les vieux problèmes requièrent de nouvelles idées**. Les problèmes de toujours ne peuvent en effet être résolus par la mise en œuvre de solutions correspondant à la propre logique qui les a créés… car les mêmes causes produisent toujours les mêmes effets.

Or, si la problématique d'une entreprise – assurer sa croissance et sa rentabilité – est toujours la même, la société et les marchés évoluent… et les changements sont souvent plus profonds qu'on ne pourrait le croire.

Aujourd'hui, les marchés occidentaux arrivent presque tous à maturité, et il semble rester peu de niches à découvrir. L'économie croît timidement, voire même décroît et les évolutions technologiques surprennent toujours par leur extrême virulence, le niveau de compétitivité ne cesse d'augmenter. Les concurrents sont de plus en plus innovants et performants mais, en somme, tous les produits offrent des niveaux de qualité similaires. Et les clients, quant à eux, se montrent de plus en plus exigeants, mieux informés, plus volatiles et aussi plus inquiets que jamais.

Dans ce contexte déstabilisant, où tout peut changer à très court terme et où rien n'est définitif, **le « travail bien fait » relève du domaine de l'acquis et ne suffit plus**. Offrir à un client un produit ou un service conforme à sa demande n'est plus suffisant. Bref, pour faire simple, offrir une « qualité de service » sous norme ISO ou autre recette « prête à appliquer » est désormais une condition nécessaire mais plus suffisante.

On en arrive alors à l'objet essentiel de ce livre : ce sont bel et bien les liens qu'une entreprise saura créer avec ses clients, mais aussi avec ses employés, qui lui permettront non seulement de prendre une longueur d'avance sur ses concurrents… mais aussi de croître de façon exponentielle, et ce dans un meilleur climat de travail et en plus grande harmonie avec son environnement.

Pour y parvenir, les équipes dirigeantes doivent adopter de nouveaux cadres de référence, c'est-à-dire, comme vous le découvrirez dans le premier chapitre de ce livre, « sortir de la léthargie » dans laquelle elles ont été plongées par des maîtres à penser ou, osons les appeler ainsi, des « maîtres à gérer » d'un autre temps. Car la création de liens avec les clients et les employés est un moteur de croissance et de succès qui relève de l'impalpable, de « l'intangible »... et dont le mode d'emploi ne se trouve que dans leur propre intelligence. Une forme d'intelligence bien particulière, puisqu'il s'agit de **l'intelligence des émotions**.

Une découverte de taille... mais surtout, comme j'ai pu en prendre conscience presque dix ans plus tard, encore mieux adaptée sans doute au contexte français que j'avais retrouvé entre temps en me voyant confier la Direction Générale de Primagaz en juin 2005.

Je n'avais jamais travaillé pendant une aussi longue période à temps plein, en France, dans mon propre pays. Un pays dans lequel j'imaginais des entreprises et des collaborateurs bien en avance sur ce genre de réflexion et d'expérience. J'avais tort. Plus que nulle part ailleurs, les besoins des entreprises françaises tournaient avant tout autour des relations à établir entre les clients. Plus que nulle part ailleurs, le secret des relations de qualité, s'inscrivant ainsi dans la durée, devait être redécouvert car la réduction du temps de travail, venue après la vague d'un ISO souvent implanté de façon trop technocratique et d'une industrie trop tournée « process », avait beaucoup contribué à faire perdre le sens du contact, le sens du « rendre service », le sens ou peut-être même le plaisir de travailler... pas chez une majorité de personnes, heureusement, mais cette majorité m'avait parue être redevenue silencieuse, trop silencieuse.

Redonner aux employés envie de mieux faire et aux clients de faire confiance au-delà des engagements pris parce qu'un contrat a été signé, c'est aussi, et sans doute surtout, cela à quoi doit servir l'intelligence des émotions.

C'est pourquoi le nouveau cadre de référence que constitue le modèle défini dans « Services & Bénéfices » ne peut s'adresser qu'aux dirigeants prêts à relever le défi de gérer leur entreprise en harmonie avec de nouvelles tendances intellectuelles que certains préfèrent encore ignorer... et pourtant tellement riches de promesses !

Aussi, pour ceux qui se sentent prêts à sortir de cette « léthargie », le modèle de gestion que propose ce livre se révèlera être l'un des meilleurs guides pour les accompagner sur le chemin du succès, car les entreprises dirigées sur ce modèle ont le droit et pratiquement toujours le devoir de croître au bénéfice de leurs actionnaires certes, mais aussi et surtout de leurs clients et de leurs employés.

Au fil des chapitres, vous découvrirez ainsi les variables qui doivent être activées pour réussir une croissance saine et rentable. Une croissance centrée sur le fait de libérer une énergie latente et un niveau de mieux-être chez l'ensemble des acteurs : cadres, employés et clients… Une croissance, fruit d'un management plus riche de sens et ainsi porteuse d'un développement durable.

Myriam Maestroni
Directeur général Primagaz

1.

PRÊTS À SORTIR DE LA LÉTHARGIE ?

« La passion est le moteur de nos plus belles réalisations. »
Hegel

Est-il vraiment naïf de penser qu'il est possible de **réussir dans les entreprises tout en étant heureux** ? En effet, à l'heure où le monde des affaires est dominé par les rapports de force entre fabricants et distributeurs, par des conflits d'intérêts au sein même de la plupart des sociétés ou encore par des guerres des prix et des batailles de communication entre concurrents, un tel postulat semble relever de l'utopie. C'est pourtant le postulat de départ de notre modèle de gestion « *Services & Croissance* »…

Si ce modèle ne remet pas en cause les motivations premières de tout entrepreneur (créer de la richesse), de tout employé (gagner sa vie le mieux possible) et de tout consommateur (obtenir le meilleur rapport qualité/prix), il intègre une variable négligée depuis de trop nombreuses années : le bonheur de chacun de ces acteurs. Plus encore, il nous enseigne que **ce bonheur est créateur de valeur pour l'entreprise**, et par là même vecteur de croissance et de succès.

Le bonheur est bel et bien cette énergie « endormie » que le modèle « *Services & Croissance* » propose de libérer. **Une libération qui passe d'abord par celle des patrons et des cadres dirigeants**, prisonniers de modèles de gestion hérités du passé, les ayant plongés dans une profonde léthargie… ou simplement dans trop de peurs.

1.1. Le grand réveil

Comme nous le précisions en avant-propos, il est impossible de résoudre des problèmes nouveaux en appliquant des méthodes du passé. Or, le monde en général, et celui des affaires en particulier, sont en pleine mutation et l'incertitude y règne en maître. Notre époque, marquée par **l'urgence du changement**, place ainsi les patrons et les équipes dirigeantes dans la situation la plus complexe qui soit : la remise en question ou, en d'autres termes, la nécessité de se réveiller et de se libérer de paradigmes de gestion devenus obsolètes, voire dangereux pour l'avenir de l'entreprise. Dangereux, car hérités d'une ère industrielle qui n'existe plus.

Nul ne peut en effet contester le fait que le XXIe siècle célèbre l'avènement d'une ère que l'on voyait se profiler depuis quelques décennies : **l'ère des services**. Aussi, à l'heure où même les fabricants de litières pour chats enrichissent leur offre de services téléphoniques dédiés à la santé et au bien-être de nos petits compagnons, il paraît évident que les entreprises industrielles n'existent plus et que toute entreprise, quel que soit son secteur d'activité, est bel et bien devenue une entreprise de services.

On peut donc affirmer que l'entreprise « gagnante » de ce nouveau siècle sera celle qui saura produire les meilleurs services, des services créateurs de valeurs et de différences capables de remporter pour longtemps la préférence des consommateurs en dépassant leurs attentes et en leur offrant, tout simplement, du bien-être, du bonheur, de la magie… Et si certains dirigeants ont évidemment pris conscience de cette nécessité, de ce nouveau challenge qui est le leur, ils ont du mal à identifier la manière d'y arriver, ce qui est bien naturel dans un contexte des plus déstabilisants. Nous allons donc les y aider à travers notre modèle « *Services & Croissance* ».

Mais auparavant, il y a une autre question essentielle à se poser : quels sont ces fameux paradigmes de gestion qui ont plongé les entreprises dans un état de fonctionnement végétatif, autrement dit de stagnation et parfois même de régression ? Quels sont ces paradigmes dont les dirigeants doivent se libérer pour retrouver le chemin de la croissance ?

Premier paradigme de gestion à abandonner : la logique fondée sur la suspicion

Aujourd'hui encore, les entreprises subissent l'influence de « maîtres à gérer » qui se sont évertués à découvrir une tromperie sous toute apparente bonne intention [1]. Or, une telle logique ne peut être génératrice que de médiocrité et de pauvreté à tous les niveaux. Institutionnaliser les conflits et le manque de confiance conduit en effet à un jeu malsain qui affecte l'ensemble des intérêts coexistant dans une entreprise : le jeu du « perdant/gagnant ». Un jeu où les actionnaires, les cadres, les employés, les fournisseurs et même les clients s'affrontent de façon quasi systématique pour parvenir à imposer leurs raisons et leurs intérêts de court terme. Un jeu où tout est permis, y compris le recours à la tromperie, au mensonge, à la communication défensive et à l'autoritarisme. Résultat : quelques-uns gagnent – ou ont plutôt l'illusion de gagner – au détriment des autres.

Nous parlerons beaucoup, tout au long de ce livre, du jeu « gagnant/gagnant ». Notre objectif est en effet de mettre en évidence que les bonnes intentions, la loyauté et la sympathie constituent des forces bien supérieures au cynisme, à la roublardise et à la méchanceté. Autrement dit, notre nouveau modèle de gestion « *Services & Croissance* » ne peut s'inscrire que dans la volonté de faire converger l'ensemble des intérêts qui coexistent dans l'entreprise, et ce en stimulant la coopération entre les différentes parties, la transparence et la confiance et la compétence professionnelle. L'application de ce modèle suppose un *positionnement plus intelligent de l'entreprise*, dans lequel l'intelligence des émotions joue un rôle prépondérant.

Nous démontrerons ainsi qu'abandonner la suspicion pour la confiance, c'est abandonner la médiocrité pour la performance. C'est inventer les nouvelles règles d'un jeu à somme positive duquel tout le monde sortira gagnant.

1. Voir José Antonio Marina, *El laberinto sentimental*, Anagrama, 1996.

Deuxième paradigme de gestion à abandonner : se contenter de vendre

Les temps passés ont donné lieu à des modèles de gestion focalisés sur la vente pure et dure, et ce parfois au mépris du client... Or, si rien n'est plus facile que d'attirer et de vendre, le succès à long terme d'une entreprise dépend de sa capacité à fidéliser les clients.

C'est pourquoi notre modèle « *Services & Croissance* » est fondé sur un quatuor d'activités indissociables – **séduire, vendre, satisfaire et retenir** – et s'attache tout particulièrement à la satisfaction et à la rétention, les véritables variables génératrices d'une croissance saine et durable. Car s'il existe, pour un entrepreneur, mille et une façons de « devenir millionnaire », il en existe bien peu capables d'assurer une croissance de long terme, car bien peu sont véritablement « saines », c'est-à-dire compatibles avec une logique de jeu « gagnant/gagnant ». Or, celui qui saura développer la fidélité des clients dans une entreprise où cette fidélité n'existait pas décrochera la vraie recette du succès. Un succès obtenu par la création de liens stimulant le meilleur de l'économie de marché, puisque profitable au chef d'entreprise comme à ses employés, ses clients et ses fournisseurs !

Imaginez par exemple un hôtel présentant un faible taux de fidélisation. Si cet hôtel était racheté par une entreprise qui lui apportait la connaissance en matière de fidélisation, sa rentabilité augmenterait considérablement jusqu'au point où le prix de vente de l'hôtel pourrait devenir bien supérieur à son prix d'achat. Et ce bien sûr sans effectuer le moindre investissement en actifs immobilisés !

Il est donc indispensable aujourd'hui de distribuer les ressources humaines et financières allouées au marketing d'une façon plus égalitaire entre les quatre activités citées ci-dessus. De la même manière, il est important d'intégrer à la mesure des résultats de l'entreprise **des variables autres que structurelles**. Le chiffre d'affaires, la part de marché ou encore les économies d'échelle, bien que fondamentaux, doivent en effet cesser d'être les uniques indicateurs de rentabilité et de croissance de l'entreprise.

L'un des postulats de notre modèle est qu'une nouvelle variable – **la rentabilisation des clients par la fidélisation** – occupe une place privilégiée en matière de garantie de croissance des entreprises. On sait par exemple qu'un cadre supérieur peut dépenser près de 200 000 € en voyages sur une période de 10 ans. Mais si son agence de voyages ne sait pas conserver sa préférence, c'est comme si le propriétaire de cette agence sortait cet argent de sa caisse pour le déposer sur le compte de son concurrent ! Quand Peter Drucker affirme que « *le but d'une entreprise est de trouver des clients* », Théodore Levitt, de Harvard, complète ce bien-fondé en précisant que « *le but d'une entreprise est de créer et de conserver le client* ». Or, « créer » et retenir les clients supposent de savoir mettre de la « magie » dans ses services… ces intangibles dont nous parlerons tout au long de ce livre, variables créatrices de fidélité et de rentabilité.

Troisième paradigme de gestion à abandonner : dissocier gestion des clients et gestion des employés

Les clients et les employés seraient-ils les deux faces d'une même pièce de monnaie ? À cette question que beaucoup de dirigeants ne se sont jamais posée, nous répondons avec force : oui.

Plus encore, nous pouvons affirmer que la fidélisation des employés constitue une condition essentielle à la croissance de l'entreprise, au même titre que la fidélisation des clients. Car une entreprise réunissant ces deux conditions pourra tout simplement réduire ses coûts ! Nous démontrerons notamment dans ce livre que le « coût » de fidélisation des clients sera toujours inférieur à celui de leur fuite vers la concurrence, tout comme le « coût » de fidélisation des employés sera toujours inférieur à celui du turn-over.

Cela peut sembler évident. Ce qui l'est moins, puisque peu appliqué dans les entreprises, c'est de rapprocher étroitement les stratégies de fidélisation « externes » et « internes ». Pourtant, et nous touchons là encore au cœur de notre modèle *« Services & Croissance »*, clients et employés sont sensibles à des stimuli de satisfaction et de fidélisation différents mais relevant bel et bien du même domaine : **le domaine des émotions.**

Comment en effet fasciner le client et lui offrir de la « magie » si les employés eux-mêmes y sont étrangers ? Pour influencer positivement l'état émotionnel des clients, il est tout simplement primordial d'influencer d'abord, tout aussi positivement, l'état émotionnel des employés. La création de liens solides avec ses clients suppose donc la création de liens solides avec les employés, autrement dit la création d'une estime personnelle suffisamment forte qui aura pour effets naturels compétence, implication et transmission aux clients d'un sentiment de bien-être.

Attirer, vendre, séduire et retenir : telle est notre stratégie de marché, telle est aussi notre stratégie interne.

1.2. La rééducation

Pas facile pour un dirigeant d'entreprise de rompre avec certaines méthodes du passé pour mettre en place un processus de changement… surtout quand à son « réveil », ce dirigeant réalise qu'il a géré son entreprise, du mieux qu'il a pu, dans un état de « sclérose mentale » indissociable de l'état de peur.

La sclérose mentale se caractérise en effet par des attitudes rigides et des comportements dysfonctionnels causés par une non adéquation des méthodes utilisées avec les nouveaux enjeux de marché. On peut aujourd'hui la diagnostiquer chez grand nombre de dirigeants qui se sont créé une zone de confort basée sur une accumulation d'idées préconçues et sur des habitudes néfastes, et qui résistent au changement, qui *s'ankylosent*. Ses symptômes les plus caractéristiques sont la perte d'agilité intellectuelle et la diminution de la capacité à prendre des décisions et à les exécuter.

Or, si l'exécution correcte d'un programme de changement peut permettre de prendre une bonne longueur d'avance sur ses concurrents, elle nécessite en premier lieu une « rééducation », autrement dit l'acquisition de nouvelles aptitudes.

Première aptitude à acquérir : l'anticonformisme

La gestion selon le modèle « *Services & Croissance* » requiert des équipes de direction anticonformistes, c'est-à-dire des personnes refusant le *statu quo* actuel et convaincues qu'une dynamique de progrès est continue. En bref, des personnes désireuses de s'améliorer en permanence pour saisir les milliers d'opportunités qui se présentent chaque année.

Saisir les opportunités, c'est d'abord les **ressentir**. Ressentir les changements qui s'annoncent sur un marché, ressentir les désirs profonds des clients, ressentir ce qui pourrait freiner la compétence et l'implication des employés... Tel est le rôle complexe des dirigeants d'aujourd'hui. Il ne s'agit plus de motiver ses employés mais de construire l'environnement dans lequel les employés pourront s'épanouir et s'automotiver. Il ne s'agit plus de fournir à ses clients des produits ou services conformes à leur demande mais de dépasser leurs attentes, de les étonner, de les fasciner pour remporter leur préférence sur la durée. Il s'agit de faire en sorte que, libres de choisir entre plusieurs options, clients et employés vous choisissent naturellement. Là encore, nous insisterons sur l'importance de l'intelligence émotionnelle...

Le modèle « *Services & Croissance* » permettra ainsi au leader désireux de revitaliser son entreprise, d'identifier **les aires de gestion prioritaires** : la fidélisation et la rentabilisation des clients, l'accroissement de la valeur ajoutée au travers des intangibles et, finalement, la productivité et la qualité du travail des employés.

Une bonne dose d'anticonformisme leur permettra simplement de passer du stade « *j'aimerais faire* » au stade « *je fais* ». Car tout changement suppose d'accepter une certaine insécurité et de renoncer à ses certitudes, ce qui est bien difficile pour ceux qui ont accumulé des peurs ou qui redoutent de perdre quelques privilèges...

Lorsqu'en 2003, nous avons lancé le Conseil en Énergie, le plus difficile était de faire comprendre à l'ensemble des employés de Primagaz qu'il ne s'agissait aucunement d'une lubie sans lendemain, mais bien d'une vraie orientation de futur... Mais, finalement, il fallait quand même une bonne dose d'humour ou d'anti-conformisme pour accepter et faire accepter l'idée qu'il valait mieux avoir plus de clients – dans un marché en déclin – qui consommaient moins de gaz plus longtemps, que moins de clients (parce qu'on ne pouvait pas échapper à la tendance du marché – du moins c'est ce que croyaient la plupart) qui continueraient à consommer le plus possible.

Deuxième aptitude à acquérir : la cohésion

La mise en place d'un processus de changement nécessite d'opérationnaliser des centaines de projets, de planifier des plans d'action personnalisés au sein de chaque centre de profit, de désigner des personnes responsables et de créer un comité de coordination pour un suivi impeccable. Par ailleurs, notons qu'il est impensable de faire évoluer la philosophie d'une entreprise si les personnes qui y détiennent le pouvoir ne soutiennent pas cette initiative. Nul cadre dirigeant ne peut porter seul un projet qui implique de profonds changements et le franchissement d'un point de non retour…

Malheureusement, les fragiles relations de pouvoir existant dans de très nombreuses entreprises constituent un danger pour la bonne exécution du processus. En phase de changement plus qu'en toute autre phase, il est primordial de disposer d'une équipe unie et animée d'une seule et même volonté. Il est donc recommandable, avant de démarrer le programme de changement, de bien **s'assurer de la prise en compte dans le projet de l'ensemble des intérêts légitimes des différentes instances impliquées**. Il est également souhaitable, si cela est possible, de créer des relais destinés à faciliter un dialogue intelligent avec les centres de pouvoir de l'organisation. Et si cette cohésion n'existe pas, il faut être capable de la créer !

La communication interne ne devra donc pas être négligée, puisqu'elle aura pour rôle de transmettre un enthousiasme motivant, d'informer chaque acteur de l'entreprise des changements profonds en train de s'opérer, des raisons et des objectifs de ces changements, ou encore de suivre, étape par étape, la mise en place de ces changements.

Nous avons fait d'énormes efforts de ce point de vue chez Primagaz, tant sur le fond que sur la forme. Les résultats, évènements internes, analyses du marché ou autres informations d'intérêt sont largement diffusés, y compris sur un réseau de TV interne avec des écrans installés dans les cafétérias des agences ou près des machines à café au siège.

Troisième aptitude à acquérir : la vision à long terme

Une gestion sur le modèle « *Services & Croissance* » favorise non seulement une croissance fondée sur les clients et les services existants, mais facilite également une croissance future anticipant la création de nouveaux services et l'acquisition de nouveaux clients.

Anticipation, proactivité sont donc des « talents » que l'entreprise engagée dans un processus de changement doit exploiter ou développer. Des talents qui lui permettront de mener de front **trois stratégies que nous identifions comme les garanties d'un succès à long terme** :

- Détecter les besoins des clients mal comblés par la concurrence, puis créer les services correspondants pour les offrir, en premier lieu, à ses clients existants.
- Identifier les services existants capables de conquérir de nouveaux clients et optimiser encore leur valeur pour accélérer cette conquête.
- Créer de nouveaux services capables de conquérir de nouveaux clients. *Notons que cette stratégie, la plus risquée, ne peut être payante que si l'entreprise dispose d'une solide philosophie et d'une équipe dirigeante fortement impliquée et crédible.*

Rappelons enfin que voir à long terme, c'est aussi mettre en place des stratégies « transvasables » d'un centre de profit de l'entreprise à un autre... et bien sûr, dans le cadre d'une implantation à l'étranger, « adaptables » d'une filiale à une autre.

1.3. En marche vers la croissance

Ne serait-il pas cruel d'encourager certains dirigeants à rompre avec des paradigmes de gestion ayant encore valeur de modèles, puis à perdre de mauvaises habitudes pour adopter de nouvelles croyances et aptitudes… et de les abandonner en route ?

Il est donc temps d'entrer dans le vif du sujet et de vous guider sur le chemin de la croissance. Et si pour voyager, on utilise des cartes routières, pour marcher vers **une croissance saine, durable et rentable**, nous proposons d'utiliser le modèle de gestion « *Services & Croissance* ».

Figure 1.1
Le modèle de gestion « *Services & Croissance* »

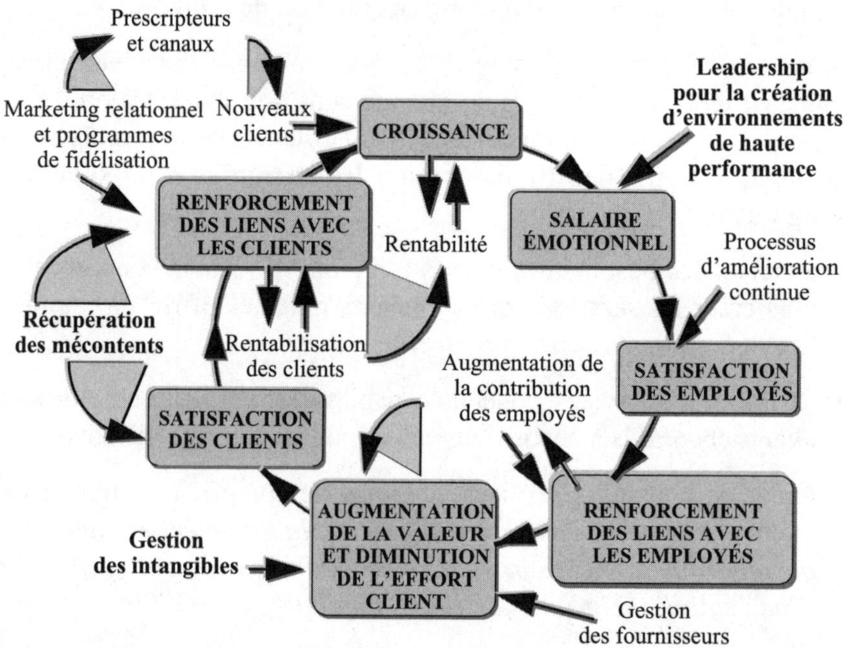

Source : Adapté de HBS Service Interest Group.

La figure 1.1. représente notre modèle schématisé de façon conceptuelle. Ce schéma nous permettra de mettre en lumière, au fil des chapitres suivants, les variables devant être activées et connectées

1. Ce modèle a été initialement développé par les professeurs Heskett, J. L. – Sasser, W. E. Jr. – Schlesinger, L. A. de la Harvard Business School. Voir : *The Service Profit Chain.* How Leading Companies Link Profit and Growth to Loyalty, Satisfaction and Value (The Free Press, New York, 1997).

entre elles pour la mise en place et l'exécution du **processus de revitalisation** de l'entreprise.

Comme vous pouvez le constater sur le schéma, l'efficacité de notre modèle réside en un enchaînement logique d'une séquence à l'autre, et ce pour arriver à une finalité : le rythme de croissance et les niveaux de rentabilité de l'entreprise, qui dépendent de la façon dont aura été activé et connecté l'ensemble des autres séquences (ou variables).

La façon la plus simple et la plus logique d'appréhender ce modèle et de dérouler notre discours, est donc de partir de cette finalité puis de procéder « **à rebours** », c'est-à-dire de remonter progressivement jusqu'à la source du modèle : la création d'environnements propices à cette revitalisation.

C'est pourquoi le chapitre suivant s'attachera à démontrer que la croissance et la rentabilité de l'entreprise sont les fruits du **renforcement des liens avec les clients**. Nous verrons notamment que le taux de rétention des clients et le volume de nouveaux clients conquis participent largement à la force future de l'entreprise sur son marché.

Le chapitre 3, quant à lui, mettra en évidence la variable clé du renforcement de ces liens : la **satisfaction** des clients. Nous apprendrons ainsi à mieux analyser et qualifier un portefeuille de clients… et à identifier les variables clés de la satisfaction.

Satisfaire ses clients, c'est essentiel, mais savoir **rattraper les clients en fuite** l'est tout autant. La récupération des clients mécontents, ainsi que la lutte contre une certaine catégorie de clients dangereuse pour l'entreprise feront ainsi l'objet du chapitre 4.

Puis nous arriverons, chapitre 5, au cœur de notre modèle : comment créer plus de valeur pour le client tout en lui demandant le moins d'effort possible, et ce sans altérer les impératifs de rentabilité de l'entreprise ? Notre réponse résidera dans l'analyse de **l'équation de valeur** avant d'enchaîner, avec le chapitre 6, sur le rôle de ce que nous avons appelé **les intangibles** dans la création de valeur.

Dès le chapitre 7, nous quitterons le monde des clients pour pénétrer celui des employés. Nous verrons tout d'abord que l'équation de valeur, analysée deux chapitres plus avant, résulte aussi du niveau de

contribution des employés et, par là même, de la création de liens avec ces derniers. Le chapitre 8 enchaînera donc logiquement sur les valeurs clés de la satisfaction des employés.

Le chapitre 9, enfin, se propose d'analyser les initiatives de gestion qui permettront à notre modèle de se mettre en marche et de tourner à la vitesse souhaitée. Il s'agit bel et bien de la création d'environnements de haute performance et de haut rendement, dans lesquels les **talents de leadership transformationnel** jouent un rôle essentiel. Un leadership qui permet aux cadres dirigeants d'ennoblir la manière dont le marché ressent l'entreprise et dont les employés ressentent leur travail…

En résumé…

Une économie de marché progresse dans la mesure où les meilleures options s'imposent sur les moins bonnes. Le marché recèle un grand nombre d'opportunités qui ne peuvent être saisies que par ceux qui réalisent la meilleure gestion de leurs ressources, c'est-à-dire de leurs clients et de leurs employés.

Mieux gérer ses ressources : tel est le challenge de nombreux dirigeants, pour lesquels un tel impératif suppose une sérieuse « métamorphose » dans leur entreprise… et d'abord dans leur propre esprit. Mais l'expérience capitalisée sur la satisfaction et la fidélisation des clients et des employés est obligatoirement vouée à se convertir en une habileté de grande importance stratégique pour l'entreprise. Si une entreprise sait « s'attacher » les clients, elle pourra démarrer une nouvelle activité qui jamais ne partira de zéro. Dans la conquête d'un marché, cela permet notamment de prendre position face aux concurrents les plus redoutables, voire de prendre sur eux une bonne longueur d'avance.

Il est clair qu'on peut se faire valoir et se différencier soit en faisant la différence par les coûts, soit en créant une nouvelle valeur pour le client. La création de liens avec les clients – et avec les employés – présente l'avantage de répondre à ces deux pré-requis. Car si elle permet non seulement de réduire les coûts, qu'y a-t-il également de plus fort que d'accrocher émotionnellement un client ?

2.

FIDÉLISATION DES CLIENTS ET DIMENSION FUTURE DE L'ENTREPRISE

« La réalité n'est jamais ni aussi compliquée, ni aussi simple qu'on croit. »

Guy de Maupassant

Nous l'avons vu, la finalité de notre modèle « *Services & Croissance* » est de garantir à l'entreprise une croissance saine, durable et rentable, qui découle directement de la propension de l'entreprise à conquérir des clients puis à les conserver.

En effet, la valeur d'un client pour l'entreprise est le **fruit d'une chaîne d'actions** représentée figure 2.1.

Figure 2.1
Les quatre étapes de la chaîne de valeurs des clients

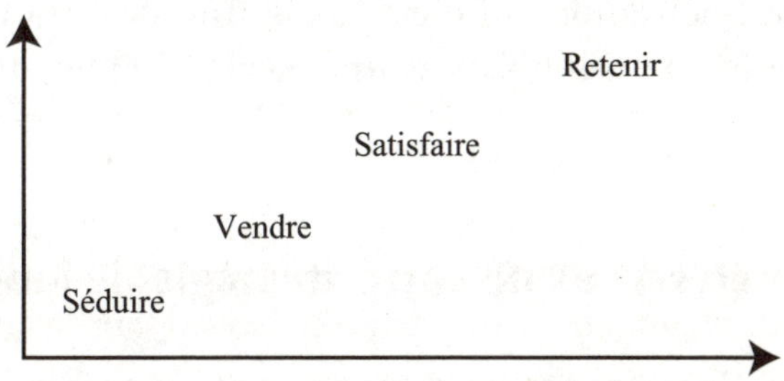

Les actions de séduire et de vendre correspondent à la **stratégie de conquête**, celles de satisfaire et de retenir à la **stratégie de fidélisation**.

Bien sûr, ces deux stratégies ne s'excluent pas l'une l'autre et doivent être menées de front par toute entreprise souhaitant croître durablement. Pourtant, de nombreuses entreprises se contentent encore de conquérir les clients, sans se préoccuper de les conserver par la suite. Il est clair qu'une telle approche relève du court terme et dénote un degré d'auto-complaisance élevé de la part des cadres responsables.

Cette stratégie de court terme peut aussi s'expliquer par le fait qu'il est bien plus facile d'attirer un client (une offre promotionnelle, une communication efficace et ciblée…) que de le retenir.

C'est pourquoi l'objet de ce chapitre est de démontrer à quel point, du fait de la valeur que représente un client que l'on conserve, la stratégie de long terme d'une entreprise n'est autre que l'art de fidéliser dès le premier échange avec le client. Il s'agit donc de créer un client sur la base d'éléments absolument transparents sur lesquels se construira la relation dans le temps.

La première chose à comprendre est que la fidélisation des clients revêt deux dimensions : **une dimension objective et une dimension subjective**. Si la dimension subjective de la fidélisation relève de la relation émotionnelle existant entre le client et l'entreprise *(ce que nous étudierons dans les chapitres suivants)*, sa dimension objective est liée au comportement du client établi sur des faits concrets, observés et quantifiables.

C'est à cette dimension objective de la fidélisation que s'attache ce chapitre. Une fidélisation qui n'est pas le fruit du hasard, mais bien de **la correcte combinaison d'une série d'éléments analysés ci-après**.

2.1. Où en êtes-vous de votre stratégie de long terme ?

Comme nous l'enseignent les bons joueurs de tennis, « le tableau d'affichage déconcentre » et il n'est pas bon d'avoir les yeux rivés dessus en pleine compétition. Ce qui est important, c'est de faire face à son adversaire et de frapper sa balle avec force pour la placer à l'endroit le mieux indiqué. Quand on joue ainsi, on prend du plaisir et on gagne. Il pourrait bien se passer quelque chose de semblable dans votre entreprise… Un excès d'attention aux résultats économiques pourrait bien vous déconcentrer et dévier votre stratégie de son but ultime : une croissance durable.

Par exemple, si vous regardez le tableau ci-dessous, en quelle année, à votre avis, cette entreprise hypothétique a-t-elle réalisé la meilleure gestion ?

Figure 2.2
Sur quelle année a-t-on réalisé une meilleure gestion ?

	Volume initial	Volume perdu	Volume nouveau	Volume final	Volume du CA
Période t	800	40	80	840	800 / 840 = 5 %
Période t + 1	840	210	294	924	840 / 924 = 10 %

Si l'on s'en tient à ce « tableau d'affichage », il paraît évident que l'année t + 1 a été la meilleure. Le premier problème, c'est que ce tableau ne comporte que des indicateurs structurels de court terme. Le second, c'est que la croissance du chiffre d'affaires ne reflète pas le degré de gravité du volume perdu pour l'avenir de l'entreprise.

Ces résultats démontrent la santé de l'entreprise à un instant donné, pas sur le long terme... Pour cela, il faudrait ajouter une colonne à notre tableau, tel que sur la figure 2.3 :

Tableau 2.3
Regardons de plus près...

	Volume initial	Volume perdu	Volume nouveau	Volume final	Croissance du CA	Croissance dimension
Période t	800	40 Équivaut à 20 ans	80	840	800 / 840 = 5 %	80 × 20 = 1 600 800 / 1 600 = 200 %
Période t + 1	840	210 Équivaut à 4 ans	294	924	840 / 924 = 10 %	294 × 4 = 1 176 840 / 1 176 = 40 %

Cette fois-ci, dans une logique de croissance à long terme, **l'année t s'avère la meilleure !**

Un résultat qui prouve, sans contester leur pertinence, l'insuffisance des variables structurelles telles que le chiffre d'affaires... Mais quelles sont donc ces nouvelles variables qui font apparaître une toute autre réalité et que l'entreprise doit absolument prendre en compte pour évaluer sa propension à croître sur le long terme ? C'est ce que nous allons voir tout de suite.

Dimension future de l'entreprise : les bons instruments de mesure

Le « tableau d'affichage » dont nous parlions plus haut peut bel et bien fausser les résultats d'une entreprise, et plus particulièrement ses perspectives de croissance à long terme.

La **dimension future d'une entreprise** est en effet déterminée par les deux éléments qui apparaissent dans **figure 2.4** : le nombre de nouveaux clients créés sur une période déterminée et la durée de vie moyenne des clients existants.

Figure 2.4
La dimension future d'une entreprise

DIMENSION FUTURE D'UNE ENTREPRISE =

Nouveaux clients sur la période t	*	Vie moyenne des clients

Comme vous le voyez, on en revient à notre double stratégie de conquête (nouveaux clients) et de fidélisation (vie moyenne des clients), dont la seule combinaison peut déterminer la solidité de l'entreprise dans le temps. Ainsi, par exemple, si une entreprise crée 1 250 nouveaux clients sur une année et que la durée de vie moyenne des clients est de 8 ans, la gestion de l'exercice équivaut à une taille future de 10 000 clients ! Et pour appréhender cette dimension en unités monétaires, il suffit de répéter ce calcul en multipliant le volume d'affaires amené par les nouveaux clients par la vie moyenne des clients. Pour déterminer si l'entreprise évolue favorablement, ou si au contraire elle décroît, il faut comparer le résultat de la dimension future avec le nombre de clients, ou chiffre d'affaires annuel.

Connaître la dimension future d'une entreprise permet de découvrir des tendances et d'anticiper le futur, bien mieux qu'avec les indicateurs traditionnels... mais **comment, me demanderez-vous, calculer cette durée de vie moyenne des clients** ?

Tout simplement en connaissant la proportion de clients qui « désertent » l'entreprise...

Figure 2.5
La durée de vie moyenne d'une relation entre un client et une entreprise

DURÉE DE VIE MOYENNE D'UN CLIENT =

$$\frac{1}{\text{taux de désertion}}$$

Le taux de désertion, voilà un indicateur bien désagréable mais tellement riche d'enseignements car, finalement, on ne connaît bien ses clients fidèles que si l'on connaît avant tout ceux qui nous quittent... Aussi, le taux de désertion, dont le mode de calcul vous est donné figure 2.6, s'avère être un instrument de mesure incontournable.

Figure 2.6
Le taux de désertion des clients

TAUX DE DÉSERTION DES CLIENTS =

$$1 - \frac{\text{clients } (t \rightarrow t+1)}{\text{clients}_t}$$

Le taux de désertion équivaut au pourcentage de clients qui cessent d'être clients entre l'instant t et t + 1, c'est-à-dire le pourcentage de « décrochages » venant amoindrir le résultat de l'entreprise. Il convient de souligner que le taux de désertion ne mesure pas la différence entre le nombre de clients à un instant t et à un instant t + 1. Ceci correspondrait, en effet, à un indicateur de croissance ou de réduction du volume total de clients.

Deux pièges doivent absolument être contournés pour une parfaite maîtrise de son taux de désertion :

- Il faut d'abord définir avec précision, en fonction de sa propre stratégie, ce que l'entreprise considère être une désertion. Dans le cas d'une institution financière, par exemple, l'abandon n'est pas uniquement reflété par une clôture de compte courant… mais aussi par une diminution très significative du solde du compte ou du nombre de mouvements. Les fermetures de compte seules donneraient un taux de désertion inférieur à la réalité ! C'est le cas également chez **Primagaz**. Un client non consommateur ou identifié comme client ayant déménagé en attente de l'arrivée du nouveau propriétaire ou locataire doit être régulièrement réexaminé, interrogé et suivi pour s'assurer de l'état et surtout d'une saine gestion du portefeuille clients.
- Il faut ensuite déterminer correctement la période qui doit s'écouler avant d'enregistrer effectivement une désertion. Là encore, tout dépend de la nature de l'entreprise et de sa stratégie… L'année civile ou mobile n'est pas pertinente pour toutes les entreprises ! *Elle l'est pour les cartes de crédit, les assurances, les abonnements à des revues… mais pas pour les voyagistes ou les fabricants automobiles, pour lesquels il serait peu réaliste de considérer que les clients réitèrent leur achat tous les ans. Et ce serait également une erreur pour une pharmacie ou un centre commercial, qui peuvent s'attendre à bien plus d'un achat par an.*

Aussi, pour déterminer cette période, il est utile d'analyser le profil naturel d'achat des clients habituels et de rajouter un délai supplémentaire de marge de sécurité pour éviter les erreurs. La somme des deux paramètres détermine le délai qui doit s'écouler pour comptabiliser une désertion. Évidemment, il n'y a pas qu'un profil d'achat. Aussi est-il encore mieux de déterminer une période pour chaque segment de clients, par exemple les clients « habituels », les clients « peu habituels » et les clients « occasionnels ». Un taux de désertion s'applique alors à chacun de ces segments.

Le taux de désertion par segment permet d'affiner les actions en matière de fidélisation et nous indique s'il convient de prêter moins d'attention à un segment de clients pour concentrer les ressources sur d'autres groupes avec qui nous obtenons de meilleurs résultats. Sur la base de cette information, on peut même reconceptualiser l'offre pour les segments de basse fidélisation ou pour ceux pour lesquels la désertion est la plus critique !

À titre indicatif enfin, un taux de désertion annuel *normal* pour une entreprise avec une qualité de service moyenne se situe entre 15 et 25 %... ce qui est exactement le cas de notre entreprise hypothétique en période t + 1 (***cf. tableau 2.3***). Les données structurelles nous permettent de calculer son taux de désertion – 25 % – équivalent donc à une durée de vie moyenne de 4 ans (1/0,25). Ce qui signifie qu'à chaque « période » (et pas forcément chaque année !), l'entreprise perd un client sur 4 ou, exprimé différemment, que l'entreprise doit renouveler entièrement son portefeuille clients tous les 4 ans... Pourtant, en période t, cette entreprise enregistrait un taux de désertion de 5 % seulement et une durée de vie moyenne de 20 ans ! ! On est alors en droit de s'interroger...

Est-il possible d'atteindre un taux de désertion de 0 % ?

Le concept ***zéro désertion*** est bien sûr irréaliste, tout simplement parce que la vie des personnes physiques est limitée... et parce qu'il est bon d'oxygéner régulièrement son portefeuille de clients !

Dans tous les cas, il est légitime de considérer un taux de perte naturel de clients (ou taux frictionnel) en deçà duquel il n'est ni désirable ni possible de se situer. Pour la majorité des entreprises, ce taux pourrait se situer dans une bande de **3 à 5 %**. Ce pourcentage inclut tous les cas de figure contre lesquels l'entreprise ne peut lutter, comme les décès, les changements de domicile, les changements de statut social, l'insolvabilité, etc. L'entreprise ne devrait pas se préoccuper outre mesure de ces désertions mais, là encore, il faut nuancer et relativiser : on a pour habitude de dire « impossible n'est pas français » et, en effet, de nombreuses entreprises finissent par gérer certains cas de figure que d'autres avaient donnés pour perdus !

C'est notamment le cas chez **Primagaz** des nouveaux clients dits « successeurs », c'est-à-dire faisant l'acquisition ou emménageant dans un logement où le précédent propriétaire ou locataire était client. Au départ de ce dernier, il a fallu être imaginatif pour lui donner envie de recommander **Primagaz** à son successeur. Les services marketing travaillent toujours beaucoup sur ce sujet bien particulier et qui devient un enjeu partagé par tous, avec une animation complémentaire ponctuellement appelée « Primasucces-story » !

L'objectif réaliste que peut donc se donner toute entreprise en quête d'excellence est donc un taux de désertion de 3 %.

Quel challenge excitant quand on pense au résultat de l'étude menée par F. Reichheld et W. Sasser aux États-Unis : avec le même nombre de clients total, une réduction de 5 % du taux de désertion produit un impact sur les bénéfices qui oscille, selon les secteurs, entre 30 et 50 % [1] minimum !

La grande question est donc : Comment parcourt-on la distance entre un taux de désertion de 25 % et un taux de 3 % ? **Tout simplement en comprenant les causes profondes de la désertion et en créant les services capables de fidéliser les clients...**

En effet, la réduction des abandons commence quand on parvient à obtenir une information fiable sur les raisons qui les ont suscités, et notamment sur leur cause profonde, souvent difficile à identifier. Très souvent, au premier « pourquoi », on obtient une réponse générique : « à cause du prix ». C'est seulement en insistant qu'on obtient la (les) véritable(s) raison(s).

Primagaz n'échappe pas bien sûr à cette règle... ou plutôt n'échappait pas. Aujourd'hui, les conseillers clientèle font parfaitement la

1. F. Reichheld and W. Sasser : « Zero Defections : Quality Comes to Services », *Harvard Business Review*, sept.-oct. 1990.

différence entre le prix de l'énergie et un budget énergie qui dépend de la qualité de la mise en œuvre de cette énergie au niveau de l'installation de chauffage et de la qualité du bâti. Ceci n'est pas simple. Sans une compétence spécifique et relativement pointue, il est très difficile voire impossible de comprendre que la mise en œuvre efficiente de l'énergie peut faire varier la consommation du simple au double, et que cet aspect mérite plus d'attention car mieux maîtrisable qu'une augmentation de x % du prix de l'énergie qui dépend de facteurs géopolitiques qui échappent largement à notre contrôle.

Parallèlement à la cause profonde de l'abandon, il est également essentiel d'analyser les flux migratoires : d'où proviennent les nouveaux clients et où vont les déserteurs. Cette information – plus utile et moins coûteuse qu'une étude de marché pure et dure – est primordiale pour améliorer le positionnement de l'entreprise et pour préciser l'effort commercial qu'elle doit produire.

Comprendre les causes ne servirait bien sûr à rien sans lutter contre elles et mettre en place des réponses adaptées aux attentes des clients les plus exigeants. On en arrive alors au cœur de la fidélisation objective : une entreprise fidélise ses clients dans la mesure où elle est capable d'obtenir un fort **taux de rétention**, antithèse du taux de désertion et dont le mode de calcul est le suivant :

Figure 2.7
Le taux de rétention des clients

$$\text{TAUX DE RÉTENTION} = \boxed{1 - \text{Taux de désertion}}$$

La rétention pourrait se définir comme le renouvellement d'un achat ou d'un volume minimum sur une période de temps déterminée. Fidéliser serait ainsi parvenir à créer de forts taux de clients qui renouvellent volontiers leur acte d'achat, ou de faibles taux de clients déserteurs.

Tout comme le taux de désertion, le taux de rétention a une forte incidence sur la durée de vie moyenne des clients, représentée figure 2.8.

Figure 2.8
Durée de Vie Moyenne et Taux de Rétention

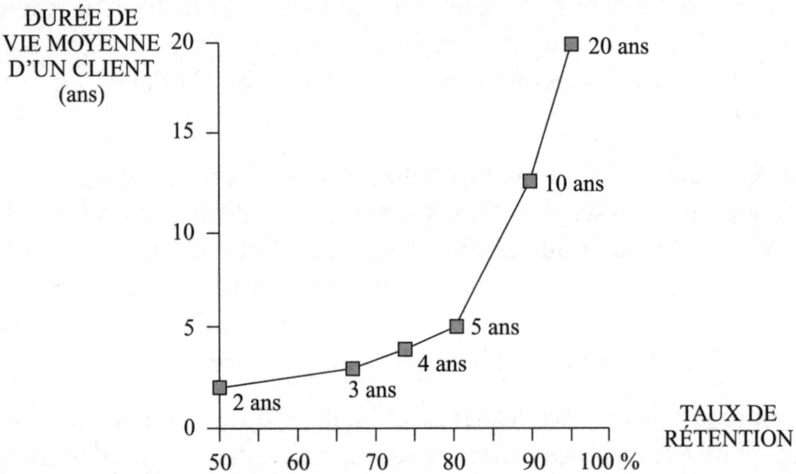

Source : The Loyalty Effect, F. F. Reichheld, Bain & Co., Inc., HBS School Press.

Jusqu'à présent, le raisonnement reste simple : si fidéliser un client revient à obtenir des actes volontaires d'achat répétés, il faut réduire le nombre de clients déserteurs ce qui, à son tour, détermine la durée de vie moyenne de la relation des clients avec l'entreprise. Par conséquent, comme nous le prétendons, fidéliser revient à allonger la durée de vie moyenne des clients et à réduire le nombre des déserteurs.

Tout un chacun doté d'un minimum de perspicacité, est capable de comprendre la différence qui existe entre avoir une clientèle moyenne liée depuis peu d'années avec l'entreprise et une clientèle qui entretient avec l'entreprise des relations de longue date. En substance, cela revient à avoir des clients qui nous abandonnent tout de suite ou des clients qui reviennent systématiquement vers nous ! La durée de la relation influe énormément sur le potentiel de rentabilité des clients dont dispose l'entreprise. Il n'est donc pas étrange que le président de **BancOne**, une des banques américaines les mieux gérées, assure que son entreprise gagne plus d'argent avec un client de plus de dix ans qu'avec dix clients de moins d'un an...

La durée de vie moyenne des clients n'est bien sûr pas la seule manière d'opérationnaliser le concept de fidélisation. Comme le montre la figure 2.9, il existe d'autres indicateurs de fidélisation capables d'orienter la stratégie de l'entreprise. Le choix d'un indicateur ou d'un autre – ou d'un ensemble d'indicateurs – dépend avant tout des éléments que l'entreprise souhaite améliorer.

Figure 2.9
Indicateurs de fidélisation

Rétention	Pourcentage de clients qui sont fidèles car satisfaits (« retenus »)
Nouveauté	Délai depuis dernière vente/contact
Fréquence	Délai entre deux ventes/contacts
Ancienneté	Date de démarrage
Quantité	Commande moyenne par période
Prescription	Pourcentage de clients recommandés par d'autres clients amis et parents

Il ressort cependant de notre expérience que l'indicateur de durée de vie moyenne des clients reste celui qui, dans la majorité des cas, se révèle être de loin le plus pertinent, car il regroupe à lui seul, comme nous le verrons un peu plus loin, toutes les variables clés d'une fidélisation saine, proactive et rentable.

Mais avant cela, et pour étayer notre démonstration, un tour d'horizon des programmes de fidélisation actuels nous aidera à identifier la façon dont les entreprises allongent la durée de vie de leurs clients...

2.2. État des lieux des programmes de fidélisation

Bien sûr, toutes les entreprises ont depuis longtemps compris l'intérêt qu'elles avaient à fidéliser leur clientèle. La fidélisation est d'ailleurs devenue une expertise à part entière et de nombreuses sociétés spécialisées se sont créées pour aider les entreprises dans leur stratégie de fidélisation. Ce fut l'avènement du CRM (*Customer Relationship Management*) – ou marketing relationnel (*one-to-one*) – consistant à « casser » l'anonymat des clients pour faire de chacun d'entre eux un client unique, avec son propre comportement d'achat et sa propre relation à l'entreprise. Concrètement, ce fut l'avènement de la « qualification clients » et des bases de données ultra sophistiquées... et des cartes de fidélité. Et aujourd'hui, il y a une massification de cette pratique : tous les types de clients en deviennent la cible (maîtresses de maison, automobilistes, sportifs, hommes d'affaires, seniors...) alors que, dans le passé, elle concernait surtout les voyageurs. Je comptais dernièrement dans le portefeuille d'une amie pas moins de 15 cartes (*FNAC, Photo Service, Champion, Yves Rocher, 5 à Sec, France Loisirs, Séphora, Marionnaud, Leclerc, Iris, Monoprix*)... Remarquez que je n'ai pas compté les miennes !

Sans contester le bien-fondé de ces stratégies de fidélisation, on peut s'interroger sur leur capacité à se démarquer les unes des autres et, tout simplement, sur leur véritable efficacité. Ne serait-on pas arrivé aujourd'hui à un phénomène de saturation ? Comment renouveler, innover dans le domaine de la fidélisation ?

Typologie des programmes

On distingue deux grands types de stratégies pour allonger la durée de vie moyenne des clients :

- la création de coûts de changement élevés (« *switching costs* »), destinée à retenir le client en lui imposant des conditions difficiles de changement de fournisseur...
- une seconde stratégie fondée sur la satisfaction du client, visant à lutter contre les causes éventuelles de départ du client et à réagir rapidement au moindre signe d'insatisfaction.

Nous ne nous attarderons pas sur la première stratégie, en totale opposition avec tout ce que nous pouvons préconiser dans le cadre du modèle « *Services & Croissance* ». Historiquement, cette méthode fut instaurée par les sociétés informatiques qui rendaient leurs produits incompatibles avec ceux de la concurrence... jusqu'au jour où elles comprirent qu'elles avaient au contraire tout intérêt à ce qu'ils le soient ! Imposer au client des coûts de résiliation, ou pénalités de départ, est une autre illustration de cette pratique. Les entités financières en ont usé, et beaucoup d'autres continuent : les opérateurs de téléphonie mobile, par exemple, ont bel et bien tendance à retenir le client « en otage ». Ce genre de stratégie est évidemment bien plus dangereuse qu'elle n'y paraît, car en luttant d'une mauvaise manière contre l'infidélité ou la désertion, elle génère une attitude bien pire : le profond mécontentement. Et lorsqu'ils sont enfin « libérés », il est évident que les ex-otages ne reviennent plus jamais. Leur désertion est alors définitive et sans appel.

C'est donc à la deuxième stratégie, fondée sur la satisfaction des clients, que nous allons nous intéresser maintenant et tout au long de cet ouvrage.

Nous pouvons classer la multitude de ce type de programmes de fidélisation en **quatre catégories** :

- Les programmes « récompenses » sont les plus simples et les plus répandus : au bout d'un certain nombre d'achats, l'entreprise récompense le client fidèle par un cadeau (*objet, réduction tarifaire, etc.*). C'est le cas par exemple des parfumeries **Marionnaud**, qui adressent à leurs fidèles clientes un bon d'achat ou un bon de réduction de x € ou de x % dès qu'elles ont atteint y € de dépenses. Dans tous les cas, le support de ces programmes est une carte de fidélité ou des offres spéciales sur les messageries internet, voire même par sms sur les téléphones portable. Dans ce cas, la même logique de programme de fidélité peut également servir une fin d'animation de vente active.
- Les programmes « locomotives » sont directement inspirés de ceux des compagnies aériennes comme **Air France** qui, avec son programme Fréquence Plus, associe à son « programme récompense » (accumulation de *miles* à chaque voyage, transformables en billets d'avion gratuits) des sociétés partenaires issues de secteurs d'activité complémentaires au sien : loueurs de voitures, hôtels et même depuis peu cartes de paiement internationales... Dans ces sociétés partenaires, le titulaire de la carte peut également gagner

des *miles* et les utiliser en locations de voiture ou nuits d'hôtel gratuites. **Air France**, véritable locomotive, a ainsi drainé dans son sillage de nombreuses sociétés et créé pour ses clients un « univers » qui dépasse celui du transport aérien. C'est aussi la stratégie adoptée par **American Express** (d'ailleurs partenaire de Fréquence Plus) avec son programme Membership-Rewards, permettant d'accumuler des points de fidélité dans de nombreuses sociétés partenaires puis de les transformer en cadeaux.

- Les programmes « multisponsors », quant à eux, consistent non pas en l'existence d'une société « locomotive » mais plutôt d'une société « intermédiaire », qui signe des accords de collaboration avec des entreprises issues de secteurs horizontaux et non concurrentes entre elles. La société intermédiaire agit comme un « broker » et élabore un programme qui fidélise l'ensemble des sociétés. C'est le cas par exemple de **Maximiles**, un programme de fidélité sur Internet, qui récompense par des points, puis par des cadeaux, les achats dans de très nombreuses sociétés : loueurs de DVD, librairies, fleuristes, magasins de vêtements… et même des enseignes de renom telle que Monoprix, caractérisée par son engagement dans le développement durable utilise cette approche pour animer et créer son propre programme.
- Les programmes « reconnaissance », enfin, s'évertuent à traiter de façon préférentielle soit une catégorie de clients bien particuliers, soit tout simplement les meilleurs clients. C'est souvent la constitution d'un « club » réservé à une élite de clients, auxquels on dédie des privilèges : invitations à des avant-premières, service d'assistance particulier, etc. Ce type de programmes est souvent complémentaire de l'un de ceux cités ci-dessus. Pour **Air France**, ce sont les « Clubs Fréquence Plus », offrant des avantages supplémentaires aux voyageurs les plus fréquents : accès aux salons **Air France** dans les aéroports du monde entier, réservations prioritaires, offres exclusives, etc. Pour la **Fnac**, c'est un programme de fidélité réservé aux « Adhérents Carte Fnac » : facilités de paiement, magazine mensuel gratuit, invitations à des spectacles, etc. Pour **American Express**, c'est carrément la création d'une Carte Platinum, ouvrant droit à un niveau de service exceptionnel et ouvrant l'accès à l'élite **American Express**, qui

n'est proposée qu'aux meilleurs titulaires de la Carte Gold, déjà en haut de la gamme des cartes de paiement.

Notons enfin que beaucoup de sociétés ne se limitent pas à une seule catégorie de programmes et peuvent les cumuler ou, plutôt, les enrichir mutuellement. On le voit bien avec **Air France**, qui fidélise à la fois par la récompense, la reconnaissance et en étant locomotive sur son programme !

Limites et insuffisances des programmes

Bien sûr, tous ces programmes ont pour but de créer de la valeur pour le client. Une valeur qui distingue l'entreprise de ses concurrents. Une autre grande aspiration des programmes de fidélité est aussi d'influencer les comportements d'achat : avec Membership-Rewards, par exemple, **American Express** conduisit ses 30 % de clients membres du programme à transformer leurs habitudes de paiement et à utiliser leur carte **American Express** dès qu'ils le peuvent plutôt que du liquide ou toute autre carte de paiement. Résultat : une augmentation significative des achats payés par carte dès l'année de création de Membership-Rewards !

Un autre aspect positif de ces programmes est qu'ils ont obligé les entreprises à se doter de bases de données clients qualifiées et performantes. Un pas énorme vers la personnalisation des offres (le micromarketing) et la connaissance de son client, aujourd'hui devenues indispensables et sources du plus grand profit de ces programmes.

Mais tout cela est-il suffisant ? Tout cela est-il sain ? Tout cela est-il vraiment rentable ?

La question de la rentabilité est primordiale. Fidéliser, c'est bien, encore faut-il que ce ne soit pas un investissement à perte. Casser l'anonymat au niveau des transactions avec les clients suppose un coût. Le quid de ce processus est de transformer ce coût en investissement rentable. Un objectif que nous atteindrons si nous utilisons l'information *capturée* pour connaître en profondeur les clients et pour améliorer les opérations de l'entreprise.

Le premier type de coûts de fidélisation provient des supports administratifs nécessaires pour connaître les profils d'achat des clients et pour établir la communication. Dans le cas du programme Fréquence Plus d'**Air France**, ces coûts doivent avoir été élevés ! En effet, pour rendre le système opérationnel, la compagnie d'aviation a dû émettre des cartes à ses clients privilégiés, se doter de terminaux qui puissent transmettre l'information à un ordinateur central, éditer une revue bimensuelle qui est envoyée avec le relevé de points à chacun de ses clients, organiser un service 24H d'attention clientèle qui gère les demandes d'informations, de réservations, etc.

Le second type de coûts de fidélisation est lié à la récupération des clients mécontents. La création d'un système centralisé et agile, qui contrôle et vérifie les réclamations, suppose par exemple un investissement en formation du personnel, un temps de traitement et toute une série d'attentions particulières pour le client. Il est étonnant et gratifiant de constater que des clients mécontents téléphonent ou envoient alors un petit mot de remerciement ! Il est encore plus étonnant et gratifiant de voir les employés Primagaz en charge de cette mission brandir les messages de clients comme de véritables trophées.

De nombreux plans de fidélisation englobent, nous l'avons vu, la création d'avantages, cadeaux, ou réductions pour les clients. Dans le cas de Fréquence Plus, toujours, ces plans impliquent un surcoût en voyages, séjours et locations gratuits pour les entreprises associées au programme. Néanmoins, en gérant intelligemment ces opérations, on parvient à en minimiser les coûts, et ce en exploitant les capacités disponibles qui sont généralement bradées. De nombreux programmes de fidélisation octroient de 1 à 10 % de la valeur d'achat sous forme de cadeaux. Le « truc » réside bien sûr à faire en sorte que la valeur faciale du cadeau soit supérieure à son coût réel.

L'autre « truc » pour réduire le coût des programmes de fidélisation se situe au niveau du pourcentage d'utilisation des points obtenus par les clients. Habituellement, ce pourcentage ne dépasse pas 35 à 50 % du total. Bien sûr, plus ce pourcentage est bas, moins les coûts liés au programme de fidélisation sont élevés… Néanmoins, on peut légitimement s'inquiéter du niveau de satisfaction des clients ou de la pertinence du programme. Un cadre sensé aura donc pour objectif de maintenir son pourcentage d'utilisation des points par les clients au meilleur niveau possible, en fonction des coûts que supposent ces programmes.

Quand l'entreprise dispose d'une estimation correcte de ces coûts de fidélisation, il est impératif de les comparer aux bénéfices potentiels qui seraient obtenus grâce à ces programmes de fidélisation. Dans la plupart des cas, la fidélisation est très profitable.

L'autre question primordiale est bien sûr celle des fondements mêmes de ces programmes, dont dépendent bien sûr leur succès. Nous l'avons dit, tous ont pour but de créer de la valeur pour les clients. Mais « la vertu est mère de tous les vices » et, en l'occurrence, **le vice en question pourrait bien être le fait d'acheter la fidélité… et non de la gagner**.

Il faut en effet être conscient que le succès d'un programme de fidélisation (ou simplement son attractivité par rapport au marché) dépend d'une bonne demi-douzaine de paramètres différents. Ce qui est dommage, c'est que pratiquement tous supposent de véritables conflits d'intérêts. Plus il y en a, mieux c'est pour certains et pire c'est pour les autres. Et vice versa. Dans un cas, ces paramètres dépendent de l'entreprise qui veut fidéliser, et dans l'autre, des clients avec qui on veut créer ou renforcer des liens. Mais combien de programmes sont réellement fondés sur la logique qui nous est si chère, la logique du gagnant-gagnant ?

C'est pourquoi nous restons persuadés que l'élaboration d'un bon programme de fidélisation, sain et rentable, relève davantage de l'art que de la science. Et cet art, c'est celui de créer une **saine addiction** du client à l'entreprise, de créer le lien émotionnel qui saura retenir le client, à l'image de ce lien qui unit les « anciens » d'une grande école par exemple…

C'est à cette « magie » que nous consacrerons les chapitres suivants. Mais avant cela, pour rester dans le cadre de la fidélisation purement « objective », posons l'ensemble des fondements nécessaires à un très bon programme de fidélité : **un programme sain et rentable**.

2.3. Vers une fidélisation proactive, saine et rentable

Nous avons analysé ci-avant les types de programmes de fidélisation fondés sur la satisfaction des clients. Il est évident que c'est cette stratégie qui permet de faire tourner la roue magique du modèle « *Services & Croissance* ». Il s'agit maintenant de faire tourner cette roue de façon saine et rentable, et d'apporter ainsi des solutions aux limites et insuffisances identifiées plus haut.

D'un point de vue pratique, la principale raison pour souhaiter la fidélisation repose, comme l'ont démontré F. Reichheld et E. Sasser dans leur article publié en 1990 [1], sur l'existence de « **six lignes de haute tension** », représentées figure 2.10, qui connectent directement la fidélisation des clients avec la rentabilité de l'entreprise. Ces lignes ont la capacité de recharger l'entreprise en « énergie positive » et de convertir le client en « perle » qu'il convient de cultiver.

Figure 2.10
Les « six lignes de haute tension » :
les connexions pour rentabiliser la fidélisation

⇧ ventes à répétition
⇧ ventes croisées
⇧ prescriptions
⇧ « sur-prix »

⇩ coûts de familiarisation
⇩ coûts d'acquisition des clients

Nous allons démontrer conceptuellement, dans la mesure où ces six câbles sont connectables, la forte répercussion d'un indice de rétention – ou la durée de vie moyenne des clients – sur les bénéfices de l'entreprise.

Et pour illustrer notre discours, nous avons choisi de nous appuyer sur des exemples de plans d'action mis en place chez **Primagaz**. Nous verrons notamment que pour décider la mise en œuvre de ce

1. F. Reichheld and W. Sasser, *op. cit.*

type de plans d'action, il est bien sûr impératif qu'ils soient « opérationnalisables » et économiquement justifiables…

Analyse des six câbles connecteurs

♦ Les ventes à répétition

La première et la plus évidente des connexions, qui consiste pour l'entreprise à faire en sorte que l'acheteur d'un service puisse l'être de nouveau dans le futur. La grande majorité des entreprises peuvent en effet aspirer à ce qu'un client leur achète un service plus d'une fois : il suffit que la nature de son achat ne s'apparente pas à celui que l'on ne fait qu'une fois dans sa vie, dont les exemples sont bien rares ! Car même dans le cas d'une entreprise de pompes funèbres, il suffit de concevoir le client comme une unité familiale pour que puissent intervenir des ventes à répétition. Habituellement, l'idée est qu'un même client puisse bénéficier, au fil du temps, d'un même service à plusieurs reprises.

Chez **Primagaz**, il existe des animations spécifiques proposées aux clients qui achètent un barbecue au gaz sur la boutique internet (la Primaboutique) ou dans un point de vente et qui leur permet de bénéficier de conditions privilégiées sur l'achat de leur bouteille de gaz.

♦ Les ventes croisées

Les ventes croisées (« *cross selling* ») consistent à vendre à l'utilisateur d'un service d'autres services, complémentaires ou non du premier. Les clients, au début, essaient et évaluent ce qu'ils achètent. Normalement, ils manifestent leur satisfaction en achetant en plus grande quantité, et ce dès qu'ils sont sûrs que leur fournisseur est fiable. Une compagnie d'assurances, par exemple, doit aspirer à vendre à ses clients qui ont déjà une assurance habitation d'autres produits tels que l'assurance voiture, la complémentaire maladie, une assurance vie, etc. En permettant à l'entreprise de services de mieux répartir ses coûts fixes en les divisant par un plus grand nombre d'unités, les ventes croisées génèrent un type particulier d'économies d'échelle : les économies de variété.

La majorité des entreprises ont de multiples opportunités pour réaliser des ventes croisées. Il leur suffit de disposer d'un portefeuille de services adapté à l'évolution des besoins des clients. Bain Consultants a ainsi développé le concept du **couloir du client**, représenté figure 2.11 pour le cas particulier d'une institution financière. Ce graphique permet d'observer comment, au fil du temps, le client développe de nouveaux besoins de services tout en recevant des offres de la concurrence qui mettent en péril sa relation avec l'entité bancaire.

Figure 2.11
Couloir du client

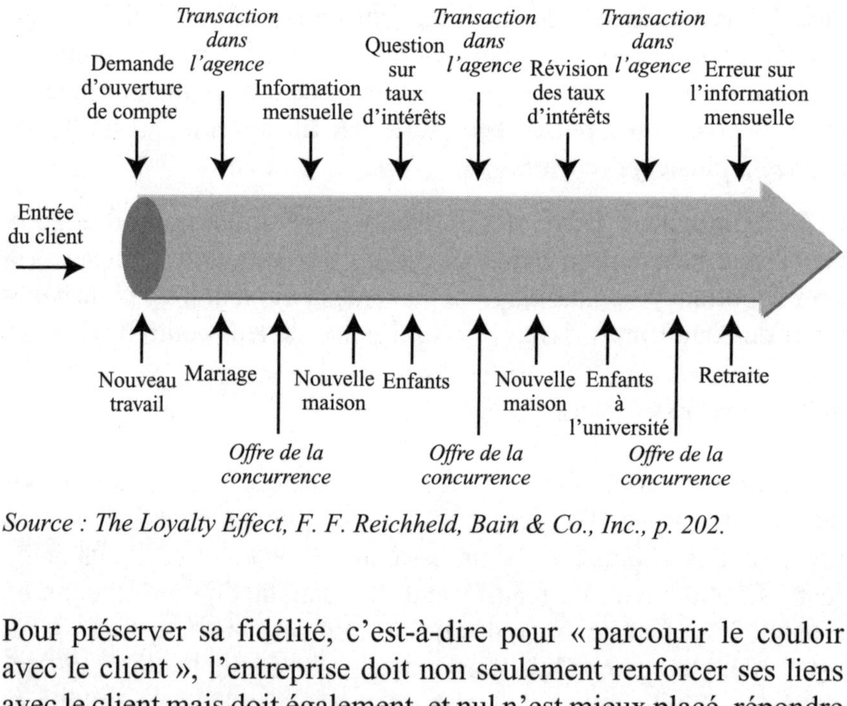

Source : The Loyalty Effect, F. F. Reichheld, Bain & Co., Inc., p. 202.

Pour préserver sa fidélité, c'est-à-dire pour « parcourir le couloir avec le client », l'entreprise doit non seulement renforcer ses liens avec le client mais doit également, et nul n'est mieux placé, répondre à ses nouveaux besoins.

Michelin, par exemple, a développé autour de son activité principale – la vente de pneumatiques – un ensemble de services attractifs complémentaires pour le conducteur : le succès du *Guide Michelin* ou des cartes routières n'est plus à citer ! On pourrait également imaginer des services personnalisés d'itinéraires touristiques, d'assurances, des cours de conduite spécifiques (sur neige...), etc.

Chez **Primagaz**, l'un des chantiers en cours consiste à identifier en amont les clients désireux de construire ou d'acquérir une résidence secondaire, afin de pouvoir les faire bénéficier d'un des produits de la gamme, parfois différent de celui déjà connu dans leur première expérience.

♦ Les processus de prescription

Quand les clients ont bénéficié d'un service, il est tout à fait normal qu'ils commentent leurs expériences, surtout s'ils ont été confrontés à une surprise, bonne ou mauvaise... Un client qui recommande un service pour l'avoir utilisé ou pour en avoir entendu les louanges, génère un processus de prescription. Le bouche à oreille est d'autant plus efficace s'il est spontané et provient d'une personne de confiance. Certaines études démontrent qu'en matière de services, le bouche à oreille peut générer jusqu'à 50 % des nouvelles ventes !

Les processus de prescription, bien que spontanés, peuvent être accentués par l'entreprise qui sait créer des occasions d'apporter le maximum d'informations sur ses produits : invitations à des événements, des salons, des foires locales... **Primagaz**, par exemple, veille à inviter ses clients privilégiés à des festivals locaux de vols de montgolfières dont la magie reste intacte !

Une autre façon d'inciter les prescriptions n'est autre que le parrainage, généralement assorti d'avantages tarifaires ou de cadeaux pour le prescripteur. **France Loisirs** propose ainsi un catalogue cadeau dédié au parrainage, la valeur des cadeaux étant bien sûr fonction du nombre de nouveaux clients parrainés par le même prescripteur. Mais le manque de spontanéité de cette formule peut réduire la sincérité – et donc la longévité – de la recommandation. C'est pourquoi **Le Gymnasium** préfère offrir des invitations « découverte » gratuites aux amis de ses membres... malheureusement, aucune modalité spécifique n'a été développée pour créer des liens avec ces visiteurs et les convertir en clients.

La troisième méthode consiste à convertir les clients mécontents en « vendeurs », et ce grâce au traitement exemplaire d'une réclamation que ces clients surpris puissent raconter autour d'eux ! Chez **Primagaz**, cette modalité a fonctionné en de nombreuses occasions… On a même constaté qu'un client insatisfait dont le problème avait été traité efficacement devenait un client plus satisfait que celui qui n'avait pas été confronté au moindre problème !

♦ Le « sur-prix »

Il est prouvé qu'un client fidélisé développe des « anticorps » pour résister aux offres de la concurrence. De cette façon, il contribue à mettre en place les conditions nécessaires pour que l'entreprise puisse appliquer un prix plus élevé que ses concurrents. Mais attention : pour se brancher correctement à ce quatrième connecteur, il convient d'être très lucide quant à la situation. Il ne s'agit pas d'appliquer une « pénalité » à un client fidèle, mais simplement d'être conscient qu'un client fidélisé est disposé à payer plus cher un service parfaitement en ligne avec ses attentes plutôt qu'un service inconnu à un prix plus bas. En effet, un changement de fournisseur est toujours vecteur d'inquiétudes, d'incertitudes et de doute… un ensemble de sensations qui se convertissent en « barrière de sortie ». Ce connecteur ne peut donc être branché que dans le cadre d'une relation de confiance entre le client et la marque. Pour le client fidélisé, cette confiance devient partie intégrante du produit acheté.

Le double engagement de **Primagaz** en matière de sécurité et de développement durable fait aujourd'hui partie intégrante de la relation avec le client… car il s'agit d'un choix conscient, non obligatoire. **Primagaz** est la seule société distributrice de gaz propane à publier son rapport sur le développement durable, fruit de la réflexion de chaque service de l'entreprise pour contribuer à créer une entreprise « pas comme les autres ».

♦ La réduction des coûts de « familiarisation »

Souvent, les nouveaux clients ne comprennent pas bien le service, ont des difficultés avec le langage utilisé, commettent des erreurs au moment d'exprimer précisément leurs besoins, etc. Parvenir à familiariser le client avec les caractéristiques et modalités du service demande du temps et une certaine allocation de moyens : les « coûts de familiarisation ».

L'effort pour attirer l'attention d'un client de longue date est moindre car il connaît déjà le processus et aura donc besoin de moins de conseils et d'explications. Un gain de temps, et donc d'argent, précieux pour l'entreprise, qui commet également moins d'erreurs et génère plus d'informations au fur et à mesure de sa relation avec le client. La connaissance des clients simplifie en effet la gestion d'opérations aussi importantes que la planification des ressources, la création du portefeuille des services favoris des clients, le profil psychographique des employés favoris, la vérification des erreurs de service, le récupération des clients mécontents, etc. De plus, il est fréquent que la fidélisation génère des employés satisfaits, un taux de turn-over réduit, et par conséquent une réduction des coûts de sélection et de formation !

L'agence commerciale de Caen a été choisie comme agence pilote pour offrir aux clients de nouveaux services. C'était bien naturel, celle-ci avait une expérience antérieure sur le sujet. Naturellement, les résultats ne tardèrent pas à se manifester avec des employés sûrs d'eux pour offrir les nouveaux services à des clients de longue date plutôt séduits par l'initiative.

♦ La réduction des coûts d'acquisition des clients

Les coûts d'acquisition des clients sont ceux qu'une entreprise supporte dans ses activités de « séduire » et de « vendre » : publicité, réseau commercial, commissions que de nombreuses entreprises paient pour chaque nouveau client créé, transactions particulières que suppose l'enregistrement d'un nouveau client dans les systèmes de gestion, etc.

Le Professeur Cram [1] raconte comment, dans les services financiers anglais par exemple, il est admis de perdre de l'argent sur les comptes courants pendant les trois ans suivant l'ouverture. Le coût de création de 150 000 nouveaux comptes bancaires de jeunes gens représente en effet 3 000 000 £ en publicité et 20 £ en frais directs pour chaque compte créé. Tout cet investissement est rentabilisé au bout de trois ans, quand le client commence à utiliser plus de services. La création d'un compte client représente également un investissement de 300 € en moyenne pour les opérateurs de téléphonie mobile de la plupart des pays d'Europe. Ils ont en effet offert à des prix très bas le téléphone, mais également des minutes d'appel gratuites, voire des forfaits d'appels illimités… Quelquefois, ce genre de politique se solde par des désastres financiers, surtout quand certains clients ne paient pas leur facture !

Comme nous le disions précédemment, la dimension future de l'entreprise est sous-tendue par les variables « nouveaux clients sur la période t » et « durée de vie moyenne des clients ». Cependant, une entreprise peut atteindre une taille similaire avec moins de nouveaux clients (ce qui bien sûr évite leur coût d'acquisition) si on augmente la fidélisation. Sans compter l'incorporation implicite *à moindre coût* de nouveaux clients par le biais du processus de prescription…

Quelquefois, il est choquant de voir des entreprises qui éprouvent les pires difficultés pour retenir leurs clients, mener des stratégies agressives pour acquérir de nouveaux clients. Et ce d'autant plus que les offres généreuses proposées pour la captation de nouveaux clients créent des frustrations énormes chez les clients existants et fidèles. La politique des opérateurs de téléphonie mobile ou encore des terminaux de réception TV par satellite en sont des illustrations parfaites… Les bons et loyaux clients n'ont souvent même pas droit à des remerciements !

Cette préoccupation est au centre de la politique commerciale **Primagaz** qui a été construite pour qu'autant d'attention et d'égards

---

1. Anthony Cram : *The Power of Relationship Marketing*, FT Pitman Publishing, 1994.

soient portés aux nouveaux clients, qu'aux clients existants au moyen notamment d'offres équivalentes par rapport à la nature différente des besoins observés (changement de la chaudière chez un client existant, aide à l'installation d'un chauffe-eau solaire – Primasoleil ou d'une solution combinée de gaz et de solaire photovoltaïque : Primawatt – chez un nouveau client par exemple).

Fidélisation et rentabilité : la valeur d'un client conservé

Les possibilités qu'offre la fidélisation pour rentabiliser les clients sont celles que nous avons décrites en nous concentrant sur les six câbles connecteurs qui, dans la majorité des cas, requièrent une relation prolongée entre les clients et l'entreprise pour déployer leur potentiel maximum. La capacité d'une entreprise à rentabiliser la fidélisation est en effet directement fonction de ses propensions à créer des programmes qui capitalisent sur ces six connecteurs, ainsi que de son habileté à contrôler les coûts de fidélisation.

La figure 2.12 illustre graphiquement nos propos : tout consiste à allonger la durée de vie moyenne des clients pour diversifier et enrichir – par le biais des six connecteurs – la relation entre ces derniers et l'entreprise.

Figure 2.12
La fidélisation

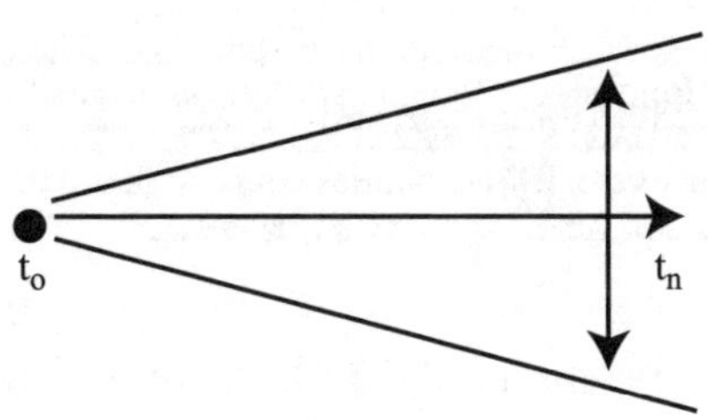

Allonger pour enrichir

Si la valeur d'un client n'est envisagée que du simple point de vue d'une transaction, c'est-à-dire par le prix du service offert et par le coût de revient de ce service, il n'est pas du tout justifié de réaliser le moindre effort supplémentaire pour reconduire la satisfaction du client et il est bien sûr sans importance de le laisser partir mécontent.

Mais si on envisage la valeur d'un client du point de vue de la *relation* telle que nous l'avons exposée dans les pages précédentes, ce que l'on observe est complètement différent !

Il est en effet très facile, dans la majorité des entreprises, d'apprécier **la valeur d'un client que l'on conserve**, et ce en terme d'impact au niveau du compte de résultats. Il suffit pour cela de quantifier les six câbles connecteurs afin de se faire une idée approximative du compte de résultats du client sur une année. Si on connaît également la durée de vie moyenne de ce client, exprimée en nombre d'années, il suffit alors d'ajouter tous les comptes de résultats annuels, et ce autant de fois que le nombre d'années ainsi identifié. En principe, les comptes de résultats affichent une certaine amélioration d'année en année… et cela est le fruit de l'effet des câbles de rentabilité !

Figure 2.13
La valeur d'un client conservé

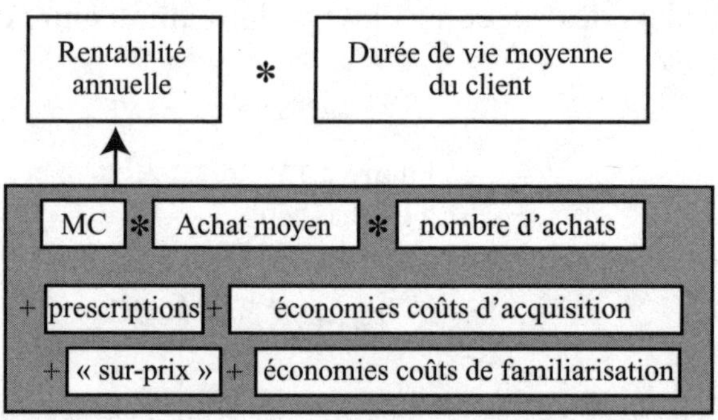

Comme le montre la figure 2.13, la valeur d'un client que l'on conserve est le produit de sa rentabilité annuelle par sa durée de vie moyenne. En même temps, sa rentabilité devrait se calculer en fonction de la marge de contribution des services qu'il consomme, multipliée par son achat moyen et par le nombre d'achats par an. Grâce à ce calcul, on aurait quantifié au moins deux des câbles : **les ventes à répétition et les ventes croisées**. Dans la majorité des cas, il serait bon d'essayer de quantifier l'impact des quatre autres câbles : les prescriptions, le « sur-prix », la réduction des coûts de service, et la réduction des coûts d'acquisition.

La plupart des entreprises qui calculent cette valeur sont surprises par le chiffre qu'elles obtiennent et les ramifications qu'elles découvrent dans tous leurs domaines de gestion. **Epson**, en calculant le volume d'affaires en consommables généré par un client qui utilisait une imprimante, a découvert qu'il était plus rentable de faire cadeau de l'imprimante, tout comme l'on fait les opérateurs de téléphonie mobile avec les portables !

Le calcul de la valeur économique d'un client conservé est riche de possibilités : il est tout aussi pertinent dans le cas d'un client « ordinaire » que dans celui d'un client appartenant à un segment prioritaire de l'entreprise en termes d'objectifs… et peut être utilisé comme instrument de planification et de contrôle de gestion. On peut aussi simuler des situations qui permettent de connaître l'impact de l'allongement de la durée de vie moyenne des clients sur les bénéfices ou l'impact de certaines politiques commerciales. Il est également recommandé de comparer l'effet que produit la captation de nouveaux clients par rapport à la diminution du taux de désertion. Une autre exploitation possible serait de comparer les résultats de certains clients par rapport aux ressources budgétaires allouées.

La figure 2.14, enfin, illustre une analyse qui peut s'avérer précieuse. Sur le graphique, on signale les rentabilités qui, au fil du temps, ont été observées pour chacun des différents segments de clientèle, regroupés en fonction de la fréquence d'utilisation. Il est ainsi démontré qu'une partie substantielle de la rentabilité de l'entreprise est générée par la rétention du segment des utilisateurs « fréquents ». Pour ces derniers, il est nécessaire de créer des services spécifiques, qui pèseront dans leur choix de rester fidèles à l'entreprise. Les programmes de voyageurs fréquents des compagnies aériennes tiennent particulièrement compte de cette problématique. Une autre observation, digne d'intérêt, est l'existence d'une période de maturation – temps nécessaire pour que le client devienne « fréquent » – relativement longue pour les utilisateurs de faible utilisation (« occasionnels »). Ponctuellement, cette période de maturation peut être supérieure à la durée de vie moyenne de ces clients, ce qui implique que chaque fois que nous créons un client de cette nature… nous jetons l'argent par les fenêtres !

Figure 2.14
Segmenter par intensité d'utilisation :
connaître la durée de vie moyenne et la période de maturation

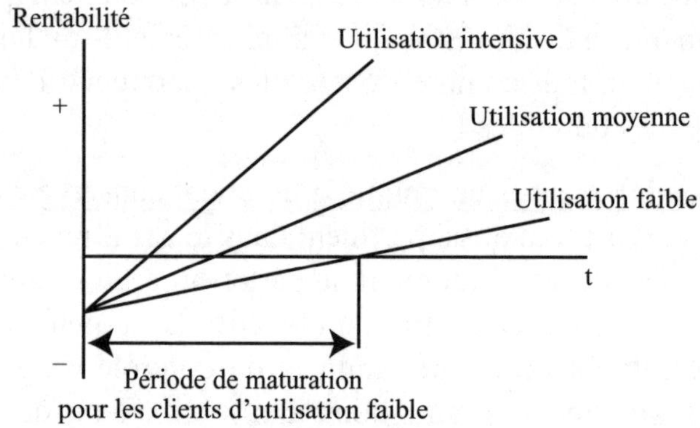

La règle 10/10/10 s'applique sur presque tous les marchés. Il s'agit d'un postulat selon lequel il existe 10 % de clients 10 fois plus rentables que 10 % d'autres clients. Or, ces 10 % de clients plus rentables ne correspondent pas toujours au segment de clients les plus influents mais bel et bien aux plus fidèles, aux plus enclins à prescrire de nouveaux clients, aux plus prédisposés à apporter des suggestions d'amélioration.

En résumé…

L'objectif de ce chapitre était de montrer la relation étroite qui existe entre la fidélité des clients et la rentabilité de l'entreprise. Nous avons ainsi démontré que croître ne revenait pas seulement à acquérir de nouveaux clients, mais aussi et surtout à fidéliser les clients existants. Pour appuyer cette démonstration, nous avons opérationnalisé la fidélisation au travers d'une mesure concrète : la durée de vie moyenne d'un client dans sa relation avec l'entreprise. Après un rapide tour d'horizon des programmes de fidélisation actuels, nous avons analysé les six câbles que l'entreprise doit connecter pour connaître une fidélisation saine et surtout rentable, rentabilité démontrée par le calcul de la valeur d'un client conservé.

J'aurai toujours en tête la phrase éloquente de Luis Rullán, ancien directeur général des **Hôtels Riu** : « *Un client insatisfait génère 32 768 séjours perdus. C'est le résultat de transmettre cette insatisfaction à 8 personnes qui à leur tour feront la même chose sur une période de cinq ans. Ceci équivaut à un hôtel plein pendant un an, ce qui suppose environ six millions d'euros.* » Cette affirmation, que l'on pourrait bien sûr remettre en question d'un point de vue empirique, est riche d'enseignements : elle alerte tout d'abord quant aux coûts occultes du manque de satisfaction des clients et scelle par ailleurs l'évidente rentabilité d'un investissement visant à prévenir les causes d'insatisfaction.

C'est à cette notion de satisfaction et, plus encore, de rétention du client que nous allons maintenant nous attacher. Car si nous avons démontré la nécessité de satisfaire et de retenir le client d'un point de vue économique, nous n'avons pas encore abordé la question du « *comment fait-on pour s'attacher un client ?* ».

Pourtant, tout au long de ce chapitre, nous avons introduit les pages qui vont suivre en insistant sur le fait qu'un bon programme de fidélisation relevait plus de l'art que de la science. Nous avons également précisé que la fidélisation comportait deux dimensions : une objective, que nous avons détaillée ici, et une subjective, sur laquelle s'appuie la première.

Et pour percer le mystère de la fidélisation subjective, il faut commencer par envisager les actions de **satisfaire et de retenir le client à travers le prisme de l'intelligence émotionnelle**…

3.

LA SATISFACTION DES CLIENTS PAR LE PRISME DE L'INTELLIGENCE ÉMOTIONNELLE

> « Soyez vous-même le changement que vous voudriez voir dans le monde. »
>
> Mahatma Gandhi

Dans notre modèle de gestion « *Services & Croissance* », l'impact de la satisfaction sur la rétention des clients est indéniable, tout comme celui de la rétention sur la rentabilité. En effet, il est démontré que les clients satisfaits et retenus créent naturellement des relations du type gagnant/gagnant avec l'entreprise, c'est-à-dire des relations où personne ne gagne au détriment de l'autre : le client gagne en satisfaction, l'entreprise gagne en économies d'échelle.

En d'autres termes, satisfaire les clients est rentable. La figure 3.1. illustre le cas d'une banque américaine qui a réalisé une étude longitudinale mettant en valeur l'impact de la satisfaction d'un client au cours du temps sur l'évolution de ses placements :

Figure 3.1
La satisfaction des clients est rentable
Exemple de l'une des plus grandes banques commerciales des États-Unis

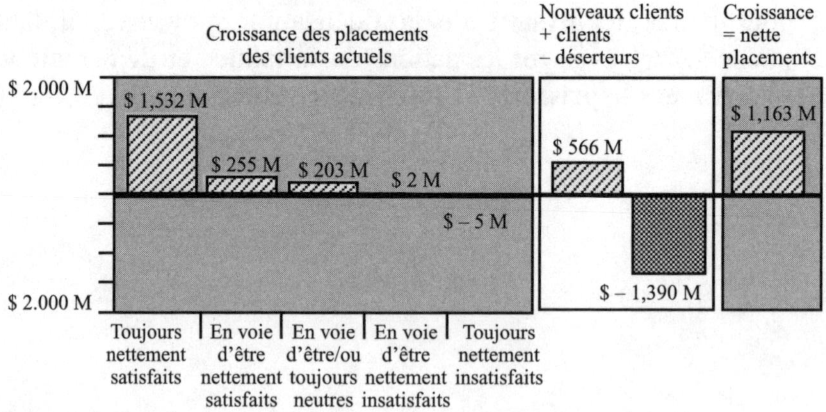

Comme on peut l'observer, les clients qui reflètent un niveau de satisfaction élevé et systématique au fil du temps contribuent à la croissance de l'entreprise. Par contre, les clients insatisfaits « grossissent les rangs » et donc les résultats des concurrents.

Mais qu'est-ce que la satisfaction ? Telle est la grande question que soulève ce chapitre.

Une définition basique pourrait consister à dire que le client satisfait est celui qui est convaincu d'avoir fait une bonne affaire avec l'entreprise. Sur la base des hypothèses de travail que nous avons retenues, ce degré de satisfaction aura un impact sur son comportement et ses relations futures avec l'entreprise. Mais un client satisfait n'est pas forcément un client retenu ! C'est pourquoi cette définition pêche par sa simplicité. La satisfaction est bien plus compliquée qu'il n'y paraît…

En effet, la satisfaction intègre deux dimensions : une dimension structurelle, se rapportant à l'importance de pouvoir compter sur de bonnes prestations tangibles ISO, et une dimension émotionnelle, se rapportant au ressenti du client quant à la personnalité de l'entreprise, la chaleur du contact humain… Et **c'est bel et bien cette deuxième dimension, relevant du registre émotionnel – et donc davantage de l'art que de la science – qui lie directement la satisfaction à la rétention**.

C'est pourquoi ce chapitre se propose de mettre en lumière l'importance d'envisager la satisfaction des clients par le prisme de l'intelligence émotionnelle, afin de mieux comprendre la relation entre satisfaction et fidélisation et de mieux gérer l'action de satisfaire.

Cette action de satisfaire impliquant le déploiement d'importants investissements – essentiellement humains – il est en premier lieu utile de se demander si tous les clients sont dignes de tels efforts et de commencer par étudier les comportements des clients selon leurs niveaux de proximité de l'aire d'influence de nos six connecteurs de rentabilité.

3.1. Tous les clients méritent-ils d'être satisfaits ?

Si le groom connaissait déjà le montant de son pourboire au moment où il prend en charge les bagages d'un nouvel hôte, il travaillerait d'une façon plus ou moins personnalisée, aurait ou non des attentions particulières pour son client et s'assurerait ou non ses pourboires futurs. Tout comme le groom, ***si une entreprise était capable de classer son portefeuille de clients conformément à leurs comportements futurs, elle pourrait améliorer la gestion de ses clients et mieux orienter le développement de son activité***.

En effet, gérer l'activité de satisfaire implique de prendre les bonnes décisions quant au choix des clients que l'on veut atteindre et à la façon de les atteindre. Segmenter, savoir regrouper les clients en groupes homogènes est donc primordial dans une stratégie de satisfaction.

Or, la seule manière de deviner les comportements futurs est d'étudier les comportements passés. En analysant le profil du client d'hier, on peut améliorer ses services pour les clients d'aujourd'hui et ceux de demain. Et comme tous les clients n'ont pas le même comportement, il convient d'arrêter de les « compter » et de commencer à les « peser »…

Analyse et qualification du portefeuille clients

La classification des clients que nous vous proposons a le grand avantage de s'appliquer parfaitement à toutes les entreprises. Il s'agit en effet de croiser, sur une matrice de deux sur deux, les variables « satisfaction » et « fidélisation », comme le montre la figure 3.2.

Cette matrice met bel et bien en évidence que la satisfaction n'engendre pas systématiquement la fidélité, tout comme il est faux de penser que l'insatisfaction provoque forcément la désertion.

Cette matrice fait également apparaître quatre catégories de clients auxquelles nous avons donné des noms révélateurs de leurs comportements respectifs : **les Terroristes, les Otages, les Mercenaires et les Apôtres**.

Figure 3.2.
Notre portefeuille de clients est-il sain ?

		Rétention	
		Non	**Oui**
Satisfaction	**Non**	**T**erroristes	**O**tages
	Oui	**M**ercenaires	**A** pôtres

Source : HBS Service Interest Group.

La catégorie des **Otages** nous intéresse peu, puisqu'elle dénote une absence totale de démarche de satisfaction de la part de l'entreprise. Ces clients non satisfaits souhaiteraient en effet partir mais ne peuvent pas ! On les trouve bien sûr en abondance dans les entreprises qui opèrent en situation de monopole, mais aussi dans les entreprises dont nous parlions dans le chapitre 2 et qui ne fidélisent qu'en créant des barrières de sortie imperméables, notamment des coûts élevés de changement. Évidemment, l'entreprise peut gagner de l'argent avec des clients Otages, mais l'apparition d'un concurrent intelligent fera vite voler en éclats les bénéfices de cette stratégie malsaine.

Les clients non satisfaits et non liés à l'entreprise sont appelés les **Terroristes**, une catégorie à ne pas négliger et devant faire l'objet d'une véritable lutte. Il s'agit en effet de ces clients qui se plaignent régulièrement, protestent, préfèrent la concurrence, parlent mal de nos services, ébranlent nos employés... et représentent un véritable danger pour l'entreprise. Il est donc important de savoir les identifier mais aussi de se demander si l'entreprise a les Terroristes qu'elle mérite... ou si ces clients adoptent systématiquement le même comportement quelle que soit la qualité de service qu'ils reçoivent. Seront alors déployées, selon le verdict, une « lutte anti-terroriste » ou la mise en œuvre d'une réelle stratégie de satisfaction.

Les clients **Mercenaires** sont de loin les plus difficiles à gérer. Contrairement aux Otages, ils sont satisfaits mais pas du tout liés à l'entreprise et, malheureusement, représentent souvent la majorité des clients. Les Mercenaires sont en effet tous ceux qui reçoivent une prestation conforme à leurs attentes, mais sans aucune magie... La création d'un lien émotionnel est donc indispensable pour les « convertir » en clients parfaits ! Mais une entreprise mettant uniquement l'accent sur la captation de clients par des prix attractifs ou au travers de promotions récoltera toujours – pour le meilleur et pour le pire – ce type de clients.

Les **Apôtres**, enfin, sont tout simplement les clients idéaux. Après avoir utilisé les services de l'entreprise, ils continuent à lui faire confiance, jouent un rôle important de prescripteurs, apportent des suggestions, donnent des informations sur la concurrence... Ce sont les clients émotionnellement liés à l'entreprise. Une entreprise comptant beaucoup de clients Apôtres prospère... et, là encore, toute entreprise a les Apôtres qu'elle mérite.

Il est évident que le but de notre modèle « Services & Croissance » est d'aider les entreprises à se constituer un portefeuille de clients essentiellement constitué d'Apôtres. Un but qui, sans être utopique, demande un travail et une attention de tous les instants car un client n'est pas Apôtre, il le devient et, surtout, il doit le rester.

Sur quels clients miser et investir ?

Il est facile de déduire, intuitivement, les niveaux de rentabilité propres à chaque catégorie de clients, et ce en nous appuyant sur nos « six lignes de haute tension », autrement dit nos six connecteurs de rentabilité, comme le montre la figure 3.3. Il suffit d'imaginer le comportement de chaque type de clients sur chacune des ces six lignes pour mieux apprécier cette problématique dans son ampleur. Dans une telle démarche, la création d'Apôtres cesse d'être un « sujet philanthropique » pour devenir une véritable « affaire d'état » dans l'entreprise... et il apparaît clairement que tous les clients méritent d'être transformés en Apôtres.

Figure 3.3
Rentabilité des 4 catégories de clients

	A	M	O	T
	Satisfait Retenu	**Satisfait NON Retenu**	**Non Satisfait Retenu**	**NON Satisfait NON Retenu**
Ventes à répétition				
Ventes croisées				
Références et prescriptions				
« Sur-prix »				
⇩ Coûts de familiarisation				
⇩ Couts d'acquisition des clients				

Les données utilisées sur cette figure sont imaginaires, bien que largement inspirées des résultats des études de satisfaction réalisées pour les parcs d'attraction **Disney**. Lorsque les cadres de **Disney** souhaitent apporter la preuve concrète que leur entreprise se situe parmi les meilleures entreprises de service au monde, ils font en effet référence à leurs indices de satisfaction de l'ordre de 95 % et à leur indice de rétention (*au moins une deuxième visite*) atteignant les 60 %.

À partir de l'expérience **Disney** – et en croisant la satisfaction avec la rétention – on pourrait obtenir la distribution du portefeuille clients suivante :

- 59 % d'Apôtres, clients satisfaits qui reviennent.
- 36 % de Mercenaires, clients satisfaits qui ne reviennent pas.
- 4 % de Terroristes, clients insatisfaits qui ne reviennent pas.
- 1 % de clients assimilés à des Otages. Bien qu'insatisfaits, ils reviennent.

La figure 3.4. reflète les mêmes données **sous forme d'un arbre de décisions**, dont le grand avantage est de pondérer les valeurs finales de chacune des branches (*les quatre mêmes situations que ci-dessus*) afin de déterminer la valeur moyenne de chacun des nœuds intermédiaires et du tronc commun :

Figure 3.4
Une possibilité de distribution du portefeuille de clients d'une entreprise engagée dans une stratégie de satisfaction et de fidélisation

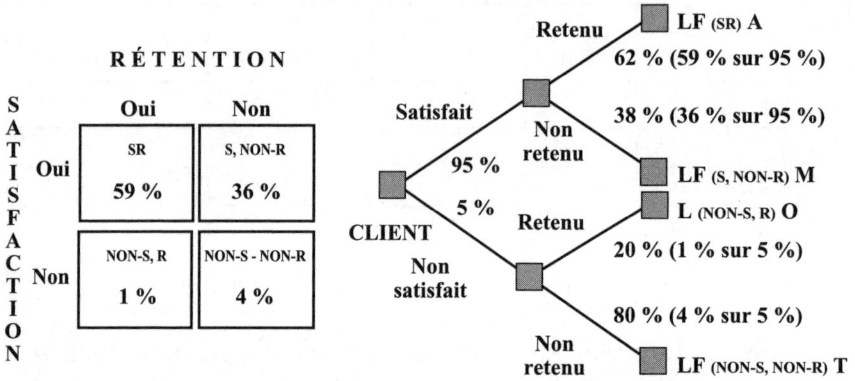

L'opération se réalise en deux phases. En premier lieu, il convient de pondérer l'importance relative des branches, conformément à la matrice deux sur deux (*satisfaction/rétention*), et vérifier que le total est bien de 100 %. En second lieu, il faut calculer la valeur de chaque nœud qui représente une situation finale, ce qui est très simple si on utilise nos six connecteurs de rentabilité. Ainsi, on peut étudier et quantifier – nœud par nœud et sur une durée de temps déterminée – chaque connecteur en fonction du comportement prévisible du client au final de la période considérée !

Dans une situation « normale », les clients les plus rentables seront évidemment ceux qui sont satisfaits et retenus – les Apôtres – car ils nous permettent de « brancher » la plupart des connecteurs. Les clients satisfaits mais non retenus – les Mercenaires – seront déjà nettement moins rentables car ils ne nous permettent de brancher qu'un seul connecteur : la prescription. Quant aux clients insatisfaits qui reviennent pour des raisons mystérieuses – et donc assimilés à des Otages – ils ne nous permettent de brancher aucun des connecteurs. Leur rentabilité dans le temps est donc totalement incertaine. Les Terroristes, enfin, branchent eux-mêmes le connecteur de prescription, mais dans un sens négatif ! Non rentables, ils risquent en plus de générer des pertes...

Jusqu'ici, pas de surprises... mais tout l'intérêt d'un tel arbre de décisions est qu'il permet de réaliser des analyses de sensibilité et de mesurer l'impact du changement sur la valeur finale de chaque branche et, par conséquent, sur la valeur moyenne du tronc commun, c'est-à-dire la valeur moyenne d'un client sur la période considérée.

L'analyse de sensibilité révèle en effet que dans la grande majorité des cas, une petite détérioration des variables déterminant la satisfaction et la rétention – tout comme une petite amélioration – a un impact accentué et exponentiel sur la valeur moyenne du tronc qui, à son tour, doit être multiplié par le nombre total de clients traités pendant cette année-là !

Le résultat est souvent très surprenant et prouve l'importance d'une politique de services qui ne soit pas seulement créatrice d'Apôtres mais qui permette également de lutter contre les Terroristes et de convertir les Mercenaires et les Otages en Apôtres.

La figure 3.5, enfin, renforce ce constat en mettant en évidence une relation exponentielle entre satisfaction et rétention et en décrivant 3 grandes aires : la désertion, l'indifférence et l'estime.

Nous retrouvons naturellement les Apôtres dans la zone d'estime : ils recommandent l'entreprise autour d'eux, avec passion et spontanéité. À l'opposé, dans la zone de désertion, les Terroristes discriminent l'entreprise avec tout autant de passion...

Comment faire en sorte que tous les clients deviennent des Apôtres de l'entreprise ?

Pour répondre à cette question, il est d'abord utile de se demander si le service que l'on propose est à la hauteur d'une telle ambition et quels sont les efforts déployés pour connaître en profondeur les besoins de chaque segment de clientèle. Car segmenter sa clientèle, c'est bien... mais encore faut-il la comprendre et développer le concept de service

Figure 3.5
Plus la satisfaction est grande, meilleure est la rétention

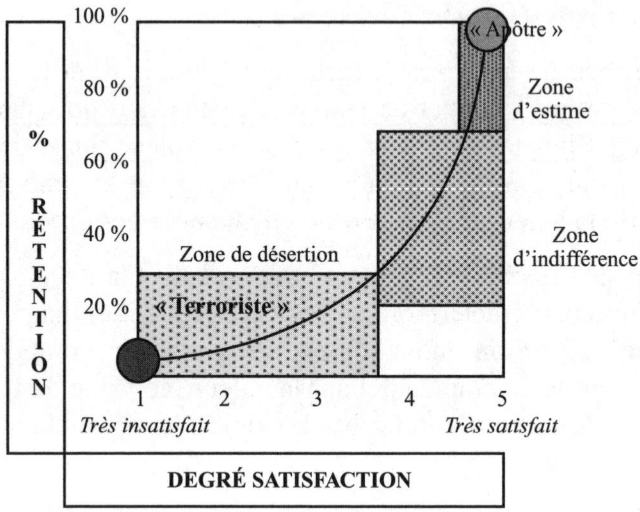

qui fera la différence avec la concurrence et qui convertira chaque client en Apôtre.

Comme nous le disions en introduction de ce chapitre, un client qui bénéficie juste d'un service conforme à ses attentes ne sera jamais un Apôtre, mais il le deviendra s'il reçoit une certaine dose de « magie »… Et pour savoir comment créer de la magie dans le service, il est essentiel de gagner au jeu préféré des clients : le jeu des perceptions et des expectatives.

3.2. Le jeu des perceptions et des expectatives

Nous l'avons vu, une bonne connaissance de son portefeuille de clients permet de segmenter ces derniers en groupes homogènes. Il s'agit maintenant de comprendre chacun de ces segments, c'est-à-dire identifier les variables déterminant leur satisfaction afin de mieux gérer l'action de satisfaire par *l'élaboration d'un concept de service différenciant*. Or, pour comprendre la satisfaction, il faut comprendre sa dimension émotionnelle…

L'équation émotionnelle de la satisfaction

Comme le montre la figure 3.6, la gestion émotionnelle de la satisfaction des clients est liée au jeu des perceptions et des expectatives.

Figure 3.6
Un client émotionnellement satisfait

(Perceptions) – (Expectatives) > 0

Inconsciemment, tout client soustrait de ses « perceptions » – ensemble de ses ressentis quant au service reçu – ses « expectatives » – ensemble de ses attentes quant au même service. Si le résultat de cette soustraction est positif, cela signifie que sa perception du service reçu a dépassé ses attentes : il est donc émotionnellement satisfait. À l'inverse, un résultat négatif traduit une frustration.

Évidemment, la difficulté réside en la compréhension du contenu de ces perceptions et de ces expectatives, propres aux points de vue exclusifs et singuliers de chaque client et relevant davantage d'un jugement de valeur que d'une évaluation objective des services reçus. De ce fait, la somme des perceptions et des expectatives oblige les entreprises à considérer leurs services comme les vecteurs de l'expérience globale de leurs clients. Quelques entreprises vont même plus loin et conceptualisent leurs produits comme des créations d'expériences globales satisfaisantes pour leurs clients…

De ce point de vue, **tous les éléments du processus de création de services sont susceptibles de créer également des expectatives ou des perceptions et, par conséquent, revêtent l'importance stratégique de se convertir en facteurs de satisfaction du client**. Précisons également que les deux premiers services offerts au client sont les plus déterminants car, selon la très juste expression, « *la première impression est souvent la bonne* »… C'est pourquoi les cadres des entreprises de service doivent par exemple savoir identifier 150 détails de leurs prestations susceptibles de gêner ou de déplaire au client ! En effet, tous les spécialistes s'accordent à dire que la gestion des services est avant tout la gestion de détails. La compagnie aérienne SAS a d'ailleurs reconnu au début des années 1980 qu'il était plus rentable d'améliorer de 1 % 100 services que 100 % d'un seul service…

L'analyse en détail des différents services périphériques à la fourniture de gaz a mis également en évidence chez **Primagaz** ce même constat. Forte de cet enseignement, l'organisation a évolué pour travailler à une amélioration continue de ses services, ainsi que pour en créer de nouveaux qui répondent aux attentes qu'il n'était jusqu'alors pas possible de prendre en compte.

Le positionnement perçu par les… 6 sens !

Dans la logique des perceptions et des expectatives, la satisfaction – ou l'insatisfaction – découle directement des 5 sens des clients : tout ce qui se voit, se sent, s'entend, se touche et se goûte a une influence déterminante. Comprendre et gérer ces 5 sens revient donc à **savoir les stimuler et les orienter** dans la direction voulue. On peut même dire que le monde des services ressemble au monde des « *reality show* » où l'art de la mise en scène se révèle indispensable.

Est-ce ainsi un hasard si de nombreuses viennoiseries utilisent des essences aromatiques, si les chaînes de restaurant ***Pizza del Arte*** *ont placé la cuisine et les pizzaïolos – de véritables « show-men » – au centre de la salle où dînent les clients, ou encore si les instituts de beauté* ***Thalgo*** *diffusent un fond sonore rappelant les bruits de l'océan ?*

Mais il existe un 6e sens dont le rôle est encore plus déterminant : **le feeling**, un sentiment que développe naturellement et inconsciemment le client, synthèse de l'ensemble des perceptions qu'il reçoit de l'entreprise. Et dans de nombreux cas, le feeling du client détermine bel et bien le caractère positif ou négatif de son expérience globale. De quoi dépend donc le feeling ? Tout simplement de **la capacité de l'entreprise à surprendre le client**, à l'étonner. Il est en effet avéré que surprendre en bien le client est facteur de succès !

Aussi, pour transformer les perceptions des clients en ***feelings positifs***, les responsables de l'entreprise doivent vérifier que les fondements mêmes de leur processus de création de services sont bien connectés aux sensibilités émergentes de leur marché. Dans un certain sens, les bons professionnels en matière de service seront de plus en plus amenés à jouer le rôle de sociologues et à identifier les changements socioculturels susceptibles d'influencer le ressenti de leurs clients.

À titre d'exemples, il devient impossible aujourd'hui de ne pas intégrer à sa culture d'entreprise et à l'élaboration de ses services des évolutions aussi majeures que le triomphe de l'écologie et des produits « bio », le retour au bricolage et au jardinage, l'intolérance croissante quant aux temps d'attente et de déplacement, l'explosion de la téléphonie mobile, d'internet et du multi-media, le succès des loisirs et divertissements éducatifs, la recherche de produits design, la parité hommes/femmes, le soft management, etc.

Dans un tel contexte – des clients de plus en plus difficiles à comprendre et des marchés en constante évolution – **un bon concept de service (ou encore un bon positionnement) s'obtient avant tout en offrant une solution nouvelle et originale à une frustration de marché**. Mais là encore, ce n'est que le premier pas mettant l'entreprise sur la bonne voie… Il est évident qu'il faut ensuite développer un ensemble de services répondant avec grand sérieux à un ensemble d'incertitudes telles que *Combien de temps vais-je attendre ? Combien ça va coûter ? Combien de temps ça va durer ?* etc.

De fait, si l'on remet cet enseignement en perspective dans le cadre de l'ouverture des marchés de l'énergie, on s'aperçoit qu'il existe bien une prise de conscience de cette notion de l'engagement pris par un client en fonction de ses émotions. Cela se traduit notamment par l'agitation de peurs visant à le faire renoncer à son libre arbitre, avec le conseil qui revient beaucoup dans les débats de bien réfléchir à deux fois avant de changer de fournisseur d'électricité notamment. L'argument le plus utilisé étant l'impossibilité de revenir dans le tarif régulé une fois qu'on l'a quitté. Or, le prix de l'énergie et surtout sa notoriété est précisément ce que le client redoute ou a été conduit à redouter le plus. Cela ne répond d'ailleurs pas à la question que peu se pose encore de façon claire : à savoir pour combien de temps existera t-il un tarif régulé figurant parmi le plus bas d'Europe pour l'électricité ?

En application : comment satisfaire les clients quelque peu ignorants ?

Comme le montre la figure 3.7, **tous les secteurs d'activité ne sont pas égaux face au jugement et au ressenti des clients**... Lorsqu'il achète un produit « physique », le client a en effet, bien avant son achat, accès à un ensemble d'informations lui permettant de juger en connaissance de cause la qualité de la prestation qu'il reçoit. Les entreprises de service ont toutes, en revanche, un point commun : le client ne pourra les juger qu'une fois le service consommé. Il est donc intéressant d'étudier, pour ces entreprises de service ayant à affronter cette difficulté supplémentaire, la façon de gérer au mieux l'action de satisfaire les clients.

Figure 3.7
Critères d'évaluation des produits et des services

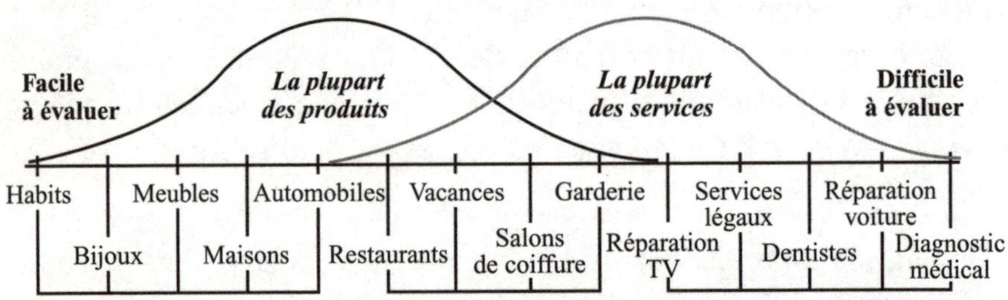

Requièrent *(entre autres)* :

Avant l'achat	***Après l'achat***	***Ni après l'achat***
– Bon design produit. – Caractéristiques identifiables. – Bonnes notices d'utilisation. – Variétés des modèles. – Bonne situation. – Display attractif.	– Influer sur les expectatives. – Traitement des réclamations. – Bonne préparation personnel contact. – Capacité de réponse. – Qualité perçue.	– Rendre tangible l'intangible. – Effort pour rendre visibles les résultats. – Développer groupe important de clients satisfaits. – Faciliter processus de référence des clients satisfaits.

Source : Valerie Zeithaml.

On voit clairement sur ce graphique que pour certains services comme une prestation juridique ou la réparation d'une automobile, le client peut difficilement évaluer la qualité de son achat avant qu'un certain laps de temps se soit écoulé. En revanche, acheter des vacances, une coupe de cheveux ou une nuit d'hôtel permet un jugement beaucoup plus immédiat.

Comment, dans ces deux cas de figure, séduire, vendre, satisfaire et retenir ?

Dans le cas des restaurants, des hôtels, des organismes de vacances ou encore des salons de coiffure, et il n'en va pas autrement dans la fourniture de services d'énergie, les éléments déterminant la dynamique de marché sont les suivants :

1. Influencer les expectatives. L'entreprise peut et doit influencer les expectatives du client afin de l'attirer vers elle plutôt que de le laisser s'adresser à un concurrent. Cette action est particulièrement importante dans le cas de prestations soumises à des imprévus. Comment faire ? On peut bien sûr utiliser l'information, écrite et orale. Mais le plus efficace reste bien sûr de disposer d'une bonne connaissance du client et de pouvoir ainsi anticiper ses attentes ! Il suffit en effet, comme le montre la figure 3.8, d'identifier son niveau de connaissance de l'entreprise et la complexité de ses besoins pour connaître son niveau d'exigence et agir en fonction.

Figure 3.8
Les expectatives des clients

		Type de besoins	
		Complexes	Simples
Connaissance du processus	Haute	**Expectatives modérées**	**Expectatives hautes**
	Basse	**Expectatives basses**	**Expectatives modérées**

Le Conseil en Énergie s'ajuste totalement à cette logique. Il est né lorsqu'on a fini par comprendre que le budget énergie importait bien plus que le prix de l'énergie, lui-même d'ailleurs influencé par des facteurs géopolitiques très éloignés des préoccupations et de l'univers immédiat de chacun.

2. Résoudre les réclamations. Il est prouvé qu'une réclamation rapidement et efficacement traitée augmente la satisfaction des clients et renforce ses liens avec l'entreprise. Une réclamation est en effet le meilleur résultat qu'une entreprise puisse obtenir d'une erreur qu'elle aurait commise ou d'un manque d'adéquation entre ses prestations et les expectatives du client... car une absence de réclamation est bien souvent le signe d'une désertion. À ce titre, les réclamations constituent une pièce maîtresse de la politique de revitalisation d'une entreprise. La qualité des réponses apportées doit être revue périodiquement. Il est indispensable de s'assurer au travers de la formation que la compréhension de l'environnement est bien prise en compte et reflétée dans les réponses apportées.

3. Fidéliser le personnel en contact avec le client. L'attitude et le professionnalisme des employés influent fortement sur la satisfaction et la fidélisation des clients. Il existe en effet une relation proportionnelle entre le niveau d'ancienneté des employés et le niveau des prestations qu'ils offrent au client. Diverses études ont parallèlement mis en évidence une relation inversement proportionnelle entre le turn-over des employés et la satisfaction des clients. Cela ne devrait surprendre personne : une entreprise qui n'est pas capable de convaincre ses propres employés peut difficilement convaincre ses clients... Cet enjeu est d'autant plus important et à la fois complexe que l'entreprise traverse une période de marché en mutation rapide. En effet, les employés tendent à répercuter leur propre incertitude sur le client ce qui appelle bien sûr un effet additionné.

4. Répondre efficacement. En matière de services, la capacité d'offrir au client une réponse efficace fait réellement toute la différence. Il est en effet important que le client puisse percevoir qu'il a reçu le service qu'il attendait dans les délais qu'il espérait. Pour ce faire, il faut pouvoir compter sur des systèmes et des processus conçus en fonction

des besoins des clients. Un sourire ne sera jamais un substitut suffisant à une prestation de mauvaise qualité... Cela exige une remise en cause des organisations souvent trop compartimentées entre les services commerciaux et opérationnels/logistiques.

5. Exposer la qualité. Bien que parfois abstraite et subjective, la qualité ne doit jamais passer inaperçue. Tout l'enjeu est donc de la rendre **tangible**. De nombreuses entreprises ont ainsi recours à des associations émotionnelles qui mettent en lumière la qualité de la marque. **Nike**, par exemple, associe ses produits à des athlètes d'exception et à un style de vie énergique et courageux...

Dans le cas de l'énergie le pari le plus ambitieux est de réconcilier l'image des énergies fossiles avec les attentes en matière d'environnement. Primasoleil a été le premier produit lancé sur le marché alliant gaz propane pour le chauffage et la cuisson et le solaire pour la production d'eau chaude sanitaire.

Dans le cas des réparations d'automobiles, des prestations de services juridiques ou encore des programmes de formation, les éléments déterminant cette dynamique de marché deviennent :

1. Rendre tangible ce qui est intangible. Confort, sécurité, confiance ou prestige sont autant d'éléments intangibles susceptibles d'ajouter de la valeur au service offert... ou même de créer totalement cette valeur dans le cas d'une prestation totalement impossible à évaluer objectivement. *C'est pourquoi le chapitre 6 est exclusivement consacré à cette gestion émotionnelle des services et y est décrit une méthodologie qui permet d'articuler la communication autour des éléments intangibles de l'offre.*

2. Rendre visibles les résultats. Il arrive que le client qui paie pour un service déterminé ne reçoive aucune contre-prestation de la part de l'entreprise avant que ne se soit écoulé un certain délai. C'est le cas, par exemple, d'une police d'assurance que l'on contracte et que l'on paie pour une protection « invisible » et une éventuelle prestation ultérieure. La capacité de l'entreprise à vendre, satisfaire et retenir ses clients est alors directement liée à son habileté à transformer ce qui est invisible en quelque chose de concret et d'évident...

3. Développer un groupe de clients Apôtres. Plus les services offerts sont intangibles ou invisibles, plus il est important de se focaliser sur la satisfaction et le renforcement des liens avec les clients afin de créer des certitudes quant à la qualité desdits services. Dans une certaine mesure, travailler dans les services revient à améliorer en permanence l'état émotionnel des clients !

4. Renforcer le processus de prescription des clients Apôtres. Les recommandations les plus naturelles et spontanées sont toujours les plus efficaces. L'entreprise doit donc exploiter toutes les possibilités qui lui sont offertes de renforcer subtilement son processus de prescription…

Nous le voyons dans chaque cas de figure, le jeu des perceptions et des expectatives oblige les entreprises à **rester connectées en permanence aux variables subjectives qui influencent les jugements de valeur de leurs clients**. Et pour cela, elles doivent connaître et utiliser les 3 clés de la satisfaction…

3.3. Les trois clés de la satisfaction

Les entreprises qui aspirent à améliorer leurs services afin de se connecter aux attentes les plus mystérieuses de ses clients n'ont pas d'autre choix que de mettre en œuvre un ensemble de moyens capables de percer le mystère. Or, il existe bel et bien trois moyens sûrs de susciter la satisfaction du client : l'écouter, le surprendre et l'entraîner dans notre dynamique.

Savoir écouter le client

Bien souvent, les clients ne sont pas si difficiles à comprendre… Il suffit de savoir les écouter. La figure 3.9 représente ainsi l'ensemble des moyens dont dispose l'entreprise pour obtenir une information fiable et détaillée sur les attentes des clients.

En fonction de la densité des données qu'elle souhaite récolter, l'entreprise peut utiliser une ou plusieurs des techniques mentionnées sur la figure 3.9.

Figure 3.9
Écouter le client

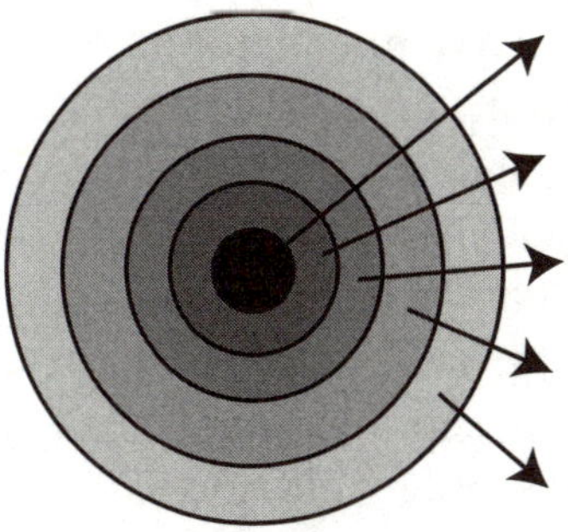

Les études quantitatives peuvent parfois s'avérer suffisantes. Il s'agit de demander au client d'évaluer la prestation de service en utilisant un ensemble d'outils de mesure concrets, tels une échelle de notation « de 1 à 5 » où 5 représente la meilleure note et 1 la plus mauvaise. Les études quantitatives sont généralement riches d'informations sur les attentes et les besoins des clients. Mais attention : l'utilisation qui en est faite s'avère bien plus importante que l'information elle-même !

Les études qualitatives, quant à elles, permettent de recueillir l'information sous forme de commentaires, de suggestions… Elles approchent davantage la dimension émotionnelle du service et constituent donc un outil d'analyse de premier ordre. Mais elles supposent également l'utilisation de techniques plus poussées : enquêtes, entretiens en profondeur, panels, etc.

Ce sont ensuite les employés en contact direct avec les clients qui sont les mieux placés pour écouter et proposer des ajustements découlant de leur propre expérience. C'est ce qu'on appelle les opérations de service. Il est en effet très efficace de faire remonter vers les hautes sphères de l'entreprise les informations relatives à la satisfaction des clients…

Une excellente méthode consiste enfin à impliquer le client en amont de la stratégie de l'entreprise et de solliciter son avis pour, par exemple, concevoir un nouveau produit ou service. La compagnie aérienne **Southwest Airlines** est même allée encore plus loin, en mettant en place un panel de jurés entièrement constitué de clients, chargé du recrutement du personnel au service des passagers ! La raison qu'ils invoquent est implacable : qui, mieux que le client, peut identifier les hôtesses qui lui garantiront un bon service ? Dans le même ordre d'idée, **Primagaz** a demandé à un panel de clients de s'exprimer sur le Conseil en Énergie : en quoi cette approche constituait une réponse mieux adaptée aux attentes en matière d'énergie ? Les retours obtenus ont permis de faire évoluer cette approche. Un des points mettait notamment en évidence la connaissance encore trop hétérogène du sujet parmi les conseillers énergie. Un vrai défi que de former chaque personne pour les amener au même niveau de compétences dans des délais similaires.

Et si l'entreprise n'utilisait aucune de ces techniques ? Elle prendrait tout simplement le risque de passer à côté des éléments du service ayant le plus de valeur aux yeux des clients et de mal répartir ses investissements.

Surprendre le client : quand les services périphériques font toute la différence

Les services périphériques sont définis comme l'ensemble des prestations accompagnant le service générique que le client est venu acheter. Bien sûr, ce service générique est source de satisfaction ou d'insatisfaction pour le client… mais les services périphériques sont bel et bien ceux qui vont, par des détails différenciants, surprendre le client et renforcer sa satisfaction, voire même rattraper son mécontentement dans le cas d'un service générique non conforme à ses attentes.

Le Professeur Lovelock[1] classe ces services périphériques en huit familles : **information, conseil, réception de commandes, hospitalité, protection, cas particuliers, facturation et paiement**.

Huit familles, ou huit pétales d'une « fleur du service » représentée figure 3.10…

1. Lovelock, Christopher H. : *Product Plus : How Product + Service = Competitive Advantage*, McGraw-Hill, 1993.

Figure 3.10
Les huit pétales de la fleur du service

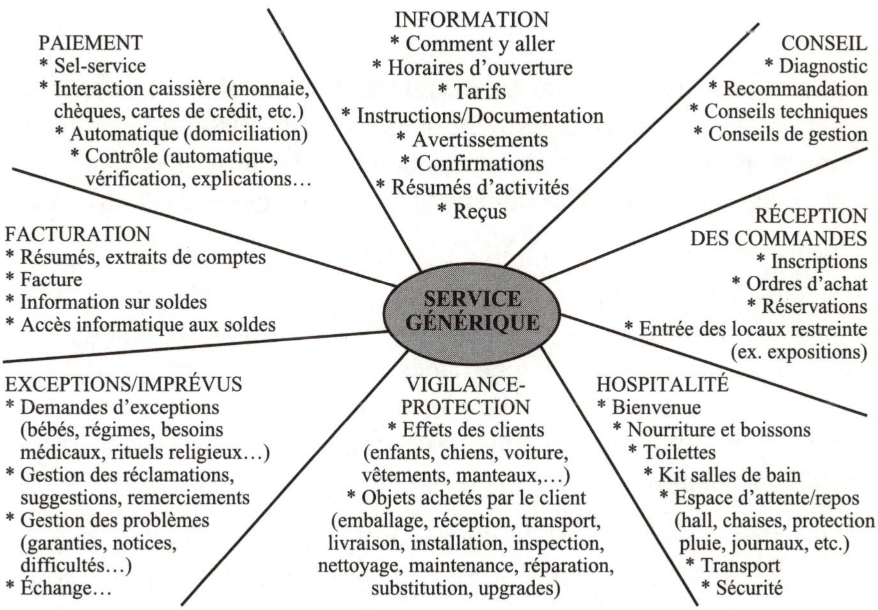

Évidemment, il appartient à chaque entreprise de définir les services périphériques qu'elle est à même d'offrir, et ce dans chacune des 8 familles. Malheureusement, l'amélioration des services périphériques représente pour beaucoup d'entreprises une bataille qui reste toujours à gagner. Il existe même souvent un violent décalage entre l'effort de publicité ou de décoration et la pauvreté de l'information disponible ou le niveau de propreté des toilettes. C'est souvent le cas dans les stations-service de certaines enseignes très connues, où on est encore surpris du manque d'attention portée à ce genre de services périphériques...

Il ne faut donc pas s'étonner de la réponse que fit un cadre de **McDonalds** à un journaliste qui lui demandait les raisons pour lesquelles l'entreprise n'exploitait pas sa marque pour mener une politique de diversification : « *Nous le ferons quand les 10 000 toilettes de notre chaîne seront parfaitement propres* ». L'excellence dans l'entreprise tiendrait donc à des prestations génériques de qualité alliées à des services périphériques soignés...

Entraîner le client dans notre dynamique : les processus de prescription

Par ses conseils, sa bonne connaissance des produits et services de l'entreprise, son attitude positive et sa force de persuasion, le prescripteur peut influencer un grand nombre de personnes dans son entourage et constitue l'un des atouts les plus précieux de l'entreprise.

L'entreprise a donc tout intérêt à se doter d'un bon réseau de prescripteurs. Beaucoup parlent d'ailleurs de « la force de leur réseau », constitué de professionnels tels que leurs propres commerciaux, mais aussi de partenaires persuadés de la qualité des produits et services. C'est le cas, par exemple, des médecins qui prescrivent un médicament plutôt qu'un autre, soit un laboratoire pharmaceutique plutôt qu'un autre…

Mais bien souvent, c'est le client lui-même qui se transforme en prescripteur et qui devient ainsi l'un des plus précieux atouts de l'entreprise. Car personne mieux qu'un client convaincu ne peut aussi bien vendre l'entreprise à un autre client potentiel. Les clients acquis par ce biais sont en outre de véritables Apôtres potentiels, puisqu'ils ont un jugement hautement positif de l'entreprise avant même d'avoir testé ses produits ou services. L'unique enjeu pour l'entreprise est alors de se montrer à la hauteur de ces *a priori* positifs…

C'est pourquoi la fidélisation des prescripteurs doit occuper une place de choix dans la stratégie de fidélisation globale de l'entreprise. Et ce sans oublier qu'un prescripteur est avant tout un client, même lorsqu'il s'agit d'un professionnel !

C'est en tenant compte de cette dimension que **Primagaz** a complètement revisité son programme Primalliance. Aujourd'hui il s'agit d'un club représentatif des meilleurs professionnels dans les différentes catégories de prescripteurs également appelés partenaires. Le nombre de « Primalliés » a été volontairement limité. Ces derniers bénéficient d'offres exclusives et surtout d'outils de pointe pour les aider à faciliter à leurs propres clients d'un ensemble d'éléments concrets visant à leur permettre d'effectuer leur choix en connaissance de cause. On choisit son énergie pour une période minimale de 10 ans, voire même de 15 ans ! Ces outils développés par des tiers sont présentés sur support Internet[1] (primalliance.fr). Un journal spécifique et décrivant les meilleurs réalisations et expériences est également édité à leur attention.

En résumé...

En traitant des fondements mêmes de la satisfaction et de son lien étroit avec la fidélisation, ce chapitre a également posé les bases des chapitres suivants. Nous avons en effet introduit de nombreuses notions constituant le cœur du modèle « *Services & Croissance* » et qui feront l'objet d'analyses plus approfondies dans les pages qui vont suivre. C'est notamment le cas de la création de valeur par les intangibles, à laquelle sera consacré le chapitre 6, ou encore du rôle prépondérant des employés dans l'action de satisfaire et de retenir les clients, sur laquelle nous reviendrons en détails dans les chapitres 7 et 8.

Ce chapitre nous a aussi permis de répondre à une importante question : *tous les clients méritent-ils d'être satisfaits* ? Il est alors apparu qu'hormis certains Terroristes irrécupérables, tous pouvaient être convertis en Apôtres. Mais nous ne nous sommes attachés pour l'instant qu'aux moyens de satisfaire le client « du premier coup ». Or, **il existe deux autres opportunités de générer de la satisfaction** : lorsque l'entreprise commet une erreur et qu'elle s'en aperçoit avant le client, suscitant chez ce dernier un effet de surprise, mais aussi lorsque l'entreprise manque les deux premières opportunités et que le client engage une procédure de réclamation. Là encore, l'entreprise peut encore créer un bel effet de surprise et gagner des Apôtres !

C'est ce que nous allons voir dans le chapitre suivant, qui soulève l'importance de faire face à ses erreurs et qui donne d'utiles recettes pour lutter contre l'apparition des Terroristes et, lorsqu'ils existent, pour les transformer en Apôtres.

---

1. www.primalliance.fr *Le site s'est vu récompensé à deux reprises et a reçu des trophées professionnels, l'un des éléments de mesure de performance.*

4.

RÉCUPÉRATION DES CLIENTS MÉCONTENTS ET LUTTE ANTI « CLIENTS-TERRORISTES »

« Dans la vie il n'y a pas de solutions. Il y a des forces en marche : il faut les créer et les solutions les suivent ».

Antoine de Saint-Exupéry

L'entreprise n'a pas un nombre infini d'occasions de « fabriquer » de la satisfaction mais elle en a, comme nous l'avons dit, au moins trois. Et si elle manque les deux premières, elle doit être en mesure de « se rattraper », c'est-à-dire **satisfaire des insatisfaits**. Nous l'avons vu, les « insatisfaits » sont soit des clients Otages, soit des Clients Terroristes. Aussi, gérer l'insatisfaction revient à gérer les Terroristes (*nous partons du principe que toute entreprise souhaitant appliquer le modèle de gestion « Services & Croissance » ne peut retenir ses clients en otages !*), c'est-à-dire éviter leur apparition et, lorsqu'ils existent, les convertir en Apôtres.

Pour cela, l'entreprise doit commencer par se poser la question : ***pourquoi mon client est-il insatisfait*** ou, ***pourquoi n'ai-je pas fabriqué de la satisfaction du premier coup ?***

En règle générale, l'insatisfaction provient d'une erreur de l'entreprise. On regroupe dans le terme « erreurs », des fautes telles qu'un temps d'attente trop long, la mauvaise attitude d'un employé ou une prestation non conforme à ce qui était promis (produit endommagé, retard de livraison, etc.) mais aussi des incompréhensions de la part de l'entreprise, pouvant générer des services tout simplement inadaptés aux attentes des clients.

Bien sûr, l'erreur est humaine et nous ne connaissons aucune entreprise, aussi excellente soit-elle, qui n'en commette jamais aucune.

Mais combien d'entreprises ont l'intelligence de voir en ces erreurs de véritables aubaines ? La plupart préfèrent en effet ignorer leurs erreurs ou, ce qui est aussi grave, ne pas chiffrer le coût de leurs erreurs afin de vivre dans l'illusion, dans un climat de tranquillité apparente qui dénote une totale immaturité en matière de fidélisation et de satisfaction, un manque de réactivité et une certaine condescendance ! Ces entreprises adeptes de la politique de l'autruche deviennent, sur le long terme, de véritables « nids » à Terroristes… En revanche, les entreprises qui travaillent avec largesse d'esprit comprennent vite l'intérêt qu'elles ont à faire face à leurs erreurs et à y réagir le plus vite possible. Elles comprennent vite, comme nous allons le démontrer dans ce chapitre, que **les politiques de récupération des mécontents** (ou, autrement dit, de réparation des erreurs) **constituent des pièces maîtresses de toute stratégie de fidélisation fondée sur la satisfaction.**

4.1. Bienvenue au purgatoire

Le paradis, pour une entreprise, peut être assimilé à un portefeuille clients uniquement constitué d'Apôtres. L'enfer, à l'inverse, n'est autre qu'un portefeuille clients majoritairement constitué de Terroristes, dont le pouvoir maléfique est immense. Saviez-vous en effet qu'un client Terroriste communiquant chaque année son mécontentement à huit personnes susceptibles de reproduire le schéma, devient en cinq ans responsable à lui seul de 32 768 impacts négatifs pour l'entreprise ? C'est ce qu'on appelle l'effet papillon…

Or, nous l'avons déjà dit, un client ne « naît » ni Terroriste ni Apôtre : c'est l'entreprise qui fait en sorte qu'il devienne l'un ou l'autre. Et lorsqu'elle a commis des erreurs qui ont créé des Terroristes, deux solutions s'offrent à elle : adopter la politique de l'autruche – meilleur moyen d'atteindre l'enfer – ou se rendre au purgatoire…

Le purgatoire est en effet le lieu où l'entreprise va pouvoir identifier et comprendre ses erreurs puis faire pénitence afin de modifier les perceptions des clients Terroristes au point de les transformer en Apôtres. Plus concrètement, il s'agit du **processus de traitement des réclamations**.

Chaque réclamation est une chance à saisir… ou à provoquer !

Beaucoup d'entreprises ne perçoivent encore que l'aspect désagréable des réclamations qui leur sont adressées et préfèrent, pour leur tranquillité d'esprit, les ignorer ou les mettre sur le compte de la « folie » des clients. Pourtant, **l'entreprise qui reçoit des réclamations a de la chance à bien des titres** :

- Tout d'abord, les réclamations lui permettent de récolter une information précieuse sur les expectatives de ses clients et leurs perceptions quant à la qualité de son service. Un séjour au purgatoire est donc l'occasion pour l'entreprise d'écouter ce que ses clients ont à lui dire et de développer de nouvelles aptitudes et de nouveaux talents… Il est d'ailleurs intéressant de constater que les entreprises offrant les meilleurs services sont aussi celles qui reçoivent le plus de réclamations !
- Ensuite, un bon système de traitement et de résolution des réclamations permet de personnaliser à 100 % le service et de créer un lien affectif unique entre le client et l'entreprise. Il est en effet prouvé qu'un client insatisfait dont la réclamation est efficacement traitée devient dans la plupart des cas un « inconditionnel de la maison » ou, autrement dit, un Apôtre. Par ricochets, résoudre les réclamations revient non seulement à favoriser les achats à répétition mais également à encourager les processus positifs de prescription… Chaque client qui se plaint offre ainsi à l'entreprise une opportunité supplémentaire de « brancher » ces deux câbles essentiels de la fidélisation. Il n'est donc pas étonnant que lorsque les réclamations se règlent bien, la fidélité des clients augmente de façon surprenante !
- Enfin, l'entreprise qui reçoit des réclamations peut s'estimer heureuse car les études chiffrées démontrent qu'il est bien plus habituel de ne pas en recevoir ! Une réalité représentée figure 4.1 :

Figure 4.1
Les réclamations

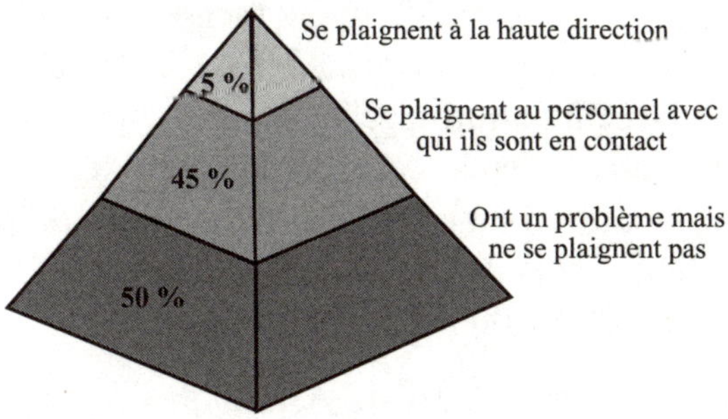

Les chiffres [1] indiquent qu'un client insatisfait sur deux garde le silence, privant ainsi l'entreprise d'une information de première importance, tandis que 90 % des clients qui se plaignent le font auprès du personnel de première ligne, peu ou mal préparé à recevoir les réclamations et sans aucune ressource pour y répondre. Un personnel, qui bien souvent, n'a même pas les moyens de faire remonter la réclamation jusqu'à la direction… Au final, l'équipe dirigeante ne reçoit qu'un pourcentage infime de réclamations et se retrouve en danger de devenir malgré elle un « nid à Terroristes ».

C'est pourquoi l'entreprise doit à tout prix provoquer les réclamations et faire parler ses clients… Cette problématique va de pair avec la maîtrise de la gestion des bases de données des clients… un des sujets les plus sensibles à régler aujourd'hui. Chez **Primagaz** d'énormes efforts ont été réalisés pour disposer d'un niveau d'information beaucoup plus exhaustif sur les différents paramètres influençant la consommation d'énergie (nombre d'habitants, habitudes de vie, hauteurs sous plafonds, état de la chaudière…). Il s'agit d'une méthodologie complètement innovante appelée « conseil en énergie » et s'appuyant sur des outils d'analyse de l'efficacité énergétique assez sophistiqués.

1. Source : TARP's White House study.

De l'effet iceberg à l'effet chaudière

La figure 4.1 laisse apparaître un phénomène bien réel que les entreprises ne peuvent négliger : ***l'effet iceberg***. Il est en effet avéré que la partie visible des réclamations cache une masse énorme d'insatisfaction. Certains professionnels considèrent par exemple que chaque lettre envoyée à une chaîne de télévision pour se plaindre d'un programme reflète l'avis de 25 000 téléspectateurs, et chaque appel téléphonique celui de 15 000 téléspectateurs !

Dès 1994, la compagnie **British Airways** s'est ainsi attachée à calculer les taux de désertion de ses clients insatisfaits[1] : 50 % pour ceux qui ne se plaignaient pas, contre 13 % (*soit un taux identique à celui des clients satisfaits*) pour ceux qui se plaignaient et dont la réclamation était efficacement traitée. Quand on sait que la valeur nette d'un client habituel de la compagnie est proche de 120 000 €, tous les moyens de n'en perdre aucun doivent être envisagés… Et ce n'est pas tout : selon les estimations de **British Airways**, chaque pourcent de clients insatisfaits quittant le groupe des silencieux pour celui des protestataires représente un gain de bénéfice de l'ordre de 360 000 € !

Ayant pris conscience du danger de la « non réclamation », la compagnie aérienne a radicalement transformé son département de traitement des réclamations en une unité de haute performance dont la mission première est de faire en sorte que toute insatisfaction engendre une plainte[2]. Tous les membres du département ont ainsi été formés aux techniques de persuasion, de négociation, de gestion du stress, de communication, de contrôle de son état émotionnel… Résultats : un retour sur investissement réalisé de 200 % et une diminution de 8 % des frais encourus au titre du dédommagement des clients.

La morale de cette histoire ? Il est vital – et extrêmement rentable – de renforcer ses processus de réclamations. En d'autres termes, il faut provoquer ***l'effet chaudière*** capable de faire fondre les blocs de

1. Charles Weiser : « Best Practice in Customer Relations », *Consumer Policy Review*, July 1994. Voir aussi « Never say sorry », *Airline Business*, April 1994.
2. Voir le cas British Airways : *Using Information Systems to Better Serve the Customer*, Harvard Business School.

gel les plus compacts. British Airways a réussi ce pari et il appartient à chaque entreprise de trouver son propre moyen de parvenir au même résultat. Il n'existe en effet aucune « recette » transposable d'une entreprise à l'autre, mais il existe deux règles que doivent respecter tous les cadres décidés à lutter contre le silence de leurs clients :

- Ôter de l'esprit des clients – ou faire en sorte que ne s'y installent jamais – trois préjugés qui deviennent les trois arguments avancés pour ne pas se plaindre : « ***le jeu n'en vaut pas la chandelle*** », « ***je ne sais pas à qui m'adresser*** » et « ***personne ne va s'occuper de mon problème*** ».
- Ne jamais décevoir – et éventuellement récompenser – les clients qui font l'effort de « s'attaquer au système » : leur éviter tout processus long ou compliqué, prévoir dans certains cas un petit cadeau, etc.

À l'identique, dès 2003, **Primagaz** s'est attaché à déterminer de façon précise les taux de désertion des clients insatisfaits en analysant précisément les raisons de leur départ et en allant même jusqu'à les interviewer. En substance, il apparaît qu'un client quitte l'entreprise lorsqu'il n'a pas reçu le traitement souhaité notamment lorsqu'il manifestait un problème de prix qui devait être entendu et réglé comme un problème de budget énergie en mettant en œuvre l'ensemble des conseils et des mesures lui permettant de réduire sa facture.

Vous le voyez, obtenir des réclamations constitue un enjeu de taille pour l'entreprise soucieuse de réparer ses erreurs. Mais rassurez-vous : y parvenir revient à avoir effectué le plus difficile, même s'il faut ensuite savoir faire pénitence…

Pénitence mode d'emploi

Que faire lorsque l'on a obtenu une réclamation ? Tout d'abord, l'analyser et se poser une question essentielle : « *cette réclamation mérite-t-elle une réponse ?* ». En effet, chacun de nous peut avoir tendance à penser que beaucoup de clients « protestateurs » ne le sont que par plaisir, par ennui ou même par roublardise. Mais il ne s'agit là que de stupides préjugés, puisque les études de profil de ces protestateurs montrent au contraire que la majorité d'entre eux, plutôt issus de milieux aisés et fins connaisseurs du service, agissent sans aucune mauvaise intention et avec sincérité (*ce qui est finalement logique lorsqu'on sait que le traitement des réclamations participe à la création d'Apôtres*).

Il existe cependant un petit nombre de protestataires que l'entreprise doit savoir identifier : les « *clients dynamite* ». Psychologiquement déséquilibrés, ces clients semblent toujours prêts à exploser et se conduisent en véritables tyrans avec le personnel. Leurs réclamations, plutôt inconsistantes, se résument souvent à : « *vous n'êtes que des incapables* ». Face à ce genre de clients, l'entreprise ne peut que prendre son mal en patience et, si elle souhaite les conserver, les traiter comme des personnes très importantes afin d'abreuver leur soif de protagonisme... mais en aucun cas dépenser du temps et de l'énergie en réponses condamnées à rester stériles !

À quelques exceptions près, l'entreprise doit donc répondre à chacune des réclamations qu'elle aura obtenues. Or, la bonne réponse est celle qui saura, au minimum, annuler le motif de mécontentement du client et, au mieux, le satisfaire et le retenir.

C'est pourquoi toute bonne réponse à une réclamation fondée doit remplir le cahier des charges suivant :

- Remercier sincèrement le client pour avoir pris la peine de se plaindre. Un premier pas qui requiert beaucoup de *self control* car personne n'aime dire merci quand il vient d'être l'objet d'une réprimande...

- Reconnaître son erreur et s'excuser afin de neutraliser les perceptions négatives du client.

- Assurer au client que ses remarques seront des plus utiles pour améliorer la qualité du service et lui donner par là même un rôle actif dans la stratégie de l'entreprise. Un message qui comporte également une invitation implicite à vérifier que l'entreprise tient ses promesses, et donc à renouveler son achat...

- Compenser le dommage causé par un geste commercial proportionnel à l'erreur commise : remboursement, cadeau, etc.

Tout comme **Primagaz**, l'entreprise souhaitant renforcer son système de traitement des réclamations doit enfin être consciente que l'équipe en charge de cette tâche délicate doit faire l'objet de formations spécifiques au contrôle de ses émotions, de développement personnel, de négociation. Un effort tout particulier a été fait sur ce point pour éviter de se retrouver avec des formations techniques agrémentées d'interminables heures de présentation powerpoint consciencieusement égrenées. Un ancien acteur reconverti à la formation interactive a été mis à contribution à la plus grande satisfaction de chacun pour élaborer des formations exclusives et moins conformistes que la moyenne (merci Alexandre !)

*Mais ce n'est pas tout ! Le rôle de l'équipe dirigeante est aussi de donner aux employés chargés des réclamations les moyens de répondre efficacement au cas par cas. Nous touchons là un point clé : **comment opérationnaliser** la conversion des clients Terroristes en clients Apôtres ?*

4.2. La conversion des Terroristes en Apôtres : une question de méthode

Tout plan de récupération des clients mécontents doit mettre en place et respecter des procédures strictes, précises et cohérentes avec la stratégie globale de l'entreprise, dont l'objectif final n'est autre que doter l'entreprise d'une véritable méthode pour transformer les clients Terroristes en clients Apôtres. Or, il y a 10 éléments qui permettent de connecter le traitement opérationnel des réclamations à la stratégie globale de l'entreprise…

Les 10 clés opérationnelles de la conversion

1. <u>Chiffrer le coût stratégique des erreurs actuelles</u>. La valeur du client retenu, la rentabilité des différentes typologies de clients selon leur niveau de satisfaction et de rétention, le pourcentage de désertions enregistrées suite aux erreurs, le coût de remplacement d'employés mécontents sont autant d'indicateurs permettant de calculer ce coût stratégique, qui n'est autre que le produit du nombre

d'erreurs commises par la valeur « subjective » des dommages subis par les clients victimes de ces erreurs. Cette démarche, bien que s'appuyant sur des éléments subjectifs, est nécessaire pour estimer la réduction des coûts que les plans de récupération des clients mécontents peut permettre d'obtenir.

2. Auditer les systèmes dont disposent actuellement les clients pour exposer leurs problèmes.

Dresser cet état des lieux permet tout simplement de se mettre à la place du client mécontent et de réaliser si, oui ou non, il lui est facile de communiquer avec l'entreprise. Mais attention ! Voici venu le moment de jeter à la poubelle les boîtes à suggestions… L'entreprise ne doit jamais perdre le contrôle des process de réclamation, qui doivent être le fruit de son initiative, pas de celle du client. C'est pourquoi il est également conseillé de compléter cet audit par une étude de profil des clients, afin d'identifier le pourcentage de mécontents correspondant aux « clients dynamite ». N'oublions pas, en effet, que tout système de réparation des erreurs doit être élaboré pour apporter des réponses aux problèmes « normaux » des gens « normaux »…

3. Mettre en place un dispositif d'écoute des clients et de collecte d'information. À ce stade, l'imagination est l'unique frontière… Il faut cependant se souvenir que, dans la pratique, ce sont toujours les « inventions » naturelles et véritables qui fonctionnent le mieux. Les clients perçoivent en effet immédiatement l'intérêt que peuvent ou non porter les employés à leurs problèmes. Par conséquent, il ne sert à rien de multiplier les dispositifs d'écoute (questionnaires de satisfaction, services téléphoniques dédiés, lettres au directeur général, enquêtes, etc.) si rien n'est conçu pour que le client ressente qu'il est au cœur des préoccupations des employés et, par extension, de l'entreprise.

4. Estimer le temps nécessaire au personnel en contact avec les clients pour réparer l'erreur de l'entreprise. Le temps est en effet l'obstacle majeur au bon fonctionnement des plans de récupération des clients mécontents : *combien de temps faut-il à l'employé pour prendre en charge une réclamation et « lancer » le processus de réparation ? Combien de temps va-t-il ensuite s'écouler entre l'erreur commise et*

sa réparation effective ? L'entreprise doit donc trouver les moyens de maîtriser cet aspect temps au moment même de la conception de ses process de traitement des réclamations, en prévoyant par exemple dans la journée de travail de l'employé un créneau dédié à leur résolution, ou encore en communiquant clairement au client mécontent un délai de réparation…

5. Élaborer un tableau de bord qui permette de suivre l'évolution des paramètres liés à la résolution des réclamations, comme par exemple le temps de réponse à une réclamation. On sait par expérience que l'efficacité de la réponse est inversement proportionnelle au temps qu'elle a demandé à l'entreprise. Un tel tableau de bord permet donc d'améliorer en permanence le système de traitement des réclamations en identifiant ses causes d'efficacité ou, au contraire, d'inefficacité.

6. Concevoir un large éventail d'actions de récupération. Nous l'avons dit plus haut, la compensation doit être proportionnelle au dommage subi par le client. Il est donc essentiel de prévoir des compensations pour tous les types de problèmes qui peuvent être rencontrés, régler ces problèmes au cas par cas et éviter de privilégier certains clients. Ainsi, on a remarqué que les systèmes de récupération les plus agiles étaient ceux qui délèguent à un groupe précis d'employés la faculté de réparer. Ces employés doivent bien sûr faire preuve d'un fort niveau d'implication et de compétence en la matière, mais aussi comprendre que leur mission consiste à défendre les intérêts de l'entreprise à travers un service au client. Il appartient alors à l'entreprise d'asseoir une certaine doctrine et, sans freiner l'initiative, de donner un « cadre » à ces employés.

7. Créer des protocoles d'action pour les cas les plus communs. Ces protocoles permettent en quelque sorte d'« automatiser » le traitement des réclamations les plus fréquentes et de faciliter grandement la tâche des employés tout en leur faisant gagner du temps. Les statistiques montrent en effet que pour la plupart des entreprises, 95 % des problèmes sont récurrents !

Primagaz a ainsi identifié les réclamations les plus courantes puis défini, pour ces cas précis, trois ou quatre possibilités d'actions de réparation. La personne en charge de traiter les réclamations par téléphone peut accéder sur son écran à un éventail de compensations et choisir facilement celle qui lui paraît la plus appropriée. L'enregistrement de sa décision dans le système informatique permet en outre de faciliter la tâche des autres employés qui peuvent se retrouver très vite face à un cas similaire… Mais il reste toujours des progrès à faire et les collaborateurs concernés s'y attachent avec attention.

8. Donner aux employés la capacité émotionnelle de répondre aux réclamations. Résoudre le problème d'un client requiert en effet méthodologie, entraînement et force psychologique. Nous l'avons dit plus haut, la formation est primordiale, mais une culture d'entreprise favorisant un fort niveau d'implication de ses employés l'est encore plus. Or, ce « bouillon de culture » ne peut exister que lorsque les employés « s'approprient » l'entreprise. À charge donc pour l'équipe dirigeante de leur offrir un bon degré d'autonomie dans un poste de travail clairement défini, un système de rémunération variable, des bonus et autres récompenses… et d'une façon plus générale de traduire en signes concrets et tangibles cette culture. Chez **Primagaz** on cultive les valeurs de la Primafamille et le préfixe « Prima » devient un signe fort et simple de cette culture d'entreprise qui se décline dans plusieurs dimensions.

Comme le montre la figure 4.2, l'efficacité des systèmes de récupération est en effet grandement liée à la relation de confiance existant ou non entre l'entreprise et ses employés !

Figure 4.2
Comment réagir face aux imprévus ?

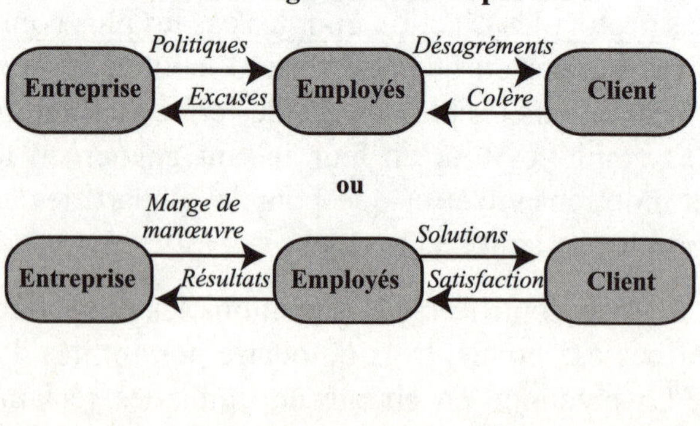

9. Consacrer à cette stratégie de récupération un véritable plan de communication interne.

Tous les employés de l'entreprise, qu'ils soient ou non en contact avec la clientèle, ont leur rôle à jouer dans la satisfaction des clients. De la même manière, tous doivent être informés sur les enjeux et les résultats, heureux ou malheureux, liés aux systèmes de récupération des mécontents ! C'est pourquoi le plan de communication interne doit à la fois **informer, faire prendre conscience et motiver**.

Une réflexion est actuellement en cours au sein de **Primagaz** pour faire encore plus évoluer les comportements en matière de réparation des erreurs. Une évolution sensible en la matière passe par une analyse factuelle des cas de clients mécontents – récupérés ou non – les plus marquants. Ce processus d'apprentissage et d'amélioration continue demande une mobilisation permanente à chacun des échelons de l'entreprise qui a encore malheureusement trop tendance à céder à ce fameux « quotidien » qui déborde vite chacun des employés si on n'y prend garde.

10. Impliquer le client dans le processus d'amélioration de la prestation de service. Si le client est à l'origine même du système de réparation des erreurs, son rôle ne s'arrête pas là ! L'intégrer dans la stratégie même de l'entreprise, lui montrer qu'il a permis d'identifier des dysfonctionnements et que, grâce à lui, l'entreprise améliore ses services ne peut que contribuer à créer et renforcer les liens émotionnels l'unissant à l'entreprise. Une mission que doit remplir la communication.

Ces 10 clés permettent réellement à toute entreprise soucieuse de lutter contre les clients Terroristes d'établir le cahier des charges de son futur système de récupération et d'agir avec méthode. On peut maintenant se poser la question du degré de modernité et d'efficacité des systèmes mis en place par les entreprises…

Quatre générations de stratégies anti-terroristes

L'évolution des différents systèmes de récupération observés permet d'identifier quatre grandes générations de stratégies anti-terroristes. Une classification très utile pour situer son propre système et en apprécier l'efficacité et la modernité...

Les systèmes de première génération sont ceux des entreprises refusant d'admettre qu'elles peuvent commettre des erreurs ou refusant d'allouer des ressources à la création d'un véritable département de traitement des réclamations. Ces entreprises préfèrent régler les problèmes au tribunal, qui devient alors leur « purgatoire ». Inutile de préciser qu'un tribunal peut bien sûr réparer l'erreur, mais ne peut en aucun cas convertir les Terroristes en Apôtres... Cette stratégie est donc contraire à toute démarche fondée sur la création de liens émotionnels entre l'entreprise et ses clients.

Les systèmes de deuxième génération sont ceux des entreprises qui assument leurs erreurs mais qui y répondent de façon « bureaucratique » et quasi « militaire » : à telle plainte, telle réponse. Ces systèmes, froids et sans souplesse, ne sont certes pas les plus efficaces. C'est un peu comme si l'entreprise avait intégré en interne son propre tribunal... mais le résultat final est assez similaire : on répare, mais on ne convertit pas. Beaucoup d'entreprises fonctionnent encore de cette manière...

Les systèmes de troisième génération dénotent un grand progrès puisque ce sont ceux des entreprises qui ont délaissé les normes et les procédures pour privilégier la formation et la responsabilisation des employés. À l'efficacité de la réparation sont ainsi ajoutés trois ingrédients favorisant la conversion : **réactivité, convivialité et souplesse**. Précisons qu'un tel système est aussi moins coûteux...

Les systèmes de dernière génération, enfin, sont ceux des entreprises ayant encore ajouté un ingrédient très important : **la proactivité**. C'est désormais l'entreprise qui prend l'initiative de réparer les erreurs et anomalies qu'elle met un point d'honneur à détecter avant le client. Agréablement surpris, le client est ainsi disposé à se convertir en Apôtre !

Pour ce faire il est bien évident que la démarche doit être soutenue par un bon système d'information.

La figure 4.3 se propose de représenter ces quatre générations de systèmes de récupération, en les croisant avec quatre niveaux de qualité de service, qualité qui pourrait se mesurer en fonction de la fréquence et de l'importance des échecs.

Figure 4.3
Les nids de clients Terroristes et d'Apôtres

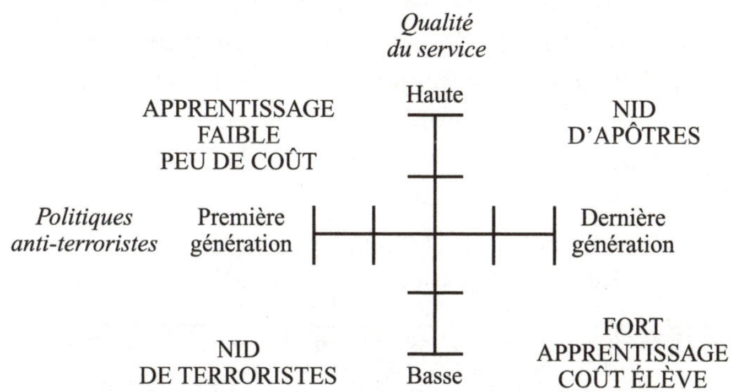

Ce graphique démontre que lorsqu'une entreprise combine un haut niveau de service et des systèmes de récupération de dernière génération, elle augmente considérablement son potentiel à créer des clients Apôtres. Inversement, quand coexistent dans une entreprise des services déficients et des systèmes de première génération, la prolifération de clients Terroristes devient inévitable.

En résumé, toute stratégie de lutte anti-terroristes repose, comme nous l'avons démontré, sur la capacité de l'entreprise à mettre en place un système proactif de réception et de traitement des réclamations, mais aussi sur sa capacité à intégrer cette stratégie à la gestion des employés, en liant par exemple les niveaux de salaires, les primes ou les promotions au niveau de satisfaction des clients.

Et pour forcer encore la marche du moteur, l'entreprise peut également utiliser une arme redoutable en matière de réparation des erreurs : les garanties…

4.3. Les garanties : la dernière frontière des services

Engagement formel de l'entreprise à assumer et réparer ses éventuelles erreurs, la garantie de service présente l'avantage de jouer un double rôle :

- D'une part, elle permet de se démarquer de la concurrence en atténuant considérablement la part de risque liée à toute décision d'achat.
- D'autre part, comme le montre la figure 4.4, elle participe grandement à la fidélisation des clients, en incitant notamment ces derniers à adresser des réclamations à l'entreprise. Charge à l'entreprise, ensuite, de savoir traiter ces réclamations avec ingéniosité et efficacité…

Figure 4.4
Les garanties comme outil de fidélisation

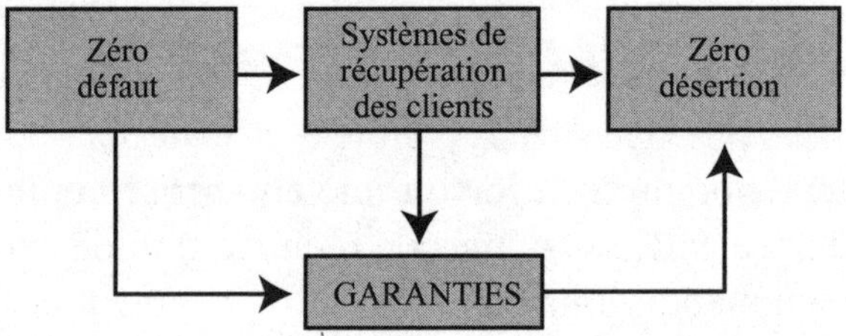

Il est évident que les garanties conçues à des seules fins commerciales sont vouées à l'échec. Mais utilisées dans le cadre d'un nouveau modèle de gestion comme « *Services & Croissance* », elles prennent toute leur dimension !

Qu'est-ce qu'une bonne garantie de service ? Il est évident qu'aucune garantie ne peut être pareille à une autre… Il appartient en effet à chaque entreprise de « concocter » sa garantie de service en fonction d'une multitude de paramètres tels que son activité, les risques pris par le client, le niveau d'implication de ses employés, la fiabilité de ses partenaires et de son environnement, etc. Aussi, les garanties admettent une infinité de variations et peuvent bien sûr évoluer dans le temps. En revanche, il est certain qu'une garantie conçue à de seules fins commerciales est vouée à l'échec, car en totale inadéquation avec une stratégie fondée sur la satisfaction des clients. Il est également prouvé que les meilleures garanties de service obéissent à trois règles…

Règle n° 1 : ne pas craindre d'être abusé

Beaucoup d'entreprises renoncent à proposer des garanties de service par peur d'être abusées par leurs clients. Cette crainte, principal frein à toute initiative en matière d'amélioration des systèmes de récupération des clients mécontents, n'est pas toujours infondée. Il existe toujours, en effet, quelques « petits futés » qui pratiquent la réclamation abusive comme un sport national ! Néanmoins, toutes les études de profil des consommateurs démontrent qu'il s'agit là d'un pourcentage de clients plus que minime… Et si ce pourcentage s'avérait élevé, ce serait alors à l'entreprise de se demander si elle ne s'est pas trompée de positionnement… et si elle-même n'est pas adepte de l'abus de clients. Encore une fois, toute entreprise doit bien avoir à l'esprit qu'elle a les clients qu'elle mérite, et qu'elle a aussi pour rôle d'influencer leurs comportements.

Les entreprises bloquées par la crainte d'être abusées devraient donc engager un processus de réflexion et se pencher sur les deux principes indéniables suivants :

- Le nombre de clients tentant de profiter des garanties de service dépend directement de la bonne ou mauvaise analyse des réclamations : lorsqu'un client sait que sa réclamation fera l'objet de recherches et d'analyses pointues, il réfléchira à deux fois avant de tenter d'abuser du système…
- Le nombre de réclamations relevant du dol est proportionnel au nombre de fois où l'entreprise a elle-même abusé du client en lui prêtant un mauvais service et, souvent, en pratiquant un système de récupération de première génération : profiter du système est alors assimilable à la vengeance.

Autrement dit, les entreprises réfléchies et disposant d'un système de récupération des clients mécontents issu de la troisième ou de la dernière génération n'ont aucune raison de craindre d'être abusées. Des chaînes de grands magasins ont ainsi calculé qu'1 % seulement de leurs demandes de remboursement relevait du dol et décidé qu'il était impensable de « punir » 99 % de clients pour 1 % de malhonnêtes !

Règle n° 2 : être courageux

La qualité d'un service et la satisfaction du client ne dépendent pas toujours de la seule compétence de l'entreprise et peuvent être soumises à **des variables externes** sur lesquelles l'entreprise n'a pas ou peu de contrôle : conditions climatologiques, défaillance d'un fournisseur, grèves, ingérence de certains organismes publics, etc. Beaucoup d'entreprises ont ainsi tendance à décliner toute responsabilité, bien sûr, mais aussi toute éventuelle action en cas de problème indépendant de leur volonté. Leurs garanties de services sont alors conditionnelles et font réserve expresse de ce genre d'incidents.

D'autres entreprises font cependant preuve de beaucoup plus de courage, en adoptant l'une des trois démarches suivantes :

La première démarche consiste à **prendre des mesures particulières face à ce genre de situations**, dans le but de garantir la satisfaction du client.

Les compagnies aériennes, par exemple, sont adeptes de cette technique car grandement tributaires des contrôleurs aériens ou des sociétés de gestion des aéroports qui sont, dans la plupart des cas, responsables des retards ou des annulations de vols. Or, dans l'esprit d'un client, la compagnie est toujours la responsable de ce type de désagréments... C'est pourquoi la majeure partie des compagnies ont intégré des systèmes d'information (on prévient le passager par SMS, par exemple, du retard d'un vol...) et des systèmes de réparation (cadeau, remboursement partiel...) pour « rattraper » des erreurs qui ne sont pas toujours de leur fait. Charge à elles, ensuite, d'obtenir gain de cause auprès des vrais responsables...

La seconde démarche consiste à **s'engager à respecter un standard de service, quels que soient les obstacles pouvant être rencontrés**. Une démarche qui découle d'une philosophie simple : lorsque le client attend un produit ou un service important, voire vital, il est inacceptable de se croiser les bras sans rien faire...

Ainsi, pour pallier à des conditions climatiques particulièrement adverses qui ne permettent pas aux camions d'effectuer leurs livraisons, **Primagaz** n'hésite pas à mettre en place des solutions de livraison exceptionnelles, même durant les jours fériés. À l'époque de Noël et du Jour de l'An, par exemple, les livraisons restent assurées et, dans certaines régions montagneuses, il est même arrivé que des clients d'une autre société stoppent le camion **Primagaz** pour avoir du gaz, désespérés de n'obtenir aucune réponse de leur fournisseur habituel ! **Primagaz** a en effet toujours considéré qu'aucune raison ne pouvait justifier l'interruption d'une livraison, et qu'il était de son devoir de trouver des solutions pour que ses clients puissent toujours se chauffer et avoir de l'eau chaude. Merci à tous les chauffeurs et logisticiens.

L'expérience démontre en effet que toute entreprise soumise à une variable apparemment incontrôlable mettant en danger les éléments de la prestation de service peut, en contrôlant ou non cette variable, arriver à une situation finale où le client obtient ce qui est important pour lui. La figure 4.5 représente cette dynamique :

Figure 4.5
La garantie des attributs importants pour le client

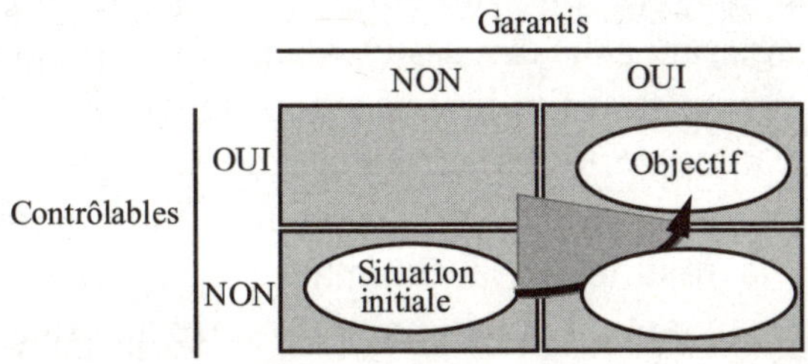

Il est évident que cette garantie de services est d'autant plus délicate à gérer qu'elle dépend dans certains cas de sous-traitants qu'il faut associer à la résultante finale : c'est vrai avec les transporteurs et leurs chauffeurs, avec les prestataires techniques… les leviers à mettre en œuvre sont directement fonction d'un cahier des charges souvent technique mais aussi et surtout d'une compréhension des attentes de l'entreprise et d'un niveau de motivation induit.

La troisième approche, enfin, consiste pour l'entreprise à **assurer des variables externes sur lesquelles elle n'a aucun contrôle** ! C'est le cas par exemple de certaines offres de consommation d'énergie garantissant un budget maximum... Évidemment cela suppose pour l'entreprise de couvrir son risque au travers d'outils financiers assez pointus sur le cours des matières premières (pétrole), de la parité de change contre le dollar ou encore du climat (facteur météorologique). Des outils de plus en plus sophistiqués et chers notamment au regard de la volatilité croissante de ces paramètres. Ces couvertures des risques se reflètent dans le calcul des prix aux clients. Il s'agit d'une sorte de pari audacieux, mais qui présente l'inconvénient de peu stimuler l'amélioration des prestations de l'entreprise, car la satisfaction du client se retrouve davantage liée, finalement, à ces variables externes incontrôlables. Un jeu qui peut être payant, mais qui est dangereux, car l'entreprise doit développer un savoir-faire particulier en matière de gestion des dérivés et accepter le risque d'une volatilité de nature à ne pas permettre de revoir ses prix à la fréquence de leur évolution réelle et dont les médias refont largement l'écho.

Quelle que soit la démarche adoptée, on constate que les entreprises courageuses, garantissant leurs services de façon inconditionnelle, sont de plus en plus nombreuses, ainsi d'ailleurs que les entreprises réagissant sans discussion aucune à un défaut de service. Récemment quelqu'un m'indiquait avoir signalé à Nouvelles Clés – société de ventes de livres sur catalogue – ne pas avoir reçu sa dernière commande. Au-delà de répondre qu'une enquête postale serait menée, la totalité de la commance était renvoyée dans les quelques jours suivants. **L.L. Bean**, entreprise américaine de vente de matériel d'excursion par correspondance, est d'ailleurs devenue référence en ce domaine. Depuis le début du siècle, elle offre en effet à ses clients une garantie de satisfaction sans limitation aucune et admettrait, par exemple, la restitution de chaussures de montagne après dix ans d'utilisation sans que le client ne doive donner la moindre explication ! Certains concurrents n'ont ainsi pas eu d'autre choix que de l'imiter, comme **Lands End**, dont la garantie est exposée figure 4.6 :

Figure 4.6
Garantie de satisfaction Lands End

Le monde est plein de garanties et aucune n'est similaire à une autre.

Mais plus elles contiennent de mots, plus leur couverture est restreinte.

La garantie de Lands End a toujours été sans condition :

« Si vous n'êtes pas complètement satisfait à l'usage d'un quelconque article que vous ayez acheté, rendez-le nous et nous vous le rembourserons intégralement. »

Nous respectons notre parole. Quoi qu'il arrive. Quand ça arrive. Toujours. Mais pour être sûr que cela soit parfaitement clair, nous avons décidé de le simplifier davantage :

GARANTI. POINT.

Autres exemples plus récents : **DHL**, qui garantit la ponctualité des envois grâce à ses « contacts » dans les douanes des pays les plus reculés du monde, ou encore **American Express**, qui affirme catégoriquement : « *... nous résolvons les problèmes, pas seulement ceux liés aux vols de cartes et de chèques de voyage, mais aussi ceux liés à tout autre événement imprévisible de la vie même* ». Plus bas et en petites lettres, figure néanmoins la mention suivante : « *Évidemment mous ne pouvons pas vous garantir le même niveau de service dans toutes les occasions, ni la prestation de service lorsque la loi ou des causes qui échappent à notre contrôle nous en empêcheraient.* »...

Règle n° 3 : être ambitieux

Le Professeur Chris Hart, dans un article de la *Harvard Business Review*[1], *soutient qu'une garantie ambitieuse doit être à la fois :*

- **Inconditionnelle** : chaque réserve diminue son efficacité.
- **Simple** : elle doit être exposée en termes clairs, courte et concise.
- **Ciblée** : elle doit garantir en priorité les éléments de service perçus comme fondamentaux par les clients.

---

1. C. Hart : « The Power of Unconditional Service Guarantees », *Harvard Business Review*, March-April 1991.

- **Saine** : le client ne doit en aucun cas culpabiliser de faire valoir sa garantie.
- **Pratique** : le client ne doit pas avoir à effectuer des démarches compliquées et le traitement de la réparation doit être rapide.

Une garantie réunissant ces cinq caractéristiques peut bel et bien procurer à l'entreprise un brillant positionnement de marché. Le fondateur de **BBBK**, une entreprise américaine de désinfection et de désinsectisation, a ainsi pris l'ambitieuse décision de démarrer son entreprise avec un engagement de garantie inconditionnelle de satisfaction du client (voir figure 4.7), avant même d'avoir développé l'organisation capable de supporter cet engagement.

Figure 4.7
Garantie Inconditionnelle de
Bugs Burger Bug Killers Inc.

1.	Le règlement ne sera pas effectué tant que tous les cafards, souris ou rats n'auront pas été éliminés de la propriété. Si vous n'êtes pas satisfaits des résultats et si vous décidez d'interrompre nos services, la compagnie vous remboursera une année entière et paiera les services d'un nouvel exterminateur pendant un an.
2.	Si un hôte de l'un des clients de Burger voit un cafard, ou autre rongeur, Burger paiera l'addition, s'excusera par écrit vis-à-vis du client, et les invitera à revenir avec leurs compliments.
3.	Les amendes infligées par les autorités sanitaires du fait de la présence de cafards ou rongeurs, seront réglées par Burger, ainsi que la perte d'exploitation, et un montant de 5 000 USD si le local est fermé.

Cherchez ce label quand vous dormez ou mangez
B.B.B.K.
Garantie
« BUGS » BURGER BUG KILLERS, INC.

Pour le fondateur de **BBBK**, la garantie inconditionnelle correspondait à un impératif éthique et, finalement, se révéla être à l'origine d'un très fort positionnement de marché. En effet, une telle garantie créait un précédent absolu en la matière…

Nous avons observé à maintes reprises que celui qui s'engage à satisfaire ses clients crée par là même une dynamique lui permettant de gagner beaucoup d'argent !

Précisons tout de même qu'une garantie de service, ou tout du moins une garantie explicite, peut desservir une certaine catégorie d'entreprises : celles dont la qualité de service est réputée pour être « top niveau ». En effet, faire de la publicité pour quelque chose d'évident et d'attendu manque de sens… et d'élégance. Mais combien d'entreprises connaissent ce luxe d'exceller au point de renoncer à l'utilisation des garanties ? Peu, bien sûr. Ce sont bien souvent des leaders, agissant sur des segments de marché très exclusifs et ayant parfaitement intégré la philosophie et la pratique de la satisfaction du client…

Il faut enfin savoir que garantir un service suppose un important changement de mentalité au sein de l'entreprise, qui doit non seulement passer d'une attitude réactive face à ses erreurs à une attitude proactive de prévention, mais aussi assumer la transparence comme valeur fondamentale. Mais une garantie est aussi créatrice de standards de la prestation de service, qui sont transmis à l'ensemble des employés et renforcent la culture et l'excellence de l'entreprise.

L'exemple du Conseil en Énergie illustre parfaitement cette problématique… et pourtant nul n'a idée de l'effort que chacun des employés a du réaliser et doit encore réaliser pour passer du statut de « Délégué Citerne » c'est-à-dire du statut de commercial technicien, au statut de « Conseiller Énergie » pour qui le savoir-faire de base devenait d'un coup condition nécessaire mais plus suffisante. D'un coup, le niveau de compétences exigé montait de deux peut être même de trois crans juste pour s'adapter aux besoins des clients dont les expectatives avaient évolué drastiquement dans un espace temps très court (de l'ordre de 3 ans environ).

En résumé…

Nous avons démontré, tout au long de ce chapitre, que l'effort soutenu pour lutter contre les clients Terroristes et créer des clients Apôtres nécessitait un véritable examen de conscience de la part de l'entreprise. Pour s'auto-renforcer, cette dernière doit non seulement identifier ses défauts susceptibles de mettre en danger sa relation avec le client, mais aussi encourager ce dernier à se plaindre, faire son *mea culpa*, réparer ses erreurs et même avoir le courage d'assortir ses services de garanties ! Est-ce que tout cela ne relèverait pas un peu du masochisme ? Eh bien non. Tout comme une personne décidant de perdre 20 kg ou un fumeur désirant arrêter, l'entreprise doit parfois « se faire mal » pour « se faire du bien ».

Et lorsque l'on sait qu'un client insatisfait dont la réclamation est efficacement traitée a toutes les chances de devenir un « inconditionnel de la maison », on comprend pourquoi les entreprises intelligentes et ambitieuses mettent un point d'honneur à rattraper les clients mécontents.

Ainsi, en traitant des systèmes de réparation des erreurs, nous avons achevé notre analyse des actions de « satisfaire » et « retenir », piliers de la fidélisation et, par conséquent, de la croissance de l'entreprise. Nous avons donné les clés objectives et opérationnelles pour comprendre le client, l'analyser, le satisfaire, le rattraper... autant d'actions qui peuvent être résumées en une seule : **créer de la valeur pour le client**.

Comment expliquer, alors, que toutes les entreprises suivant ces conseils et ces méthodes échouent pourtant dans leur stratégie de fidélisation ? Que manque-t-il ? ***À quoi l'efficacité de tout cela est-elle suspendue ?*** C'est ce que nous allons vous dévoiler maintenant, en touchant au cœur du modèle « *Services & Croissance* » : **l'équation de valeur**.

5.

AU CŒUR DU MODÈLE : L'ÉQUATION DE VALEUR

« L'appétit de savoir vientdu doute. Cesse de croire et instruis-toi. »

André Gide

Nous avons clos le chapitre précédent sur une question : « *pourquoi est-ce que je n'arrive pas à retenir mes clients, et ce malgré tous mes efforts et une qualité de service irréprochable ?* ». Il est temps d'y apporter une réponse simple : parce que l'ère de la qualité de service est bel et bien révolue et que, pour se constituer un portefeuille de clients Apôtres, nous devons accepter de célébrer **l'avènement de l'ère de la création de valeur**. Attention ! Il n'est pas dit ici qu'il est devenu inutile d'offrir des produits et prestations de qualité, il est simplement dit qu'il est vital de dépasser cet objectif, et ce malgré que beaucoup d'entreprises ne l'aient pas encore atteint…

Aujourd'hui, les difficiles contextes de marché et la volubilité des consommateurs contraignent en effet les entreprises à l'excellence. **Une excellence qui dépend avant tout de la créativité de ses cadres dirigeants**… Des cadres dirigeants qui auront intégré le concept clé de création de valeur auquel est dédié ce chapitre. Un chapitre mettant clairement en évidence l'éventail de possibilités qui existent pour l'entreprise de créer de la valeur, dès lors qu'elle s'appuie sur les principes fondamentaux du modèle « *Services & Croissance* » : **la coopération, la transparence, la confiance, la créativité, la volonté de progresser, la détermination d'agir et de réussir, bref la compétence ou plutôt l'excellence professionnelle**.

Au fil des pages qui vont suivre, nous allons ainsi dévoiler **la fameuse équation de valeur**, formule « magique » et arithmétique mettant en scène toutes les variables devant être actionnées pour créer la valeur maximum. Nous nous attacherons ensuite à analyser comment, dans la pratique, actionner ces différentes variables sans pour autant engendrer des coûts supplémentaires pour l'entreprise. Nous verrons enfin à quoi ressembleront les services du futur…

5.1. La fameuse équation de valeur

Rien n'est plus difficile pour une entreprise que d'identifier et contrôler l'infinité d'éléments agissant sur la décision d'achat d'un client. Il s'agit même souvent d'un jugement subjectif et inconscient, que le client aurait lui-même du mal à expliquer. Il existe cependant deux « groupes » de facteurs tout à fait compréhensibles et contrôlables que le client pèse systématiquement dans sa « balance » avant de prendre sa décision :

- **la valeur qu'il perçoit de cet achat** : *est-ce que le produit ou le service offert répond à mon besoin et à mes désirs ?*
- **l'effort que l'entreprise lui demande de fournir** : *combien cela va-t-il me coûter ? quels sont les inconvénients ? est-ce que je prends un risque ? etc.*

Ces éléments, certains et contrôlables, permettent donc de formuler l'équation de valeur :

Figure 5.1
L'équation de valeur

$$\text{VALEUR CRÉÉE} = \frac{\text{VALEUR PERÇUE} \ \textbf{(Prestations + Intangibles)}}{\text{EFFORT DEMANDÉ} \ \textbf{(Prix + Inconvénients + Incertitudes)}}$$

Cette équation constitue le centre névralgique de notre modèle « *Services & Croissance* ». Son amélioration constante conditionne l'efficacité des stratégies d'acquisition et de fidélisation des clients vues dans les chapitres précédents ! À ce titre, elle doit devenir la priorité absolue des cadres dirigeants.

Les 5 variables en jeu

Les cinq variables composant l'équation de valeur sont aussi cinq leviers que l'entreprise doit actionner en permanence pour améliorer l'impact de ses produits et services sur son marché...

Ces cinq éléments découlent du postulat que l'attrait d'un client est directement proportionnel à la valeur qu'il perçoit du produit ou du service. Une valeur créée au travers d'un élément tout à fait tangible – **la prestation elle-même** – et d'un ensemble d'éléments dits « **Intangibles** », que l'on qualifie encore de « feeling » ou ressenti subjectif du client. Parallèlement, l'attrait du client est inversement proportionnel à l'effort qu'il doit fournir, lui-même composé de trois variables : le **prix** de la prestation et **les inconvénients** et **les incertitudes** liés à l'achat.

Pour aller plus loin, on peut clairement classer ces cinq variables en **deux grands groupes** :

- Un premier groupe constitué par les éléments de l'équation donnant généralement lieu à des relations client-entreprise à somme nulle : *l'une des parties gagne ce que l'autre perd.* Il s'agit bien sûr des **deux « P »** de la **prestation** elle-même, gagnée par le client et perdue par l'entreprise, et du **prix**, perdu par le client et gagné par l'entreprise.
- Un second groupe constitué par les éléments de l'équation donnant lieu à des relations clients-entreprises à somme positive, c'est-à-dire *de type gagnant/gagnant.* Il s'agit là des **trois « I »** : les Intangibles, les Inconvénients et les Incertitudes.

L'entreprise « gagnante » est évidemment celle qui comprend que c'est sur le terrain délimité par ce deuxième groupe qu'elle peut, en faisant preuve d'imagination, créer la valeur la plus précieuse : ***une valeur servant à la fois les intérêts du client et ceux de l'entreprise***.

La **figure 5.2** démontre, sous forme graphique, l'existence de trois « stratégies » que peut mener l'entreprise pour générer plus de valeur, et ce en fonction de coûts plus ou moins élevés.

Certaines entreprises dépensent encore beaucoup d'argent pour, finalement, créer peu de valeur. C'est le cas par exemple des entreprises

Figure 5.2
Dans quelle logique évoluons-nous ?

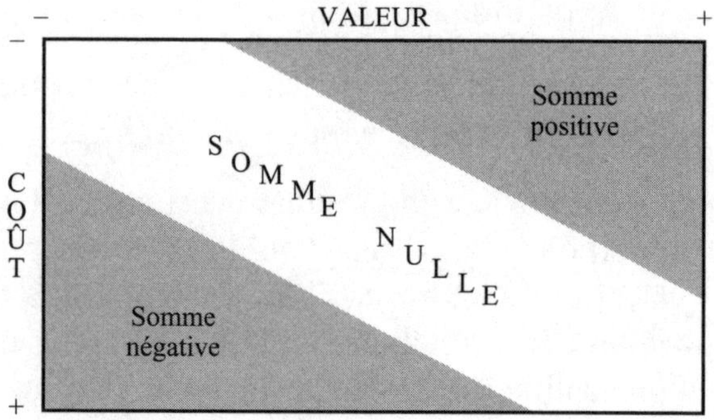

piégées par une logique de « guerre des prix » sans aucune amélioration de la prestation fournie. D'autres entreprises optent pour l'immobilisme : elles n'augmentent ni leurs investissements, ni la qualité de leurs produits ou services. Toutes ces entreprises évoluent malheureusement dans une logique de **somme négative** : client et entreprise sont perdants.

Les entreprises n'agissant que sur le premier « groupe » de l'équation de valeur évoluent quant à elles dans une logique de **somme nulle** : ce que l'entreprise gagne, le client le perd, et vice-versa.

La recherche de **somme positive** implique donc bel et bien d'intégrer dans sa stratégie le second « groupe » de l'équation : les trois « I ». Mais cette recherche implique également la capacité à vaincre une mauvaise habitude commune chez de nombreux cadres : réduire la rentabilité de la transaction réalisée avec le client à l'équation de rentabilité rendue populaire par la *Formule Dupont* :

$$\text{RENTABILITÉ (Formule Dupont)} = \frac{\text{Marge} * \text{Volume}}{\text{Investissement}}$$

Cette formule incite malheureusement les cadres à améliorer la rentabilité au détriment de la création de valeur pour le client. Elle obéit à une logique de court terme qui ne s'illustre que par une amélioration des bénéfices de l'entreprise mais aussi, bien souvent, par le mécontentement de certains clients dont l'effet « boomerang » est proportionnel au niveau de performance de la concurrence. En résumé : plus les clients ont de choix, plus cette stratégie est risquée.

L'enjeu : donner plus et demander moins au client sans coûts additionnels pour l'entreprise

Pour que l'entreprise et le client soient tous deux gagnants, on peut donc résumer ainsi la logique à somme positive dans laquelle l'entreprise doit à tout prix évoluer : **donner plus et demander moins**. Et l'objectif des pages qui vont suivre est de démontrer qu'il est possible d'atteindre un tel objectif sans augmentation significative de coûts pour l'entreprise.

Cela suppose cependant d'admettre une réalité : la relation entre les éléments auxquels le client attache de l'importance – et qui vont donc jouer sur la valeur qu'il perçoit de l'entreprise – et le coût que ces éléments supposent n'est pas toujours linéaire. Ce qui, en termes de gestion, signifie qu'il existe une grande marge de manœuvre pour améliorer l'équation de valeur ! **Toutes les entreprises ont donc la capacité de se démarquer de la concurrence sur des centaines de petites choses dont l'impact global sur le *rapport valeur/coût* peut être très important**… un phénomène reflété par la figure 5.4, qui met clairement en évidence le décalage existant entre le *rapport valeur/coût* moyen d'un secteur déterminé et celui des entreprises du même secteur capables de créer davantage de valeur tout en maîtrisant les coûts liés à une telle stratégie :

Figure 5.4
La création de ruptures sur le marché

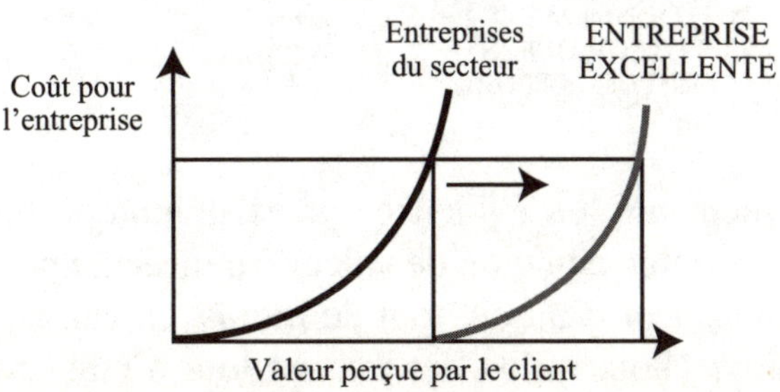

Cette figure confirme bien qu'il existe des cadres qui savent se libérer des choix de positionnement traditionnellement inhérents à leur secteur. Leur stratégie consiste au contraire à s'en écarter pour dessiner une nouvelle courbe où, avec le même niveau d'investissements, se crée une valeur beaucoup plus intéressante. C'est le cas, par exemple, de **Southwest Airlines**, dont le président, Herb Kelleher, insiste sur le fait que la stratégie de la compagnie n'est pas de « donner moins pour moins », mais bien « plus pour moins" : un bon service à bas prix et bénéficiant d'une « aura » d'entreprise exclusive...

Cette analyse nous amène à la conclusion suivante : **la meilleure stratégie consiste à explorer toutes les voies permettant d'améliorer l'équation de valeur**, c'est-à-dire « donner plus et demander moins » au client, et ce sur chacun des segments de marché auxquels l'entreprise s'adresse. Comme on le voit sur la figure 5.5, une telle stratégie permet tout simplement de se démarquer de ses concurrents par un positionnement légitime et cohérent : en créant plus de valeur, on exige tout simplement moins d'effort.

Figure 5.5
Quand les variables « valeur apportée » et « effort requis » déterminent le positionnement de l'entreprise...

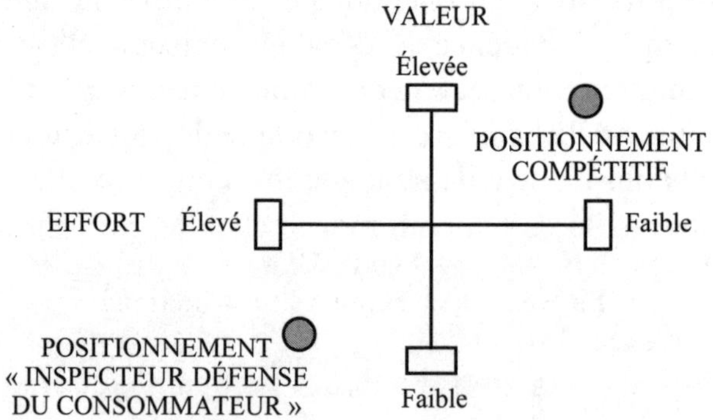

Il est clairement mis en évidence sur ce graphique qu'une entreprise souffrant d'une équation de valeur carencée ne peut retenir ses clients qu'en les trompant ou, tout du moins, en veillant à ce qu'ils ignorent que le choix qu'ils ont fait est loin d'être le meilleur du marché. Il s'agit là d'une stratégie pouvant conduire tout droit au bureau d'un inspecteur en charge de la défense du consommateur...

En revanche, l'entreprise agissant pour améliorer en permanence son équation de valeur augmente considérablement la satisfaction de ses clients, jusqu'à en faire des clients Apôtres. Il se crée en outre, dans l'esprit des cadres dirigeants décidant d'améliorer cette fameuse équation, une manière de penser et de gérer totalement différente. Peu importe le nom de ce phénomène... Pour nous, il s'agit d'un déclic inhérent à l'application du modèle « *Services & Croissance* ».

Le tout est maintenant de savoir comment, dans la pratique, « donner plus et demander moins » de manière rentable. Et une fois de plus, il n'existe pas de recettes toutes faites et applicables d'une entreprise à une autre. Il appartient à chaque entreprise de *voir* les opportunités qui s'offrent à elle pour sortir de la logique traditionnelle de son secteur, de *comprendre* ses clients, de faire preuve d'*imagination* pour que cela ne lui coûte pas un centime et de développer un sixième sens : le sens du *magique*. Alors seulement elle pourra actionner intelligemment les 5 leviers de son équation de valeur. Leviers dont l'importance varie d'une entreprise à l'autre, d'un segment de marché à l'autre, d'une catégorie de clients à l'autre.

Nous pouvons cependant affirmer que les **Intangibles** constituent sans nul doute la variable la plus complexe de l'équation... mais aussi la plus riche de possibilités pour une entreprise douée d'intelligence émotionnelle. C'est pourquoi le chapitre suivant est entièrement consacré à la création de valeur au travers des Intangibles.

Nous pouvons également affirmer qu'il existe tout de même des moyens simples et concrets d'agir sur les quatre autres variables de l'équation. Nous allons donc voir dès maintenant comment améliorer la valeur perçue de la prestation, puis comment faire en sorte de demander moins d'effort au client, le tout à moindre coût.

5.2. Comment donner plus à moindre coût ?

Pour comprendre comment améliorer la « valeur perçue » d'une prestation, il convient maintenant de se rappeler le jeu préféré des clients : **le jeu des perceptions et des expectatives**, développé chapitre 3 et dont nous répéterons ici trois points essentiels :

- La satisfaction « émotionnelle » du client n'est autre que la différence entre ses perceptions et ses attentes. Aussi, il ne suffit pas de donner au client ce qu'il veut pour le satisfaire pleinement, il faut également ***dépasser ses attentes***, l'étonner.

Lorsque **Primagaz** a commencé à utiliser son logiciel de performance énergétique (élaboré par des bureaux thermiciens extérieurs à l'entreprise afin de garantir l'objectif et la fiabilité du système) les clients ont d'abord été étonnés de voir en face d'eux des Conseillers Énergie capables de comparer l'investissement et le budget d'utilisation correspondant à différentes énergies. Mais le but du jeu était bien de permettre au futur client de faire son choix en connaissance de cause. Un choix qu'il faisait pour le futur avec un horizon d'au moins 10 ans, méritait des informations comparatives… certes… mais **Primagaz** étant un fournisseur de gaz propane, la démarche avait de quoi étonner. Il est cependant évident qu'un client satisfait dans le temps passe par une garantie de choix transparent dès l'origine.

Dépasser les attentes du client ou les réduire subtilement ?

Cette question mérite une réponse anecdotique : en accueillant un groupe de touristes au sein de son hôtel, un directeur de la chaîne espagnole ***Riu*** *eut l'idée de présenter à l'avance ses excuses pour l'éventuelle déficience dont pourrait faire preuve le chef cuisinier, dont la femme était sur le point d'accoucher… C'était un mensonge, puisque la femme du cuisinier avait accouché six mois plus tôt ! Mais le directeur ayant à ce moment-là observé une hausse considérable de la satisfaction des clients au restaurant, il décida de renouveler l'expérience en agissant subtilement sur les attentes de ces nouveaux clients…*

Cet exemple demeure comme valeur d'exemple car la logique de l'intelligence émotionnelle passe, certes, par une transparence dans l'information mais aussi par une sincérité indéfectible !

- Tous les éléments du processus de création de services sont susceptibles de générer des perceptions et des expectatives. N'oublions pas que les cadres dirigeants doivent être capables d'identifier 150 détails de leurs prestations susceptibles de plaire ou de déplaire au client… Il existe donc une multitude d'éléments revêtant une importance stratégique, que l'on classe généralement en deux grands groupes :

– ***les éléments « hard »*** : qualité du produit ou service (qualité intrinsèque, conditionnement, présentation, etc.) et du lieu d'achat (décors, éclairages, propreté, etc.)

– ***les éléments « soft »*** : contact humain, qualité de l'accueil, langage, attentions, etc.

- La « valeur perçue » découle directement des ***5 sens des clients*** : tout ce qui se voit, se touche, se sent, s'entend et se goûte a une influence déterminante sur sa perception du positionnement de l'entreprise. Le « feeling », ou encore « Intangibles », constituant le 6e sens du client…

C'est pourquoi agir sur la « valeur perçue » implique d'être capable de **gagner ce jeu des perceptions et des expectatives**… dans le respect des règles énoncées ci-dessus. Un jeu qui se joue en deux parties : une première partie dont les pions sont tangibles, et une seconde où les pions sont intangibles. Nous verrons dans le chapitre suivant comment remporter la seconde partie… et nous allons voir maintenant que pour remporter la première, l'entreprise doit abattre trois atouts majeurs :

- intégrer à ses produits et services une véritable force de frappe : les ***accroches***.
- exploiter le ***cycle d'activité*** de ses clients
- exploiter tous ses ***lieux de rencontre*** avec les clients.

Atout n° 1 : les « accroches »

Le terme « accroche » – ou « hameçon » – s'utilise dans l'*argot* des entreprises de services pour désigner une action ayant un effet multiplicateur sur le ratio ***valeur/coût***. Le secret étant que chaque *accroche* améliore la perception de la prestation et même, dans une certaine mesure, le *feeling* du client, tout en réduisant les inconvénients et les insécurités liés à son achat.

Figure 5.6
Les *accroches* multiplicatrices de *valeur/coût*

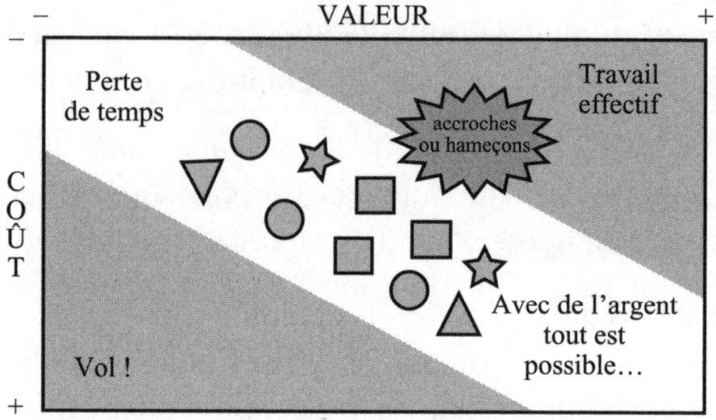

La figure 5.6 met clairement en évidence, en s'appuyant sur la logique du *moins pour moins* et du *plus pour plus*, qu'il existe dans toute stratégie de création de valeur un espace naturel destiné aux *accroches* ou, autrement dit, aux actions dont les coûts sont largement compensés par l'augmentation de la valeur perçue. Il existe évidemment un espace opposé, où se regroupent les actions coûteuses ne se traduisant par aucune valeur ajoutée, et qui reviennent à voler les actionnaires et les clients. Inutile de préciser que plus les entreprises disposent d'*accroches*, plus elles « pêchent » de clients…

Un bon travail d'observation nous permet de classer la multitude d'*accroches* pouvant exister en **quatre grandes familles** :

♦ 1. Les actions associant standardisation et personnalisation

Il est évident qu'une production standardisée génère efficacité, cohérence et maîtrise des coûts. Plus les opérations invisibles pour le client sont efficientes, plus les motifs de satisfaction sont évidents : moins de coûts, plus de rapidité, meilleur contrôle de la qualité, etc. Mais le véritable talent d'une entreprise s'appuyant sur un système standardisé est bel et bien de ***faire en sorte que le client perçoive que le produit qu'il achète est loin d'être standard mais au contraire « sur mesure »***.

Dans le Conseil en Énergie, on parle de mise en œuvre efficiente de l'énergie… Il y a par définition une personnalisation du produit. La maison est unique, les habitudes de vie sont uniques, l'évolution de la famille est unique. C'est une des caractéristiques et des forces du Conseil en Énergie que de pouvoir se décliner au cas par cas.

Les approches de standardisation sont en effet des approches d'ingénierie de processus dont le but n'est autre que de générer des économies d'échelle et qui relèvent du monde de la consolidation des opérations fragmentées si cher aux stratèges des entreprises. Il suffit juste d'un peu d'imagination et d'intelligence émotionnelle pour créer des éléments de personnalisation jouant le rôle de la parfaite cerise sur ce si bon gâteau !

Il existe ainsi des fabricants de chemises qui, à partir de patrons standard, prennent en boutique les mesures du client, choisissent avec lui un modèle de poignées, de boutonnières, de tissu, lui proposent de broder une inscription… Ces fabricants offrent alors à leurs clients des produits uniques à leurs yeux, et pourtant réalisés à partir de modèles standard, et ce à moindre coût, puisqu'on sait que le prix de revient le plus important n'est autre que celui des patrons.

De la même manière, la palette des services **Primagaz** répond à des niveaux d'attente différents : contrôles sécuritaires additionnels (au-delà des règlementaires), nettoyage de la citerne aérienne à l'extérieur, mais aussi possibilité du choix de l'heure de livraison, etc. L'ensemble de ces services est offert sous le terme générique de Prime Serv.

♦ 2. Les actions impliquant le client dans le « travail » de l'entreprise

L'indépendance et l'autonomie occupant une place de choix parmi les sensibilités émergentes de la société moderne, il est intéressant pour l'entreprise de tirer parti de cette évolution pour se décharger d'une partie de sa tâche sur ses propres clients et, par là même, les satisfaire ! *Combien de restaurants ont ainsi opté pour les buffets à volonté, alors qu'il y a encore quelques années, on aurait trouvé choquant de ne pas être servi à table ? Pourtant, les clients apprécient de choisir « sur pièces » ce qu'ils veulent, de se servir à la quantité qui leur convient même si, d'une certaine façon, ils font une partie du travail du restaurant...*

Pour toutes les entreprises, et quel que soit leur secteur d'activité, les possibilités sont multiples... mais nécessitent une parfaite compréhension de la psychologie du client. Dans un contexte d'équilibre particulier d'intérêts, il apparaît en effet avantageux de faire des choses *gratuitement*, en échange de plus de rapidité, d'un meilleur prix, d'un meilleur contrôle de la situation ou encore d'une réaffirmation de la personne... Le tout est de servir les bons intérêts du client et de lui faire sentir qu'il est invité, et non pas forcé, à réaliser une partie du travail de l'entreprise. Il est également démontré que les travaux auxquels la majorité des clients sont disposés à contribuer gratuitement sont : évaluer la qualité de ce qu'ils ont reçu, fournir des suggestions d'amélioration ou des informations sur les concurrents, aider les clients moins expérimentés, recommander l'entreprise à leurs amis, etc.

♦ 3. Les actions visant à prévenir les erreurs

Sans répéter ici tout ce qui a déjà été démontré dans le chapitre précédent, précisons tout de même qu'un bon système de prévention systématique des erreurs constitue une *accroche* de taille ! La condition est bien sûr que ce système permette d'identifier les causes profondes, ou « racines » du mécontentement des clients. Cela implique d'avoir collecté la bonne information et de l'avoir analysée avec méthode et rigueur. Participer à ce type d'analyse est d'ailleurs un vecteur extrêmement puissant de formation pour les personnes qui y prennent part. Il est donc logique que les entreprises qui progressent soient celles qui identifient et apprennent des erreurs qu'elles commettent, et ce en impliquant un maximum d'employés dans la recherche de leurs causes racines.

♦ 4. Les actions destinées à collecter de l'information sur les clients

Là encore, nous ne répéterons pas tout ce qui a déjà été dit sur l'importance d'une bonne connaissance de ses clients. Les meilleurs programmes de fidélisation sont aussi ceux des entreprises ayant collecté le plus de données sur le comportement et les habitudes de leurs clients… À nouveau le sempiternel problème de la base de données : un enjeu essentiel qui doit être au centre des préoccupations de l'entreprise.

Évidemment, tous ces différents types d'*accroches* sont complémentaires ! **Singapore Airlines** ou **Taco Bell** font partie des premières entreprises qui l'ont bien compris et les utilisent tous à merveille… Ces entreprises ont en effet créé une accroche attractive pour attirer puis retenir leurs clients, et ce en combinant technologie de pointe, détails donnant une touche personnelle au service, implication du client dans la commercialisation spontanée, réaménagement des opérations en fonction des ressentis exprimés des clients, etc. Mais ces entreprises se différencient également de leurs concurrents par leur talent à exploiter tous les moments où elles ont leurs clients sous la main…

Atout n° 2 : le cycle d'activité du client

Le cycle d'activité du client n'est autre que le **parcours effectué par le client** avant, pendant et après avoir signé un contrat, consommé les services ou acheté un produit de l'entreprise. Un ensemble de moments clés au cours desquels le client agit ou, tout simplement, pense à l'entreprise… charge à cette dernière de les exploiter et d'en tirer parti pour générer de la valeur à moindre coût.

L'une des façons les plus intéressantes d'appréhender cette problématique est de représenter ce cycle d'activité sous forme de diagramme, tel que sur le figure 5.7 qui, à titre d'exemple, liste le parcours d'un cadre en voyage d'affaires et devant louer une voiture à l'aéroport.

Figure 5.7
Cycle d'Activité du Client pour la location d'un véhicule

Première partie du voyage

Réservation	Aéroport de départ	Aéroport d'arrivée	Comptoir de location de voitures
– Facile et rapide. – S'identifie comme client	– Laisse sa voiture personnelle au parking – Transporte ses bagages – Se rend au terminal – Enregistre – Attend pour embarquer	– Récupère ses bagages – Trouve le comptoir de location de voitures	– Observe l'aspect du comptoir – Attend – S'identifie – Communique avec le personnel – Récupère la clé et les papiers du véhicule

Seconde partie du voyage

Voiture de location	Vie sur place	Aéroport de départ	Aéroport d'arrivée
– Reprend ses bagages – Récupère la voiture de location au parking – Inspecte la voiture – Prend la route	– Trouve l'hôtel, le bureau, etc. – Problèmes éventuels – Logement – Achats – etc. – Reprend la route vers l'aéroport	– Arrive à l'aéroport – Rend le véhicule de location – Enregistre – Attend puis embarque	– Récupère ses bagages – Récupère son véhicule personnel – Quitte l'aéroport

Au cours de son cycle d'activité, le client a bien sûr été par moments en contact direct avec le loueur de voitures mais, ce qui est tout aussi important, il a eu en tête l'entreprise et ses prestations tout au long de son voyage, et ce plus ou moins intensément. En prenant en compte la situation personnelle du client aux différentes étapes de son parcours (pressé, fatigué, désorienté, nerveux, etc.) et en faisant preuve d'un peu d'imagination, ce loueur de voitures peut tout à fait offrir à son client toute une série de petites attentions qui, sans coûter un centime, seront déterminantes sur son niveau de satisfaction et la valeur qu'il percevra de l'entreprise : *offrir un café au comptoir, fournir un journal, mettre un téléphone à sa disposition ou un cintre pour accrocher sa veste, l'appeler par son nom…*

Chaque entreprise devrait prendre le temps de lister le parcours de son client sous forme d'un petit tableau comme celui-ci et d'identifier ainsi tous les moments auxquels il est possible de créer de la valeur aux yeux du client !

Atout n° 3 : les lieux de rencontre

Comme nous le disions plus haut, il est essentiel de faire bonne impression au client à chaque moment où « on l'a sous la main »… On appelle ainsi *lieux de rencontre* l'ensemble des moments où s'établit un contact entre le client et quelqu'un – ou quelque chose – de l'entreprise, et ce depuis le moment où le client envisage d'avoir recours à l'entreprise jusqu'à celui où la transaction se finalise et, le cas échéant, où le client reçoit sa facture.

Lors de chacun de ces contacts, le client évalue les services de l'entreprise en fonction des 5 éléments de l'équation valeur : la prestation en tant que telle, les intangibles, le prix, les inconvénients et les incertitudes. L'entreprise doit donc prendre un soin tout particulier de ces contacts et avoir pour objectif d'offrir au client une « expérience globale » sans aucun défaut et, si possible, magique.

Il est en effet indéniable que la note finale que le client attribue à l'entreprise n'est autre que la moyenne des notes qu'il lui attribue lors de chaque contact, et ce en sachant que les premier et dernier contacts ont un coefficient bien supérieur aux autres ! En effet, qui n'a jamais entendu dire « *il n'existe qu'une seule occasion de se faire une première bonne impression* » ou encore « *ça m'a laissé un goût amer dans la bouche* » ? L'expérience démontre bien qu'une mauvaise impression en début ou en fin de parcours peut éliminer en grande partie toutes les autres bonnes impressions…

C'est pourquoi chaque contact doit être conceptuellement envisagé sous l'angle d'une triple perspective : ***tâche/attention reçue/ tangibilité***.

Dans le cas d'un restaurant, par exemple, la tâche n'est autre que d'être en mesure de disposer de tous les plats figurant au menu, de les servir à bonne température et en temps voulu, etc. L'attention reçue est la façon dont est traité le client du moment de sa réservation jusqu'à son départ du restaurant. La tangibilité, enfin, est ce talent si particulier de rendre visibles des détails ou opérations invisibles par le client (rappelons-nous l'anecdote du chef cuisinier dont la femme était sur le point d'accoucher...). Imaginons maintenant que la nourriture soit excellente mais le serveur désagréable : une partie de la valeur serait détruite, un effort serait créé et l'expérience globale serait négative.

Il est donc primordial que chaque poste de travail prenne en compte ces trois dimensions susceptibles de créer – ou de détruire – de la valeur !

Claus Møller [1], président de l'entreprise danoise **TMI** et véritable *gourou* européen des services, insiste bien sur le fait que la compétence professionnelle est nécessaire mais non suffisante. À l'inverse, un défaut de service ne peut pas non plus s'arranger par un sourire...

Claus Møller a ainsi inventé le « ***petit cours sur les services en 4 minutes*** », proposant aux cadres dirigeants de vérifier qu'il ne manque à leurs services aucune des qualités essentielles suivantes :

□ la sympathie (*sourire*)	□ l'élégance (*tenue, langage non verbal*)
□ le professionnalisme	□ la personnalisation (*appeler les clients par leur nom*)
□ la passion	□ l'attention
□ la franchise (*regarder en face*)	□ la loyauté
□ le respect	□ la conscience professionnelle
□ la flexibilité (*bannir le « ce n'est pas mon travail »*)	

1. Møller, Claus, *Qualité Personnelle*, TMI 1991.

Chaque entreprise peut ainsi s'amuser à cocher ou non les attributs de cette liste et identifier ses forces et faiblesses…

Un manuel de formation de **TMI** recueille également une étude intéressante, réalisée dans une petite bibliothèque et dont l'objet était précisément de mettre en évidence l'importance de l'***attention portée lors de la prestation de service***. Dans un premier temps, on demanda à la bibliothécaire de recevoir temporairement les visiteurs à son comptoir et, sans les regarder en face mais néanmoins avec courtoisie, leur indiquer où trouver les livres demandés. Parallèlement, on interrogeait les utilisateurs de la bibliothèque pour savoir ce qu'ils pensaient des installations. La plupart d'entre eux répondaient que la bibliothèque ne leur avait pas du tout plu, qu'elle était très froide, qu'il y avait peu de lumière et que les livres étaient mal rangés… On renouvela la même expérience différemment, en demandant à la bibliothécaire de récupérer la fiche où figurait les renseignements concernant le visiteur et celle correspondant au livre recherché, de regarder le visiteur dans les yeux, de l'appeler par son nom puis de lui indiquer le lieu où se trouvait le livre en question. Lorsqu'on interrogea les utilisateurs avec le même questionnaire que précédemment, la plupart affirmèrent qu'il s'agissait d'une bibliothèque très agréable et qu'ils s'y sentaient très bien. Lorsqu'on les interrogeait plus spécifiquement sur l'éclairage insuffisant, ils reconnaissaient qu'il s'agissait là d'un aspect que l'on pouvait améliorer. Lorsqu'on faisait référence au désordre des livres, ils cherchaient des excuses à la bibliothécaire et rejetaient la responsabilité sur les autres utilisateurs. Aucun des deux groupes ne mentionna l'attention reçue de la part de la bibliothécaire qui, dans les deux cas, avait été correcte.

Quels que soient les moyens utilisés par l'entreprise pour augmenter la valeur perçue de ses prestations, il apparaît clairement que les éléments de l'équation de valeur sont interdépendants : généralement, la création de valeur implique une réduction de l'effort demandé… et nous allons voir maintenant que la réduction de l'effort demandé génère de la même façon une augmentation de la valeur perçue.

5.3. Comment demander moins d'effort au client ?

Demander moins d'effort au client revient, comme nous l'avons vu, à agir sur les trois variables de l'équation de valeur suivantes : ***le prix, les inconvénients et les incertitudes***.

Le prix est certainement la variable la plus délicate à gérer, et les entreprises ont souvent tendance à en faire leur cheval de bataille dans cette guerre perpétuelle qu'est la concurrence. Mais ne se trompent-elles pas justement de bataille ?

Le séduisant et dangereux monde du prix

Pour l'entreprise, le prix constitue une variable éminemment quantitative et objective. Mais pour la majorité des clients, le prix est avant tout question de perception, ***d'autant plus lorsqu'il s'agit du prix d'un service, par nature impalpable***... Les entreprises doivent donc non seulement prendre en compte ce décalage lorsqu'elle ont à fixer un prix, mais également ce que nous appellerons ici la « règle du 4 × 4 », soit les 4 problèmes que pose le prix à un client, multipliés par les 4 difficultés qu'il peut parfois représenter pour l'entreprise...

Figure 5.8
La règle du « 4 × 4 » : la problématique du prix des services

4 problèmes de perception pour le client	**4 situations difficiles pour l'entreprise**
1. L'immatérialité du service génère une difficulté pour le client à évaluer le bien-fondé du prix.	**1.** Lorsqu'elle doit fixer un prix pour la première fois : sur quoi se fonder ?
2. Certains services peuvent être perçus comme devant être gratuits (*autoroute, transport en commun, livraison*...).	**2.** Lorsque le contexte économique l'oblige à augmenter un prix (*crash boursier, flambée des prix des matières premières, etc.*)
3. Plus le prix est élevé, plus il génère un niveau d'attentes élevé et plus haut se situe la barre pour créer de la satisfaction.	**3.** Lorsque la concurrence change ses prix ou qu'apparaît un « discounter » sur son marché.
4. Plus le prix est élevé, plus la prise de risque est grande : un prix élevé peut donc générer des incertitudes.	**4.** Lorsque la demande du service devient fonction de son coût (*exemple : le tarif téléphonique dans un hôtel*...).

Pour toute entreprise de service, avoir en tête cette « règle du 4 × 4 » permet de mieux se poser la question : ***combien dois-je vendre mon service ?*** Une question qui en induit une seconde – *le prix d'un service doit-il être supérieur à son coût ?* – dont la réponse peut paraître évidente mais pas toujours… La plupart des entreprises de services se caractérisent en effet par une structure où les coûts fixes représentent 80 à 90 % du coût total et, par conséquent, il devient nécessaire de gérer avec précision le point mort (ou point d'équilibre) : le volume de chiffre d'affaires à atteindre pour que le bénéfice soit égal à zéro. Or, la gestion du point mort implique de connaître avec précision le niveau d'occupation – ou plus généralement de facturation – et le prix moyen permettant de ne pas perdre d'argent.

Imaginons la situation d'un organisateur de concerts qui a payé 15 000 € à une star du hit parade et 6 000 € au propriétaire de la salle, cette dernière ayant une capacité de 1 400 places. À cinq minutes du début du spectacle, 850 entrées à 18 € ont été vendues : l'organisateur perd pour l'instant 5 700 €. Personne ne fait la queue pour acheter des billets, la rue est déserte… mais à deux minutes du début du concert arrive un groupe de 500 jeunes gens disposés à payer 12 € la place, ce qui représente 6 000 € additionnels et un bénéfice de 300 €. ***Vendre ou ne pas vendre ? Telle est la question.*** *On peut tout de même penser que l'organisateur acceptera bien sûr de vendre ses places à 12 €, même si ce prix de vente est inférieur à son coût. Cette situation est bien sûr transposable à beaucoup d'entreprises et de situations… Les « bradeurs » de voyages sur Internet en sont aujourd'hui les représentants en titre !*

Au moment de fixer le prix d'un service, il est également essentiel d'étudier les différents niveaux de prix existant sur le même marché et de réfléchir au positionnement que l'on souhaite s'attribuer sur ce marché. *Combien coûte une nuit d'hôtel à Paris ? Tout dépend de la catégorie de l'hôtel, de la qualité de son restaurant, de ses services annexes… et des intervalles de prix pratiqués par les concurrents. Et tout dépend ensuite d'un choix de positionnement : est-ce que l'on souhaite se situer sur la partie haute, la partie moyenne ou la partie basse de l'intervalle ? Une nuit en hôtel 5***** peut ainsi se situer à 400 €, 350 € ou 300 €*

La position à occuper sur un intervalle de prix déterminé donne ainsi lieu à deux stratégies possibles :

- **le prix d'écrémage** : on fixe le prix sur la partie haute de l'intervalle de prix du marché (ce qui donne lieu à une rentabilité élevée) puis, au fil du temps, on réajuste le prix en tendant vers la partie basse de l'intervalle. Un plus grand nombre de clients pouvant ainsi accéder au service, l'entreprise s'assure de meilleurs taux de rotation.
- **le prix de pénétration** : on fixe le prix sur la partie basse de l'intervalle afin d'obtenir rapidement une importante part de marché.

Bien sûr, la stratégie du prix doit être en totale cohérence avec non seulement les stratégies de positionnement et de segmentation de l'entreprise, mais aussi avec l'ensemble des éléments configurant l'offre de service. Il est également nécessaire d'étudier avec précision la zone d'acceptabilité (*intervalle de prix sur lequel s'exprime la plus forte propension à acheter*) sur chaque segment de marché (*géographique ou autre*), le point mort et l'élasticité de la demande par rapport à d'éventuelles variations de prix.

Dans le cas de l'énergie, il faut bien comprendre que la vraie concurrence est en fait indirecte puisqu'elle provient des autres sources d'énergie auxquelles peut aspirer le client. Il s'agit donc de veiller au positionnement d'un prix reflétant certes les évolutions du marché des matières premières sur lequel il est indexé, mais qui tient aussi compte des alternatives possibles. C'est notamment le cas avec la solution 100 % électrique dans un contexte de prix encore encadré en France.

Abordons enfin un point essentiel : ***la guerre des prix***. Dans les situations de ralentissement du rythme de croissance du marché, de régression du nombre de consommateurs ou même d'excès de l'offre, il est courant que les entreprises concurrentes s'engouffrent dans une telle guerre. Elles prennent alors des décisions uniquement fondées sur la gestion des coûts marginaux et du point mort, et les prix tendent alors à baisser de manière désastreuse.

Le prix envisagé comme arme compétitive est malheureusement facilement imitable par la concurrence et si, à court terme, seul le consommateur en tire parti, **tout le monde devient perdant sur le long terme** : les entreprises perdent de l'argent et le consommateur obtient des services de piètre qualité. Il est bon de se rappeler les résultats des guerres de prix les plus célèbres, telles celle de **Coca Cola** et **Pepsi** qui, en 1993, baissaient tous deux leurs prix de 2 % et qui, au final, conservèrent exactement leurs parts de marché initiales ! Et selon un article publié dans la revue *Fortune* en 1994 : « *les guerres de prix font mal pendant de nombreuses années parce qu'elles induisent les consommateurs à s'intéresser seulement au prix et non plus à la valeur du service* ».

Pour une entreprise, mettre le doigt dans l'engrenage de la guerre des prix équivaut en un certain sens à une déclaration d'impuissance et d'échec. C'est l'expression d'une incapacité à penser de façon créative, à réviser le concept de valeur d'un service et, en définitive, à « rompre les règles du jeu ». En général, la seule issue valable d'une guerre de prix n'est autre que la révision complète de la valeur que l'on donne au client et à la manière dont on lui donne. L'entreprise doit alors « tout recommencer à zéro ». Gardons donc à l'esprit la maxime « ***séduction oui, réduction non*** ». C'est simple, mais tellement vrai…

Réduire les Inconvénients et les Incertitudes

Débourser de l'argent pour acheter quelque chose représente bien sûr un effort – et non des moindres – pour le client, mais ce n'est malheureusement pas le seul… Il existe en effet deux types d'efforts additionnels liés à toute décision ou acte d'achat :

- Les ***Inconvénients***, qui regroupent l'ensemble des incommodités auxquelles le client devra faire face avant, pendant et/ou après son achat : faire la queue au cinéma, effectuer des démarches compliquées pour que l'on s'occupe enfin de vous, nouer des relations avec tout un groupe dans le cadre d'un voyage organisé, patienter plusieurs heures à l'aéroport lors d'un transit, etc.

- Les ***Incertitudes***, qui regroupent quant à elles l'ensemble des facteurs générant un sentiment d'insécurité chez le client : signature d'un contrat d'assurance (*a-t-on fait le bon choix ? Qu'y a-t-il d'écrit en caractères 6 tout en bas de la page ?*), turbulences en avion, etc.

Les Inconvénients comme les Incertitudes représentent pour le client un ***coût subjectif***, fonction de trois paramètres :

- *la difficulté subjective à obtenir de l'information sur les offres des autres fournisseurs potentiels* : plus il est difficile de savoir qui vend quoi et à quel prix, plus les tentatives de développer des logiques opportunistes en matière de prix sont grandes. Pourquoi, par exemple, la stratégie de vendre à prix élevés des produits bas de gamme est-elle rentable pour les « boutiques à touristes » ? Tout simplement parce que la commodité et la sécurité l'emportent sur le prix dans ce contexte très particulier où le client n'a pas ses repères habituels…
- *l'effet « loterie » créé par le manque d'uniformité de la prestation de service* : beaucoup d'entreprises entraînent malheureusement leurs clients dans un système aléatoire où ces derniers peuvent se voir offrir ce qu'il y a de mieux… comme ce qu'il y a de pire ! Et plus l'effet loterie est grand, plus les insécurités sont importantes. Aussi, l'entreprise capable de contrer ses concurrents sur ce terrain, et donc d'offrir une prestation toujours homogène, peut sans aucun souci se permettre un écart de prix significatif que le client sera disposé à payer.
- *l'importance subjective qu'accorde le client à la prestation* : la différence entre un bon et un mauvais coiffeur, par exemple, dépend avant tout du ressenti du client. Il en va de même pour ce qui est de juger un médecin… Mais parce que la santé revêt une importance subjective bien supérieure à l'aspect physique, la fourchette de prix des médecins non conventionnés se situe naturellement au-delà de celle des coiffeurs ! De la même manière, un médecin de grand renom peut pratiquer des tarifs bien supérieurs à ceux de ses confrères, tout simplement parce qu'il offre à son client la confiance.

La morale de cette histoire ? Réduire les Inconvénients et les Incertitudes permet non seulement de se démarquer de la concurrence autrement que par le prix, mais permet également de légitimer, le cas échéant, une hausse de cette variable prix !

En application : la gestion du temps d'attente

Le temps d'attente est l'un des Inconvénients les plus courants en matière de services, et dont l'incidence sur l'évaluation globale du service est importante. Malheureusement, il ne s'agit pas d'une problématique facile à résoudre, car les temps d'attente sont bien souvent liés à des impératifs techniques ou logistiques. Cependant, s'il est difficile de régler le problème particulier des files d'attente, il est tout à fait possible de réduire le poids psychologique lié à ce temps d'attente, et par là même le coût émotionnel qu'il représente pour le client.

Beaucoup d'entreprises font ainsi preuve d'ingéniosité... et surtout d'intelligence émotionnelle dans ce domaine ! Dans certains restaurants **Disney**, on remet un « beeper » aux clients pour les prévenir dès que leur table est disponible. Pendant ce temps d'attente, les clients peuvent continuer à se promener et faire quelques achats ! **Le Cirque du Soleil** est même parvenu à créer des mini animations pendant que les spectateurs font la queue ou recherchent leur siège....

Le professeur Maister, de la Harvard Business School, s'est beaucoup intéressé à cette problématique et a développé ***8 principes de thermodynamique*** qui permettent de gérer la psychologie du temps d'attente :

♦ 1. Le temps d'attente passif paraît plus long que le temps d'attente actif

Un principe de base qui justifie que l'on mette des revues à disposition chez le coiffeur ou dans les cabinets médicaux, que se soient créés des magasins dans les aéroports, que l'on distribue un « beeper » dans les restaurants **Disney**, etc.

♦ 2. Faire entrer le client dans le processus réduit sa perception du temps d'attente

On pense évidemment au garçon de café qui, d'un simple regard, laisse penser au client qu'il va s'occuper de lui très vite, ou encore aux hôtesses au sol informant le passager de sa position sur la liste d'attente…

♦ 3. L'anxiété accentue la perception du temps d'attente

Il n'y a rien de plus désagréable que d'avoir à subir un retard d'avion lorsqu'on est très pressé ou que l'on va arriver en retard à une réunion importante. Cette anxiété se convertit souvent une certaine forme de schizophrénie lorsque des problèmes surviennent en vol sans aucune justification apparente.

♦ 4. Les temps d'attente indéterminés sont plus longs que ceux dont on connaît à l'avance la durée

C'est pour cette raison que **Disney** communique les temps d'attente restants dans les files de ses parcs d'attraction, ou qu'ont été institués les panneaux indicateurs de temps de parcours sur le périphérique parisien. D'autant plus que si le temps réel s'avère en réalité inférieur à celui indiqué sur les panneaux, on créé, à partir d'un Inconvénient, une grande satisfaction chez le client…

♦ 5. Les attentes justifiées et expliquées sont perçues comme moins longues

En laissant le client sans aucune information, on crée une ambiance où l'incertitude favorise les spéculations de tous genres. Dans certains cas, il est même possible que se manifestent des signes de panique. *A contrario*, expliquer les causes d'un retard ou tout simplement d'une attente aide les gens à accepter et pardonner certains dysfonctionnements.

♦ 6. Les sensations d'injustice aggravent les perceptions des temps d'attente

Nombre d'entreprises pratiquent les files d'attente de type « VIP »… Or, les traitements de faveur sont à double tranchant : d'un côté, on porte une attention particulière aux meilleurs clients mais, de l'autre, on crée une forte insatisfaction source de désertion rapide. Le talent est donc de faire en sorte que ces traitements de faveur soient « invisibles » pour les clients qui n'y ont pas droit ou, tout du moins, justifiés et disciplinés.

♦ 7. Plus la valeur subjective du service est grande, plus les clients sont disposés à attendre

Beaucoup de clients sont disposés à attendre autant de temps qu'il faudra pour obtenir des entrées pour un concert ou pour dîner dans un restaurant à la mode… Pour ce type de clients particuliers, accordant une valeur importante à un certain type de services, le temps d'attente peut même faire partie intégrante du folklore ou du charme du service en question ! Il s'agit également de clients très susceptibles d'être fidélisés, à condition bien sûr que la prestation soit à la hauteur d'expectatives par nature très élevées.

♦ 8. Attendre seul est plus long qu'attendre en groupe

Une dernière évidence qu'il faut néanmoins avoir à l'esprit… et prendre en compte lorsque l'on offre un service qui, par nature, se consomme « seul ». Dans un tel contexte, les efforts pour atténuer le caractère désagréable de l'attente doivent être encore plus importants.

Ces 8 principes se vérifient bien sûr dans des situations que nous qualifierons de « normales ». Il existe néanmoins ***des situations décalées*** qui se traduisent par un non respect systématique de ces principes, et qui font pourtant partie du charme – ou plutôt du pouvoir d'attraction – de certaines entreprises. C'est le cas, nous l'avons vu plus haut, de certaines boîtes de nuit ou autres lieux à la mode. Certaines d'entre elles dérogent systématiquement à toutes les règles de la psychologie de la file d'attente : on ne respecte pas l'ordre, les injustices sont évidentes, les explications nulles et, cependant, les clients sont ravis parce qu'ils se sentent « élus » parmi la multitude. Il existe une autre exception à cette norme. Bien qu'il soit recommandable d'imposer une seule file d'attente pour ne pas provoquer de sentiments d'injustice, il existe la possibilité de diviser la demande quand celle-ci a des caractéristiques particulières. Par exemple, lorsque les passagers qui ont un billet première classe embarquent avant les autres, personne n'a de sensation d'injustice. Les gens comprennent très bien que ceux qui paient plus ont droit à plus…

5.4. Les quatre dimensions des services du futur

Tout ce qui a été vu plus haut nous permet maintenant, sous forme de conclusion, de synthétiser notre analyse et nos recommandations en extrapolant sur les qualités du service parfait.

Aujourd'hui déjà, de nombreuses entreprises se font concurrence sur 4 grandes dimensions, représentées figure 5.9. D'une certaine façon, on peut légitimement penser que cette tendance ne fera que s'accentuer et que les stratégies de demain s'inscriront toutes dans l'une ou l'autre, voire les quatre, de ces dimensions.

Figure 5.9
Le futur parfait des services

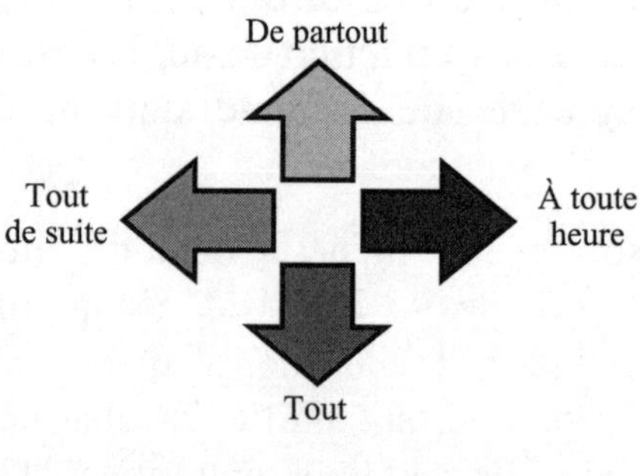

Le premier challenge pour une entreprise est de rendre ses services accessibles depuis le plus grand nombre de points possibles, voire ***de***

partout. Il ne s'agit pas, évidemment, d'installer des points de vente partout, mais d'utiliser tous les intermédiaires disponibles (*téléphone, internet, distributeurs automatiques, etc.*) qui rendent possible la transaction avec le client. Certaines entreprises de service ont déjà largement évolué dans leur système d'intermédiation de transactions avec leurs clients grâce à internet. C'et le cas des voyagistes en tous genres, des banques, de nombreux commerçants mais, pour beaucoup d'autres, le chemin est encore long à parcourir.

Le deuxième challenge, dans une logique de continuité, est directement lié aux horaires d'accès aux services. Dans ce cas, l'objectif est de rendre accessible les services **à toute heure** du jour et de la nuit, et tous les jours de l'année. Une fois de plus, il ne s'agit pas d'ouvrir à des heures pendant lesquelles il n'y a pas de demande, mais de s'ajuster aux changements de style de vie des clients et de leur rendre la vie la plus facile possible.

Le troisième challenge n'est autre que celui de la personnalisation, avec l'objectif final d'être en mesure d'offrir au **client** tout ce qu'il est susceptible de demander (*en relation, bien sûr, avec la gamme de produits ou services proposés !*). Nous avons tous en tête le fameux « *SNCF, c'est possible* »... La personnalisation du service dépend avant tout de la capacité de l'entreprise à diagnostiquer les besoins singuliers, existants ou éventuels, de ses clients, mais aussi les moyens dont elle dispose et l'intérêt qu'elle a à les résoudre. Une capacité directement liée aux qualités humaines de l'équipe qui la compose...

Le quatrième challenge, enfin, consiste à répondre à la demande toujours plus vite et, si possible, **tout de suite**. Un service est en effet d'autant mieux perçu et évalué qu'il est rapide. Le temps de réponse constitue donc un facteur fondamental pour créer de la satisfaction et même rattraper les mécontents. C'est pourquoi beaucoup d'entreprises forment déjà depuis longtemps leur personnel en contact avec le client à être en mesure de répondre directement à la majorité des demandes, sans avoir à poser la question à un superviseur ou à en référer systématiquement à un supérieur... et sans avoir recours au fameux « *repassez demain ou la semaine prochaine* »...

En résumé…

Nous avons démontré dans ce chapitre que pour créer de la valeur et se démarquer de la concurrence, nombreux étaient les leviers à actionner par l'entreprise. Toute entreprise souhaitant tisser des liens exceptionnels avec ses clients doit en effet ennoblir sa mission en l'enrichissant d'une personnalité hors du commun qui se construit en deux étapes : la création d'un ***concept de service*** bien précis, puis la création d'un ***système de valeurs*** venant sublimer ce concept de service. L'enseigne **The Body Shop** s'est ainsi construite une personnalité unique autour de la protection de l'environnement : elle s'est parallèlement engagée à reverser une partie de ses bénéfices pour aider les pays du tiers-monde, à n'effectuer aucun test sur animaux et à ne faire aucune dépense jugée inutile (publicité, emballages des produits, etc.). Cette philosophie s'est avérée payante et a même servi de puissante publicité gratuite…

Un exemple tel que celui de **The Body Shop** nous amène tout naturellement à un constat des plus essentiels : la perception de la valeur globale du service dépend de nombreux facteurs, dont une grande majorité ne sont pas toujours conscients. Des facteurs à la façon de traiter les clients, à la chaleur qu'on parvient à leur transmettre, à la capacité de s'ajuster à leurs attentes même inexprimées (bravo **The Body Shop** !), aux émotions et aux sentiments qui varient au cours de leur cycle d'activité, etc. Tous ces aspects, bien qu'impalpables, doivent être soigneusement étudiés et gérés. Il s'agit bien sûr de ce que nous avons appelé les **Intangibles**, ou *feeling* du client, auxquels nous allons maintenant consacrer un chapitre à part entière.

6.

LA CRÉATION DE VALEUR AU TRAVERS DES INTANGIBLES

> « Originellement nous ne pensons que par agir (…). La spéculation est un luxe, tandis que l'action est une nécessité. »
>
> Henri Bergson

La création de valeur au travers des fameux Intangibles – ou *feeling* – que nous avons décrits au chapitre précédent, nous plonge au cœur de l'intelligence émotionnelle des clients et, par conséquent des entreprises. Il s'agit aussi de l'aspect le plus délicat, le plus subtil et le plus passionnant de la gestion de services et de la stratégie de communication qui l'accompagne.

Le *feeling* est en effet la somme de toutes les sensations émotionnelles que perçoivent les clients du service qui leur est offert ou, autrement dit, ce qu'ils « ressentent » tout au long de l'expérience que l'entreprise leur fait vivre. Et nous allons voir qu'un très bon *feeling* a le merveilleux pouvoir de « gommer » les incertitudes et les inconvénients liés à l'achat et de créer une valeur indestructible car fondée sur la confiance et l'attachement à l'entreprise. Mais à l'inverse, un mauvais *feeling* est totalement destructeur de valeur… Car malgré son caractère intangible, le *feeling* est celle des variables de l'équation de valeur qui exerce sur les perceptions des clients le plus fort impact.

Le *feeling* n'est en effet ni un caprice de marché frivole, ni un simple rideau de fumée sans la moindre importance. Il s'agit bel et bien de l'image que les clients « se fabriquent » de l'entreprise, au travers d'associations et d'interprétations que l'entreprise laisse filtrer. Il s'agit tout simplement de **ce petit (ou grand !) supplément d'âme** qui manque encore souvent aux entreprises – même celles offrant une qualité parfaite de service – et dont les consommateurs d'aujourd'hui sont extrêmement demandeurs pour effectuer, sur un marché, leur sélection « naturelle ».

Tout l'enjeu pour l'entreprise est donc de pénétrer l'esprit et le cœur de ses clients et d'influencer leur feeling... en rendant tangible l'intangible ! Ces entreprises seront alors créatrices d'une valeur qui dépasse toutes les autres et qui nourrit – presque à elle seule – la satisfaction des clients, leur fidélité et, bien sûr, la rentabilité de l'entreprise.

C'est pourquoi nous envisageons dans ce chapitre la création de valeur au travers des Intangibles sous trois perspectives : la personnalité de l'entreprise, l'art de mettre en scène les services mais aussi l'effet magique de l'auto-estime, qui nous permettra d'introduire le rôle fondamental des employés de l'entreprise dans la création de valeur.

6.1. La personnalité, premier intangible créateur de lien

Personnalité, philosophie, âme... Lorsque l'on ouvre un livre d'entreprise, ou même un rapport d'activité, les premières pages sont bien souvent dédiées à mettre en lumière tout ce qui, du point de vue des dirigeants, rend leur entreprise unique sur son marché. *Mais cette information essentielle ne devrait-elle pas devenir un vecteur prioritaire de communication auprès des clients ?* Nous allons démontrer que si.

Il est en effet démontré que les clients choisiront tout naturellement une entreprise si cette dernière leur fait bien comprendre qu'elle « *partage les mêmes valeurs* ». Et qu'y a-t-il de plus intangible que les valeurs associées à une marque ? Nous avons lancé le mot magique : la marque. Mot magique, car terme le plus usité par les clients pour signifier à lui seul tout ce qu'ils ressentent de l'entreprise : sa personnalité, ses valeurs, son univers et, bien sûr, ses services. ***Il est d'ailleurs vérifié que les entreprises sans personnalité ne peuvent développer de « marque » forte... tandis que les marques à forte personnalité séduisent et créent des liens.***

Gérer les Intangibles revient donc, en priorité, à gérer la marque ou, autrement dit, la personnalité de l'entreprise. Ce qui signifie construire cette personnalité autour d'éléments d'exception choisis avec soin, puis faire en sorte que les clients la ressentent.

Pourquoi, en effet, intégrer des éléments de personnalité dans la marque ? Louis Urvois, ancien directeur général de **Loewe**, apporte à cette question une triple réponse :

- Parce que la motivation d'achat se convertira en désir d'acquérir une certaine individualité ou d'appartenir à un groupe déterminé… et que le client sera ainsi disposé à payer plus.
- Parce que les clients deviendront plus fidèles à la marque et la prescriront naturellement à leur entourage.
- Parce que l'entreprise pourra faire vivre ses « produits secondaires » grâce au simple fait de les regrouper sous une marque devenue culte grâce à un produit emblématique.

Ces éléments d'exception qui construisent la personnalité de l'entreprise

Comme nous l'avons dit à maintes reprises, des produits et services de parfaite qualité, un bon rapport qualité/prix ou encore la capacité à innover sont autant d'éléments « attendus » par les clients qui, bien que sensibles au mérite d'une entreprise, sont encore plus sensibles à l'image que cette dernière dégage et leur renvoie d'eux-mêmes.

Les marques souhaitant jouir d'un certain prestige, voire devenir cultes, doivent donc être capables d'offrir à leurs clients le plus précieux des Intangibles : **la magie**. Et pourtant, élever une marque au statut de mythe n'a rien d'un exercice de prestidigitation ! Il s'agit au contraire d'un exercice de sublimation d'une réputation objectivement méritée par la qualité de service de l'entreprise. Ici, pas de place pour l'esbroufe : l'entreprise dont les services ne tiennent pas leurs promesses pourra toujours jeter de la poudre aux yeux des clients, mais ne s'attachera jamais ni leur estime ni leur fidélité !

La magie dont nous parlons ne peut donc se créer qu'au travers de ce que nous appelons ici *les éléments d'exception* ou *petits suppléments d'âme* qui font toute la différence dans l'esprit des clients. Un processus qui, si l'on étudie avec précision l'histoire des marques qui ont su devenir « magiques », se déroule le plus souvent en **trois grandes étapes** :

♦ Identifier ses propres éléments d'exception

Le tout premier exercice auquel doit se livrer l'entreprise est de définir, en un minimum de mots-clés, ce qu'elle souhaite que les clients ressentent et retiennent d'elle. Attention : ne doivent pas figurer dans ces mots-clés des « évidences » telles que *qualité* ou *pas cher*... car c'est toute la philosophie, toute l'âme de la marque qui doit se refléter dans cet exercice. **Loewe**, par exemple, a listé les termes suivants : *artisanat, modernité, créativité, distinction*. On peut également imaginer l'importance du mot *militant* pour la **Maif**, ou encore *bonheur* pour le **Club Med**...

Une fois cet exercice effectué – et il n'est pas si facile qu'il en a l'air – l'entreprise doit identifier des éléments d'exception qui lui sont propres et qui seront capables de servir et provoquer le *feeling* souhaité. On peut regrouper ces éléments en trois grands groupes :

- **un univers unique** : les restaurants ou parcs à thème l'ont bien compris et fondent leur stratégie de création de valeur sur la promesse d'offrir une expérience unique à leurs clients, au travers d'une atmosphère, d'un cadre, d'activités qu'ils ne trouveront nulle part ailleurs. On pense bien sûr à **Planet Hollywood**, **Hard Rock Café** ou **Parc Astérix**... mais d'autres entreprises, sur des secteurs moins évidents, ont aussi réussi ce pari. C'est le cas par exemple d'**Apple** qui, sur un marché envahi par les fabricants de PC et la technologie **Microsoft**, reste « mythique » et réunit autour d'un univers fondé sur *l'invention, l'alternative et la différence*, des « aficionados », véritables clients Apôtres qui ne passeraient sur PC pour rien au monde !

La création d'univers uniques est aussi l'apanage des industries du luxe et du prêt-à-porter, qui rivalisent d'imagination pour faire de leurs univers des « univers miroirs » de la personnalité de leurs clients. N'entend-on pas souvent parler de « *la femme Dior* » ou encore l'expression « *moi, je suis très Gap* » ?

- **des valeurs uniques** : nous parlions dans le chapitre précédent du **The Body Shop**, qui a construit sa personnalité, sa différence et son succès sur un système de valeurs pionnières dans le monde des cosmétiques. Dans l'univers des assureurs, la **Maif** a su aussi réunir des clients Apôtres autour de son militantisme. **L'Union Financière de France** a également cassé l'image des gestionnaires de patrimoine en ouvrant aux capitaux même les plus modestes son expertise boursière. Elle s'est appuyée pour cela sur une valeur de démocratisation. Dans un tout autre domaine encore, les **Croisières Notre Temps** avaient créé les croisières « 100 % françaises » sur des bateaux à taille humaine exclusivement réservés aux lecteurs du magazine Notre Temps. Une valeur sûre… et unique sur un marché dominé par les « hôtels-usines » flottants internationaux !
- **des hommes uniques** : de nombreuses entreprises ont construit leur personnalité sur celle de leur fondateur ou de leur dirigeant. C'est le cas par exemple d'**Afflelou**, ou encore du PDG de **Nouvelles Frontières**, dont la simplicité a séduit grand nombre de clients devenus Apôtres de ce « *Monsieur Tout-le-monde* » qui, bien que milliardaire, porte toujours les mêmes vêtements et se déplace encore à scooter… Plus récemment, des milliers de jeunes de banlieue sont devenus Apôtres de la griffe de vêtements **Airness** créée par Mohamed Dia, jeune immigré de deuxième génération dont le succès a valeur d'exemple. Et bien sûr, les industries de luxe s'appuieront toujours sur la personnalité de leurs directeurs artistiques, de Karl Lagerfeld à John Galliano…

♦ Créer des produits emblématiques

Un produit est dit emblématique lorsqu'il est suffisamment puissant pour devenir à lui seul le symbole d'une marque et de ses valeurs. Il tire en général sa puissance du caractère pionnier ou révolutionnaire de sa technologie, de son design ou encore de sa faculté à combler une attente à laquelle personne ne s'était encore intéressé. Dans tous les univers, on trouve ainsi de nombreux produits emblématiques, tels que les « trois ors » de **Cartier**, le carré **Hermès**, la malle **Vuitton**, le macintosh d'**Apple**, la 2CV de **Citroën**, mais aussi le Livret A de la **Caisse d'Épargne**...

Il arrive aussi parfois qu'un produit devienne emblématique malgré lui, juste par chance ou effet de mode... telle est l'injuste loi des marchés ! C'est souvent le cas des produits adoptés par des leaders d'opinion influents, comme le sac *Kelly* d'**Hermès**, associé à Grace Kelly par un hasard journalistique... à charge pour l'entreprise de tirer profit (ou non) d'une telle opportunité, voire de demander volontairement l'appui de personnalités au lancement d'un nouveau produit, technique qui continue de faire ses preuves et qui participe pour beaucoup à « *construire la légende* ».

Construire la légende, telle est bien la finalité du produit emblématique... Mais précisons toutefois que toute médaille a son revers et que, parfois, un produit trop fort peut aussi handicaper son inventeur et « cannibaliser » le reste de ses produits ou services, voire rendre opaque sa capacité à innover et évoluer. C'est un peu le cas de la **Caisse d'Épargne**, qu'on associe souvent limitativement au Livret A, et qui déploie aujourd'hui tous ses efforts à casser cette image vieillotte et à démontrer qu'elle est une banque aussi performante et moderne que les autres ! Un produit emblématique doit donc toujours faire l'objet d'une gestion spécifique et subtile...

♦ Communiquer ses éléments d'exception

La dernière étape du processus consiste bien sûr à rendre tangible l'intangible, c'est-à-dire à envoyer au client des messages véhiculant les éléments d'exception de la marque. Tel est évidemment le rôle de la communication.

Lorsque les messages sont clairement définis, le principal défi consiste à identifier les nombreux vecteurs de communication chargés de diffuser ces messages sur le marché.

Il existe en effet une multitude de vecteurs de communication à disposition de l'entreprise : ***vecteurs d'image*** (logotypes, charte graphique, vitrines, uniformes du personnel, emballages...), ***médias*** (spots TV et radio, presse...), ***édition*** (plaquettes, site internet, rapports annuels, livres et journaux d'entreprise, papeterie...), *relations presse et publiques*, *mécénat*, *expositions*, etc. Mais la règle à respecter pour qu'un vecteur de communication soit puissant, est de ne l'associer qu'à un nombre restreint de messages ***(on ne vend qu'une chose à la fois !***).

La *figure 6.1* représente la « matrice » que les entreprises devraient toujours prendre le temps d'établir avant de se lancer dans leur stratégie globale de communication :

Figure 6.1
La communication des éléments d'exception

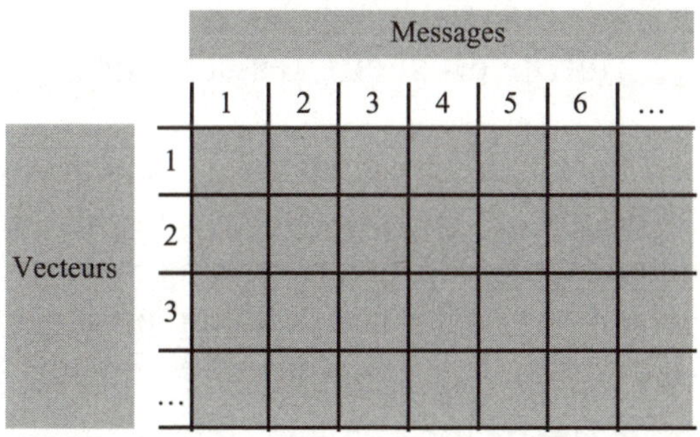

Une entreprise de services ne devrait pas être satisfaite tant qu'elle n'a pas identifié plusieurs dizaines de vecteurs de communication potentiels au service de ses éléments d'exception. Mais comme nous le disions, l'abondance de ces vecteurs est une arme à double tranchant : un plus grand nombre de vecteurs implique une plus grande puissance mais également un plus grand danger de dilution du message. De fait, la *figure 6.1* constitue un excellent format d'analyse et d'audit de communication. L'identification des messages émis par chacun des vecteurs peut en effet montrer de nombreuses incohérences et motiver un changement radical de la stratégie de communication.

Une excellente stratégie de communication, c'est-à-dire claire, intéressante et cohérente dans le temps a toutes les chances d'aboutir au **luxe suprême pour l'entreprise** : pouvoir se réduire à un logo et/ou à une seule phrase, porteurs à eux seuls de toute la personnalité de l'entreprise. Aujourd'hui, pour **Apple**, une simple pomme suffit, tout comme la virgule de **Nike** ou encore l'« assureur militant » de la

Maif. Un tel luxe ne se gagne pas en un jour et ne peut s'obtenir qu'en laissant agir la magie du recoupement de tous les messages véhiculés par différents vecteurs de communication, jusqu'à ce qu'ils ne forment plus qu'un dans l'esprit de tous.

Nous avons consacré cette première partie à la construction de la personnalité de l'entreprise, premier intangible créateur de liens entre l'entreprise et ses clients. Nous allons maintenant nous attacher à l'expérience que fait vivre l'entreprise à ses clients… et voir que l'entreprise doit également posséder des talents de metteur en scène.

6.2. L'art de mettre en scène les services

Tout comme il a besoin d'être séduit par la personnalité de l'entreprise, le client a besoin que cette dernière lui raconte **une histoire**… une histoire intéressante, différente et crédible. Et quand on y parvient, les prestations de service de l'entreprise sont interprétées par les clients d'une manière radicalement différente.

Il se créé alors un attrait qui renforce le processus de création de liens, et qui pourrait s'apparenter à l'émotion que peut faire ressentir une œuvre d'art. L'amateur d'art contemplant une œuvre qui le touche éprouve en effet un sentiment de sublimation et d'élévation qui le lie avec une intensité particulière à l'objet contemplé. Les grecs ont donné à ce phénomène le nom de **catharsis**. Transposée au monde de l'entreprise, la catharsis pourrait se définir comme la valeur ajoutée que les cadres dirigeants peuvent aspirer à créer chez leurs clients. En matière de services, ***quand les clients voient comment se « fabrique » ce qu'ils achètent, c'est un peu comme si le rideau se levait !*** Si la mise en scène, le jeu des acteurs, le scénario, les décors sont soignés et bien réalisés, alors les spectateurs applaudissent et passent une agréable soirée. On aura alors créé un élément magique, vecteur de valeur ajoutée, par le biais de la *catharsis*. Si, au contraire, ce que l'on voit est médiocre, l'état émotionnel se traduira par une crise de bâillements aiguë…

La *figure 6.2* dessine le processus de création de valeur auquel nous faisons référence :

Figure 6.2
La magie de l'effet « catharsis »

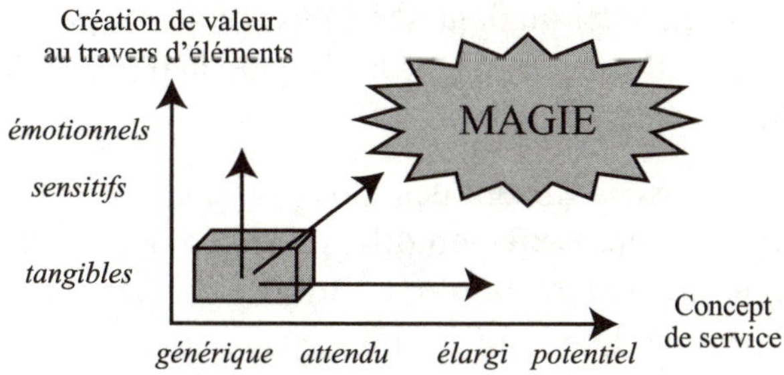

Sur l'axe vertical, nous décrivons les éléments de création de valeur que sont les prestations tangibles, sensorielles et purement émotionnelles. Sur l'axe horizontal, on distingue les différentes dimensions de l'offre : générique, attendue, élargie et potentielle. Nous voyons clairement que tout élargissement ou renforcement de l'offre (le produit et/ou le service) implique la maîtrise des perceptions sensorielles et émotionnelles des clients. Or, une part substantielle de ces dernières se produit au cours de l'étape de contact entre les clients et l'entreprise. Par conséquent, il est nécessaire de savoir ***thématiser et mettre en scène*** cet ensemble de contacts afin d'en optimiser l'impact.

C'est pourquoi nous allons nous appuyer sur l'univers du théâtre pour représenter ce processus particulier de création de valeur. Tout l'enjeu pour l'entreprise est en effet de synchroniser une série d'éléments – scène, scénario, metteur en scène, acteurs et spectateurs – au service d'une même histoire : l'expérience vécue par le client.

La scène

La scène n'est autre que le lieu où est offerte la prestation et doit être conçue en fonction de l'histoire que l'on souhaite raconter au client. Les décors, l'atmosphère, les odeurs doivent être particulièrement soignés...

La fondatrice du **The Body Shop**, par exemple, avait lancé une promotion sur une série de produits conçus à partir d'ingrédients de la forêt d'Amazonie en décorant les boutiques avec des posters géants sur les murs qui montraient les endroits d'où ils provenaient, des fiches qui en expliquaient les ingrédients, de la musique qui évoquait le bruit d'une tempête tropicale, de la pluie ou le chant des oiseaux d'Amazonie…

Certaines entreprises utilisent des moyens de communication subliminaux. Par exemple, **Benetton** diffuse de la musique à fort volume dans ses magasins pour rendre mal à l'aise les personnes d'un âge supérieur à celui de leur public cible.

Un bel exemple de scène est aussi celui d'**Ikea**, dont l'aménagement est un véritable parcours « obligé », contraignant les clients – de façon somme toute agréable et subtile – à visiter l'ensemble de ses univers (salons, bureaux, chambres, cuisines, etc.). Une technique qui favorise les achats d'impulsion et que de nombreuses grandes surfaces ont depuis adoptée.

N'oublions pas que la scène peut également être le domicile du client. **UPS** avait alors fait preuve d'une sacrée imagination : annoncer par une page de presse publicitaire le spectacle auquel les clients auraient droit. L'annonce mentionnait en effet : « *La prochaine fois que vous recevrez un paquet livré par UPS, regardez les chaussures du livreur. Chaque fois qu'un envoi sort d'un bureau d'UPS, tant les chauffeurs que leurs fourgonnettes passent une inspection complète. Des chaussures propres sont un des aspects les plus importants, et il faut savoir que la société fournit du cirage nettoyant à ses livreurs. Un petit détail pour une société dont le succès est incontestable…* »

Un aménagement adéquat de la scène permet de transmettre une variété infinie de messages, de la surprise au prestige, en passant par le divertissement ou même la neutralité ! Pensons à la séquence du film *Breakfast with diamonds* dans laquelle Holly (*Audrey Hepburn*) se rend à la bijouterie *Tiffany's* chaque fois qu'elle se sent déprimée, car elle sent qu'en ce lieu rien de mal ne peut lui qui arriver… Il s'agit bel et bien d'ancrages neuroniques qui déclenchent de façon automatique des états émotionnels positifs. Quand les entreprises découvrent les ancrages neuroniques de leurs clients, elles peuvent faire des merveilles pour agir sur les états émotionnels…

Le scénario

Le scénario est le pivot de l'art scénique. Les spectateurs ont évidemment besoin de bonnes histoires, crédibles, intéressantes et originales... mais les acteurs aussi ! Le scénario génère en effet les scripts qui, dans le monde de l'entreprise, ne sont autres que les postes de travail.

Le script aide en effet l'employé à comprendre et à s'imprégner de son rôle au sein de l'entreprise, quels sont ceux des autres employés et comment ils doivent tous apprendre à « jouer » ensemble et pour les spectateurs. Or, seuls les bons rôles attirent, motivent et retiennent les bons acteurs ! Il se peut même que les bons rôles fassent les bons acteurs...

Les acteurs

Tous les employés de l'entreprise sont acteurs de l'histoire qui est racontée au client. Dans les films, les meilleurs rôles sont en principe joués par les meilleurs acteurs... Dans le monde des services, c'est rarement la même chose. Il est effectivement courant de voir les rôles les plus « visibles » confiés à des personnes mal payées et/ou mal formées. À l'inverse, il arrive également que de bons acteurs aient à jouer des rôles sans grand intérêt. Et un rôle ingrat a tôt fait de démotiver un bon acteur...

Les ***employés en contact avec le public*** doivent donc avoir « la trempe » car ce sont, du point de vue des clients, les véritables protagonistes de l'histoire. C'est pourquoi ils doivent avoir à la fois le souci de leur image, le don de communication et de donner confiance, mais aussi le talent d'improvisation : tout ne se passe pas toujours comme écrit dans le scénario, qui ne peut prévoir à l'avance toutes les situations auxquelles un employé pourra être confronté. Le meilleur choix possible consiste donc à développer chez les employés un « sixième sens » pour qu'ils soient capables de diagnostiquer et d'offrir les réponses les mieux adaptées à chaque besoin particulier. On ne parvient pas à un tel résultat par des cours de techniques de vente et de négociation, mais bien grâce à un niveau de maturité personnelle, un sens du devoir, une marge de manœuvre suffisante et un sens de la responsabilité permettant de revendiquer tant les succès que les échecs… De fait, une telle approche est sans doute la base d'un système CRM réussi.

Les aspects d'ordre psychologique qui entrent en ligne de compte lors d'un contact acteur / spectateur sont déterminants pour la réussite de la représentation. Là encore, tout repose sur le jeu des acteurs, de la chaleur et de la sympathie qu'ils dégagent et de leur capacité à rendre tangibles les choses qu'ils font pour le client. Une enquête réalisée par **Loewe** a permis de découvrir que la qualité du contact en magasin était négative : les clientes se sentaient « inférieures » face à des vendeuses belles, riches et cultivées… un peu comme certaines spectatrices peuvent être agacées par des actrices trop « parfaites ». Un important effort de formation a dû être mis en œuvre pour remédier à cet état de fait. On sent encore cette différence lorsqu'on se rend chez **Prada** ou **Gucci** à Rome. Chez **Fendi**, tout au contraire, on rencontre des vendeurs et vendeuses qui ont appris, grâce à un programme de formation mis en œuvre par **LVMH**, à développer un contact client attentif et chaleureux… ce qui influence notablement les comportements d'achat. Il est évident que lorsqu'on achète des articles de luxe à un prix relativement élevé, on a toujours quelques scrupules… qui s'amplifient ou, au contraire, s'estompent en fonction de l'attitude des vendeurs.

Les employés qui se chargent des tâches administratives doivent bien sûr avoir des aptitudes différentes : le sens de la discipline, du timing… Ce sont les acteurs qui savent moins agir « en roue libre » et qui ont besoin plus que les autres d'un bon encadrement. De nombreuses défaillances en matière de service sont liées au fait que l'on ne distingue pas suffisamment les talents des uns et des autres, ou à une mauvaise assignation des tâches en fonction des aptitudes de chacun.

Ce qui nous amène naturellement au rôle fondamental du metteur en scène…

Le metteur en scène

Le rôle du metteur en scène dans une pièce de théâtre consiste à sélectionner les acteurs, à les former et à créer les conditions pour que tout fonctionne *sans son intervention* dès que le rideau se lève. Son intelligence émotionnelle lui permet d'attribuer les rôles avec justesse, puis de les diriger avec talent pour une bonne exécution du scénario. C'est tout simplement le « chef d'orchestre » du spectacle !

Dans des circonstances particulières, il est bon que le metteur en scène ait un rôle à jouer sur scène. Par exemple, dans les **Hôtels Riu** a été inventé le rôle du « *directeur qui accueille les clients* », parce qu'il avait été identifié que les clients, majoritairement allemands, appréciaient d'être reçus par le directeur en personne !

Chez **Disney**, tous les directeurs doivent également travailler un certain nombre de jours par an dans les restaurants et les hôtels du parc, et également contribuer à d'autres tâches comme le ramassage des papiers. Une façon comme une autre de prôner et de développer les vertus du management par l'exemple... mais également une façon d'éviter que les cadres s'enferment dans leur tour d'ivoire ! De fait, c'est tout simplement une bonne façon de se rapprocher des clients, de mieux connaître les employés et de lutter contre un quotidien débordant qui permet toujours de justifier par mille et une raisons de ne pas avoir le temps de « faire du terrain »...

Les spectateurs

Les clients, enfin... Ceux pour qui l'entreprise déploie tant d'efforts et de talent ne peuvent en aucun cas être déçus par le spectacle ! C'est pourquoi le tout premier soin à leur porter est de les accueillir avec qualité. Il est tout d'abord important d'appliquer des horaires d'ouverture et de fermeture adaptés à leurs besoins. Ensuite, parce qu'il n'y a rien de plus déconcertant que d'arriver dans un endroit inconnu et de s'y sentir perdu, tout doit être mis en œuvre pour diriger le client (hôtesses, signalisations, panneaux, plans, etc.).

Puis, pour assister au spectacle dans les meilleures conditions, les clients doivent être à l'aise, confortablement installés. Mais attention :

pour les intéresser, les divertir ou les émouvoir, il faut capter leurs attentes et leur humeur et leur démontrer un intérêt qui n'est pas lié à la rentabilité immédiate qu'ils représentent ! L'attitude « champagne pour tout le monde ! » est à proscrire : chaque spectateur requiert un traitement distinct et personnalisé. Par exemple, il est pertinent dans les supermarchés de proposer une caisse rapide « *moins de 10 articles* »...

Tout doit ainsi être étudié pour le confort de tous les types de clients, pour un accès simple et rapide à la prestation recherchée.

Certains spectateurs apprécient enfin d'être également acteurs et de participer aussi au spectacle, un peu comme dans les *reality shows*. Et si cela permet à l'entreprise de réduire ses coûts et de simplifier ses opérations, c'est encore mieux ! De plus, le fait de se sentir protagoniste peut également être créateur d'un lien fort avec l'entreprise.

En conclusion de cette partie, répétons que si l'histoire que l'on raconte aux clients est intéressante, véritablement nouvelle et crédible, nous aurons alors l'ensemble des éléments nécessaires pour générer un sentiment de catharsis chez le public qui, une fois de plus, donnera lieu à un renforcement de la satisfaction et, par conséquent, à la création de liens à moindre coût.

6.3. L'effet magique de l'auto-estime

En dernier point de ce chapitre, nous aimerions approfondir un aspect primordial de la création de valeur, introduit plus haut : l'effet magique (*ou catastrophique*) que peut avoir l'auto-estime des employés de l'entreprise – les acteurs – sur les clients.

L'auto-estime est en effet un concept pilier de la gestion des employés, gestion à laquelle sont consacrés les trois prochains – et derniers – chapitres de ce livre.

L'auto-estime n'est autre que ***l'ensemble des sentiments qu'une personne éprouve pour elle-même***. Dans la vie professionnelle, une auto-estime basse est source de malaise avec soi-même et avec les autres, mais également source de manque de confiance et de démotivation. À l'inverse, une auto-estime haute est source de bien-être, d'épanouissement et de forte productivité.

Mais le plus intéressant, c'est l'effet communicatif de l'auto-estime : un employé dont le niveau d'auto-estime est élevé crée un climat attractif, communique aux autres employés et aux clients son énergie positive et, au final, crée chez le client un *feeling* positif. Évidemment, l'inverse se vérifie aussi.

L'auto-estime influence donc énormément les comportements, mais on peut également dire qu'elle entraîne l'entreprise dans un cercle « vicieux », positif ou négatif : *l'employé qui se sent bien crée un climat de bien-être ressenti par le client, qui développe lui un feeling positif encourageant l'employé à se sentir encore mieux...* En simplifiant, on peut dire qu'avec une auto-estime élevée, l'employé développe des comportements positifs qui finissent par lui être bénéfique. À l'inverse, lorsque l'auto-estime est basse, il se produit un enchaînement de circonstances qui, en finalité, porte fortement préjudice au propre intéressé... et à son entreprise tout entière. En ce sens, les entreprises parvenant à générer chez leurs employés un bon niveau d'auto-estime font preuve d'intelligence émotionnelle.

Comment agir sur l'auto-estime de ses employés ?

Sans dévoiler maintenant tous les aspects émotionnels de la gestion des employés, précisons seulement – ce qui nous fera une excellente base de travail pour bien comprendre les chapitres qui vont suivre – que l'auto-estime est la résultante de deux autres variables : l'auto-idéal et l'auto-image.

L'auto-idéal se définit comme l'ensemble des certitudes enregistrées par l'employé quant à son futur dans l'entreprise : ce à quoi il aspire, son projet professionnel, ses échéances pour grimper dans la hiérarchie, etc.

L'auto-image, en revanche, se réfère à la perception qu'il a de lui-même : la qualité de son travail, son degré d'autonomie, son contrôle de la situation... mais aussi son « caractère » (battant, dilettante, opportuniste, etc.)

En substance, l'auto-estime s'agit simplement d'informations [1] – sur soi-même et sur son entourage immédiat – que l'on a enregistrées dans son subconscient et qui sont devenues partie intégrante de l'auto-idéal et de l'auto-image. C'est-à-dire qu'avant que cette information ne devienne une certitude, elle a d'abord été une simple perception filtrée par les mécanismes d'interprétation qui ont lieu dans l'esprit de chacun d'entre nous. Ainsi, une personne soumise à des « stimuli » négatifs provenant de son environnement, peut très bien ne pas les enregistrer dans son subconscient. Il suffit, pour cela, de les filtrer et de ne leur permettre d'occuper qu'un espace extrêmement réduit dans son esprit. Une personne pourrait également pallier un déficit de stimuli positifs en le compensant par des informations positives sur lui-même…

L'intelligence émotionnelle se reflète dans cette capacité à filtrer les informations qui peuvent porter préjudice à l'auto-estime, ainsi qu'à agir sur les stimuli internes (*se fixer des objectifs propres, améliorer son travail, travailler sa concentration, etc.*) que chaque personne se « programme » pour améliorer la qualité de son auto-image et de son auto-idéal.

C'est pourquoi nous affirmons que l'auto-estime des employés peut tout à fait être influencée par des cadres dirigeants dotés d'intelligence émotionnelle. En effet, les informations enregistrées par les employés et créatrices de leur auto-estime sont pour beaucoup le fruit des conditions structurelles qui les entourent. Nous appelons « condition structurelle » tout stimuli ayant une incidence sur les 5 besoins fondamentaux des personnes : ***vivre correctement, être en bonne santé, apprendre, se sentir utile et se sentir aimé***. Quand une personne évolue dans de telles conditions, elle recharge en principe les batteries de son auto-estime d'informations positives.

1. Juan Antonio Marina dans son livre *El Laberinto Sentimental* (Anagrama : 1996), fait ainsi référence aux personnes : « nous sommes des systèmes physiologiques qui assimilent de l'information et ressortent différents après la digestion. La mémoire n'est pas dans un petit coin de notre tête que nous pouvons ressortir comme un dossier que l'on a archivé. Chacune de nos activités, motrices ou cognitives, est dirigée par la mémoire. »

Tout l'enjeu des cadres dirigeants est donc de faire en sorte que ces 5 besoins fondamentaux soient comblés au sein de l'entreprise.

En résumé…

En plongeant au cœur de l'intelligence émotionnelle, nous avons démontré que la création de valeur la plus précieuse aux yeux des clients – et par conséquent la plus rentable pour l'entreprise – requiert de la part des cadres dirigeants un triple talent : celui de doter leur entreprise d'une personnalité forte et hors du commun, celui de mettre en scène cette personnalité et les produits et services qui en découlent (*c'est-à-dire rendre tangible ce qui ne l'est pas !*) et de créer chez leurs employés une estime personnelle capable de « déteindre » sur les clients et le marché.

Oui, les employés sont sans aucun doute les tout premiers créateurs de valeur de l'entreprise. C'est pourquoi, après avoir introduit le concept d'auto-estime, nous allons consacrer les trois derniers chapitres de ce livre à la gestion des employés.

L'un des postulats de base du modèle « *Services & Croissance* » est que les clients et les employés constituent les deux faces d'une même pièce de monnaie : la rentabilité de l'entreprise. Et parce que les clients et les employés sont avant tout des « êtres humains », dotés d'une double intelligence rationnelle et émotionnelle, nous allons découvrir que **pour créer de la valeur pour les clients, l'entreprise doit avant tout avoir réussi à créer de la valeur pour ses propres employés**. Cette création de valeur n'est autre que le fruit d'une chaîne d'actions qui vous rappellera sans doute quelque chose : séduire, vendre, satisfaire et retenir…

7.

L’ESSENTIELLE FIDÉLISATION DES EMPLOYÉS

« L’homme n’est rien d’autre que ce qu’il se fait. »
Jean-Paul Sartre

Comme nous l’avons dit en introduction de ce livre, clients et employés sont indissociables et constituent les deux faces d’une même pièce de monnaie : la rentabilité de l’entreprise. Aussi, dans le cadre du modèle « *Services & Croissance* », une bonne stratégie de marché ne vaut rien sans une bonne stratégie interne.

Pour croître durablement, l’entreprise doit donc mener intelligemment de front ces deux stratégies, répétons-le, indissociables. Pour autant, la gestion des employés doit évidemment se situer en amont de la gestion des clients, puisqu’une partie substantielle de la proposition de valeur que perçoivent les clients d’une entreprise dépend directement du niveau de compétence et d’implication de ses employés… Autrement dit, **pour gagner des clients Apôtres, il faut d’abord gagner des employés Apôtres**.

Qu’est-ce qu’un employé Apôtre ? C’est tout simplement un employé contaminé par le virus de l’enthousiasme ! Et comment lui transmettre ce virus ? Tout simplement en agissant positivement sur cette fameuse auto-estime introduite dans le chapitre précédent. ***Tel est l’objet de la fidélisation des employés, dont nous allons ici démontrer l’absolue nécessité, avant d’étudier son mécanisme plus en détails dans le chapitre 8***.

7.1. En finir avec la spirale de l'échec

On désigne comme cycle de l'échec [1] la dynamique qui se crée dans certaines organisations entre les collaborateurs et les clients. Une dynamique vicieuse qui présente la particularité de s'auto-alimenter et de *condamner* l'entreprise qui en souffre à un niveau d'opération médiocre. Or, l'étincelle qui déclenche le cycle de l'échec n'est autre que l'insatisfaction des employés, facteur lui-même engendré par des postes de travail à contenus limités ou vides de sens.

Tout le monde a ainsi en tête la célèbre image de Charles Chaplin serrant des écrous jusqu'à en attraper un tic. Un symbole parfait du poste à contenu très limité qui, s'il peut certes s'avérer efficace, génère le risque de mettre en marche le cycle de l'échec, cette dynamique de pauvreté représentée figure 7.1.

Figure 7.1
Le cycle de l'échec dans les services

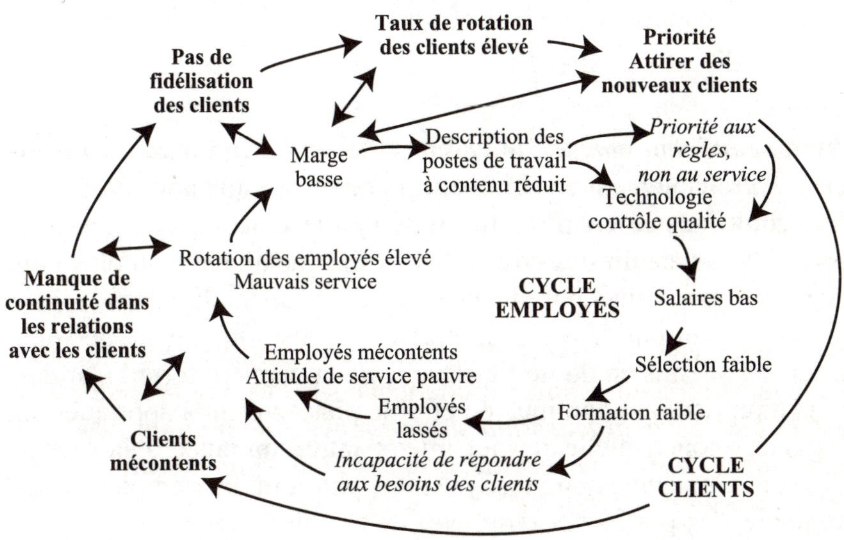

Comme nous le voyons, si le contenu du poste de travail est limité, la responsabilité sur la qualité du service se transfère au *système*. On

1. Heskett, J. L. et Schlesinger, L. A., « Breaking the Cycle of Failure in Services », *Sloan Management Review*, Volume 32, Number 3, Spring 1991.

entend par *système* la structure de l'entreprise et les milieux technologiques utilisés. Si les employés ont peu de responsabilités, il est en effet logique de les payer peu. Si on les paie peu, on les recrute et on les forme mal. Tout cela rend habituel le fait que les employés commettent des erreurs et se sentent incapables de donner une réponse adaptée à la plupart des demandes des clients.

Une telle dynamique génère de mauvaises attitudes, responsables à la fois de l'insatisfaction des clients et de la démotivation des employés. Et le résultat final n'est autre que la dégradation progressive de la qualité de l'offre de l'entreprise. Les employés sont donc confrontés à l'alternative suivante : ou partir – et ce sont toujours les meilleurs qui partent – ou rester, et il reste alors une majorité d'employés moyens, médiocres, sachant que les plus mauvais finiront par être licenciés. Ainsi, le processus engendre un taux de rotation élevé, des nouveaux frais de procédures de recrutement, de formation, et un nouveau cycle répondant à la même logique de fond… sans compter les dépenses nécessaires pour attirer de nouveaux clients et compenser ainsi le taux élevé de désertions ! Bref, le cycle de l'échec est à la fois un cercle vicieux et un gouffre financier.

Alors, ***comment rompre le cercle vicieux qui perpétue la médiocrité ?*** Probablement en commençant certes, ce que nous étudierons en détail dans le chap. 8, par redéfinir le contenu des postes de travail. Mais établir des postes de travail avec un contenu plus large suppose avant toute chose un changement de mentalité dans la façon de diriger, surtout dans les entreprises où, historiquement, personne n'a jamais remis en doute l'efficacité de la manière forte ! Car dans ces entreprises, on continue en effet le plus souvent à appliquer une logique selon laquelle il vaut mieux faire confiance à la technologie, aux machines ou aux systèmes, plutôt qu'aux employés. Les contenus des postes des employés de première ligne sont ainsi des plus simples et limités, avec l'objectif que n'importe quel « crétin » puisse faire l'affaire… et, par malheur, c'est ce qui finit par arriver. Évidemment, dès que les dirigeants de ce type d'entreprises constatent que le marché leur retire ses faveurs, ils s'interrogent : « *Que se passe-t-il ? Nos produits sont aussi bons que ceux de la concurrence et nous avons de meilleurs prix…* ». Combien de temps leur faudra-t-il pour comprendre que le problème n'est ni la qualité ni le prix, mais les employés démotivés ?

Le pas de la confiance en l'employé est parfois difficile à franchir. Pourtant, telle est la clé de la réussite ! L'employé auquel on fait confiance et qui se sent bien dans son entreprise peut faire bien des merveilles... et offrir à l'entreprise bien plus que sa productivité : sa contribution.

7.2. Au-delà de la productivité : la contribution

La productivité des employés : voilà un concept des plus anciens qui n'a rien perdu de son aura aujourd'hui. Et voilà encore un leurre hérité du passé, totalement obsolète et incompatible avec les paradigmes de gestion du modèle « *Services & Croissance* ». Pourquoi ? Parce que le concept de productivité est bien trop réducteur pour juger de la valeur d'un employé.

En effet, dans le cadre de pensée caractéristique de l'époque industrielle, il était habituel de définir la productivité comme **le nombre de tâches réalisées *(output)* par un employé en un certain laps de temps *(input)***. L'important étant d'ailleurs le résultat immédiat ! Dans ce contexte, l'utilisation des indicateurs de productivité avait pour objectif que le travail, à court terme, se fasse rapidement et sans aucune complication.

L'insuffisance démontrée du concept de productivité

Il y a quelques années, une étude menée aux États-Unis, et visant à comparer la productivité relative d'un groupe d'employés[1], fit éclater l'insuffisance de la définition industrielle de la productivité. L'analyse classait en effet en trois segments – bas, moyen et haut – un groupe d'employés sélectionnés en fonction de la complexité de leurs tâches respectives. En parallèle, et pour chaque segment, fut réalisée une distribution statistique – en forme de cloche inversée de

1. Hunter, Schmidt, & Judiesch (1990), *Journal of Applied Psychology*, vol. 75 (1), p. 28-42.

Gauss – basée sur la productivité de chaque employé. Il est à préciser que les conditions de travail de tous étaient similaires.

La figure 7.2 restitue les résultats des deux comparaisons qui furent effectuées :

- entre les « ***meilleurs*** », représentés par 1 % des employés ayant la productivité la plus élevée, et les « ***normaux*** », représentés par les employés de productivité moyenne : des différences de productivité de plus de 50 % pour les travaux simples et de quasi 130 % pour les travaux de complexité élevée…
- puis entre les « ***meilleurs*** » et les « ***pires*** », représentés par 1 % des employés ayant la productivité la plus basse : des différences de trois contre un, douze contre un et quasi infinies pour les tâches les plus complexes, stade auquel les « *pires* » n'apprennent pas à faire leur travail.

Figure 7.2
Les écarts de productivité

Complexité	**Écarts de productivité (*en pourcentages*)**	
	Les meilleurs face aux moyens	**Les meilleurs face aux pires**
Faible	+ 52 %	+ 300 %
Moyenne	+ 85 %	+ 1 200 %
Haute	+ 127 %	Infini

Le côté assez spectaculaire de ces résultats invite à réfléchir. Quand les chiffres atteignent de telles proportions, il convient de réaliser un examen minutieux afin de n'omettre aucun des éléments de gestion qui influent sur la productivité des collaborateurs. Tel est précisément l'objet de ce livre, qui s'évertue à mettre en évidence la création des liens ainsi que la satisfaction des employés comme des éléments stratégiques de premier ordre.

Il apparaît ainsi clairement que la productivité des personnes réalisant des tâches similaires, peut varier de façon surprenante. **La raison ne réside pas seulement dans les capacités innées des personnes : les niveaux d'énergie que l'on développe pour une tâche déterminée**

sont également fonction de l'attitude affichée vis-à-vis du travail. Le niveau d'engagement, la passion d'apprendre, le désir de bien faire les choses sont autant de composantes essentielles de la productivité.

En conclusion : une entreprise intensive en main d'œuvre peut gagner énormément si elle parvient à créer des conditions de travail permettant de transférer, systématiquement, la productivité des meilleurs au reste des équipes. Il faut savoir que malheureusement l'inverse est plus facile et constitue le véritable danger... En effet, l'improductivité des moins bons si on n'y prend garde a tendance à se propager plus vite... Un peu comme les mauvaises habitudes qui sont plus faciles à conserver que les bonnes à prendre !

La contribution des employés : un concept bien plus ambitieux

Dans le concept de productivité, l'*output* est limité, comme nous l'avons vu, au nombre de tâches (ou transactions) réalisées. Par exemple, pour une femme de chambre dans un hôtel, le nombre de chambres nettoyées et préparées... Or, cette définition omet totalement la perception de ces tâches par les clients : que pensent-ils de l'état de la chambre ? D'un petit bouquet de lavande posé sur l'oreiller qui pourrait être le fruit d'une initiative personnelle de l'employée, etc. ? Dans une entreprise de services, il est ainsi primordial de prendre en compte, en plus des tâches effectivement réalisées, ***les éléments destinés à créer de la valeur pour le client et la satisfaction ou l'insatisfaction qui en découle***.

De la même manière, l'*input* de la productivité ne prend absolument pas en compte l'état d'esprit dans lequel l'employé effectue sa tâche. Or, il se peut très bien qu'une personne obéisse à un ordre lui paraissant injuste qui, bien que n'affectant pas sa productivité immédiate, développe une rancœur menaçant sa productivité future...

Ces constats nous mènent à l'insuffisance la plus grave de la productivité : ne porter attention qu'à l'immédiat. ***Il est en effet essentiel de faire la distinction entre productivité et capacité de production et, plus encore, la capacité de production future, qui capte l'élément dynamique de la productivité***. En d'autres termes, la valeur d'un employé ne peut se mesurer que sur le long terme, car n'importe quel stimulus (positif ou négatif) envoyé par la direction a le pouvoir d'influencer à la fois la productivité et la capacité de production future, mais pas toujours dans le même sens. Ainsi, une personne qui consacre un nombre excessif d'heures à son travail peut atteindre de forts niveaux de productivité mais peut, en même temps, compromettre sa capacité de production future en se créant des problèmes de santé ou en portant atteinte à son moral.

Pour parvenir à agir parallèlement sur la productivité et la capacité de production future des employés, les cadres dirigeants doivent être dotés de la sensibilité suffisante pour comprendre la logique ou la dynamique du comportement humain au sein des organisations. Autrement dit, des cadres émotionnellement intelligents !

Dans le cadre du modèle « *Services & Croissance* », nous ne pouvions donc qu'adopter un concept de mesure capable de capter toutes les variables influant sur la valeur des employés, et s'inscrivant également dans une logique de temps dynamique. C'est pourquoi nous avons adopté le concept de contribution actuelle et future tel que défini par Brian Tracy dans son livre *Maximum Achievement*[1] :

Figure 7.3
La contribution des employés

Contribution des employés = (talents naturels + talents acquis) × Attitude

$$C = (TN + TA) * A$$

Selon Brian Tracy, la contribution d'un employé serait ainsi la somme de ses **talents naturels** (TN) et de ses **talents acquis** (TA) au sein de l'entreprise, multipliée par un troisième facteur clé : ses **attitudes** (A). Selon son analyse, des employés à productivité « moyenne » peuvent, avec de bonnes attitudes, atteindre des résultats professionnels remarquables, tout comme des professionnels brillants peuvent gâcher leur potentiel avec des attitudes médiocres…

1. Tracy, Brian, *Maximum Achievement*, Simon & Shuster, 1993.

Ainsi, selon cette analyse, l'entreprise devrait prendre un soin tout particulier, dans sa politique de ressources humaines, à :

- sélectionner les personnes présentant les talents naturels désirés
- promouvoir l'acquisition de nouvelles connaissances
- influer sur l'amélioration des attitudes des employés.

Selon la terminologie de José Antonio Marina, le premier s'appelle ***tempérament***, le second et le troisième constituant un mélange de ce qu'il nomme ***caractère*** et ***personnalité***.

Comme nous savons, **les attitudes sont une conséquence directe de l'auto-estime des employés**. Aussi répétons-le : quand l'entreprise crée les conditions pour que les employés aient une meilleure perception d'eux-mêmes, pour qu'ils se sentent mieux avec eux-mêmes et avec leur travail, alors elle favorise les attitudes positives et, par la même, l'amélioration de la contribution des employés.

En revanche, l'entreprise dont la relation entre les contributions dans le travail et le temps de présence dans l'entreprise prend la forme d'un U inversé, le doit très probablement à un leadership générateur d'un auto-concept négatif.

Objectif : augmenter la contribution au fil des années de présence

Le *quid* de la compétitivité d'une entreprise de service consiste à faire en sorte que les contributions des employés augmentent au fur et à mesure de leurs années de présence dans l'entreprise. Autrement dit, faire en sorte que les contributions et la durée de présence augmentent en parallèle et s'auto-renforcent de façon systématique, tel que le représente la figure 7.4.

En théorie, si les conditions sont réunies, les employés ayant le plus d'expérience dans l'entreprise devraient offrir une plus grande contribution à la bonne marche de cette dernière. Cependant, cela ne se produit pas toujours. De fait, il est fréquent que la relation soit différente et se dessine, comme nous l'avons introduit plus haut, sous la forme d'un U inversé ou, pire encore, sous forme d'une

Figure 7.4
La relation entre la contribution à l'entreprise et la fidélisation des employés

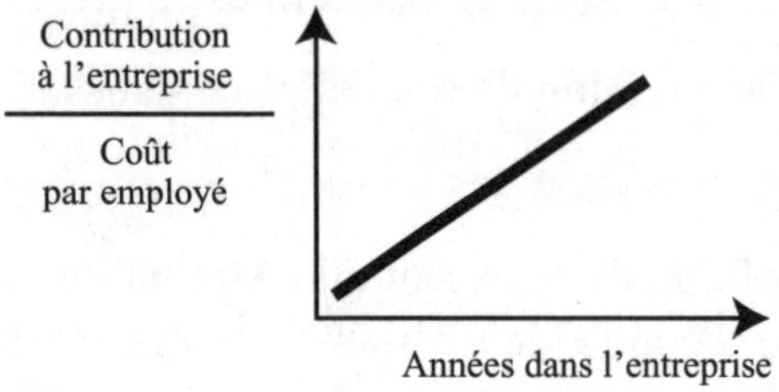

diagonale descendante. Nous avons tous en tête des exemples de personnes qui, au fil des années, deviennent en effet de véritables fardeaux pour leur entreprise. À une faible capitalisation professionnelle s'ajoute en principe une piètre attitude…

Dans le cadre du modèle « *Services & Croissance* », les employés doivent ainsi faire l'objet, tout comme les clients, d'une « saine addiction » à l'entreprise. D'un point de vue pratique, le principal motif qui justifie la fidélisation des collaborateurs réside alors dans la possibilité d'identifier – de la même façon qu'avec les clients – divers « ***câbles de haute tension*** » voués à connecter la fidélisation à la contribution des employés. Ces câbles, comme nous allons le voir plus loin, ont également la capacité de recharger l'entreprise en « énergie positive » et de faire converger la contribution des collaborateurs vers les objectifs de l'entreprise.

Plus encore, comme nous allons le vérifier très vite, les concepts fondamentaux de la fidélisation des clients développés dans cet ouvrage – tel l'impact du taux d'abandon sur la durée de vie moyenne de la relation avec l'entreprise – sont tout à fait transférables à la fidélisation des collaborateurs. Après avoir déterminé pour chaque type de travail une durée de vie moyenne recommandée, il est ainsi possible de gérer ce chiffre sur la base du taux d'abandon ! *Par exemple, si on détermine pour un poste de standardiste qu'il convient que la personne reste 4 ans en moyenne, on devrait veiller à ce que le taux d'abandon ne soit ni inférieur, ni supérieur à 25 %.*

Mais avant d'aller plus loin, précisons ici que la fidélisation des employés peut être le produit de deux stratégies très différentes : les politiques sociales défendant la stabilité de l'emploi ou... la satisfaction des employés dans leur travail. La première, qui consiste à augmenter les coûts de turn-over (*switching costs*) dans le but de modérer le désir de se séparer d'un collaborateur, est la logique pratiquée par exemple dans les administrations publiques, qui offrent ce que l'on appelle la sécurité de l'emploi, c'est-à-dire des contrats de travail non dénonciables. Il est néanmoins triste de constater que, la plupart du temps, de nombreux fonctionnaires finissent par se sentir *otages* de leur entreprise : insatisfaits mais n'osant pas quitter leur travail. La seconde logique créatrice de liens avec les employés, fondée sur la satisfaction, est celle des entreprises qui parviennent à augmenter la capacité de production de leur personnel, et qui considèrent comme un petit *drame* que certains décident de les abandonner. C'est également l'approche des entreprises qui gagnent la fidélité de leurs employés, y compris les plus cotés sur le marché de l'emploi, grâce aux fruits de leur intelligence émotionnelle : la confiance mutuelle, une bonne ambiance de travail, l'intérêt du travail à proprement parler, etc. Il nous semble bien sûr évident que la première logique a toutes les chances de développer une relation à l'entreprise sous forme de U inversé... et que la seconde est la seule capable de produire une diagonale ascendante telle que représentée figure 7.4.

7.3. Les trois bonnes raisons de fidéliser les employés

Comme nous l'avons dit en introduction de ce chapitre, l'objectif d'une entreprise doit être de transformer le maximum de ses employés en employés Apôtres, c'est-à-dire des employés à forte contribution, autonomes et rentables. Et tout comme la création de clients Apôtres passe par leur fidélisation, la création d'employés Apôtres passe par leur fidélisation ! C'est cette si simple règle de gestion que nous allons maintenant démontrer.

Raison n° 1 : Fidéliser les employés augmente leur contribution à l'entreprise

Comme nous l'avons introduit plus haut, il existe sept « ***câbles de haute tension*** » connectant directement la fidélisation des employés à leur contribution à l'entreprise, tels que représentés ci-dessous :

Figure 7.5
Fidélisation et contribution : les câbles connecteurs

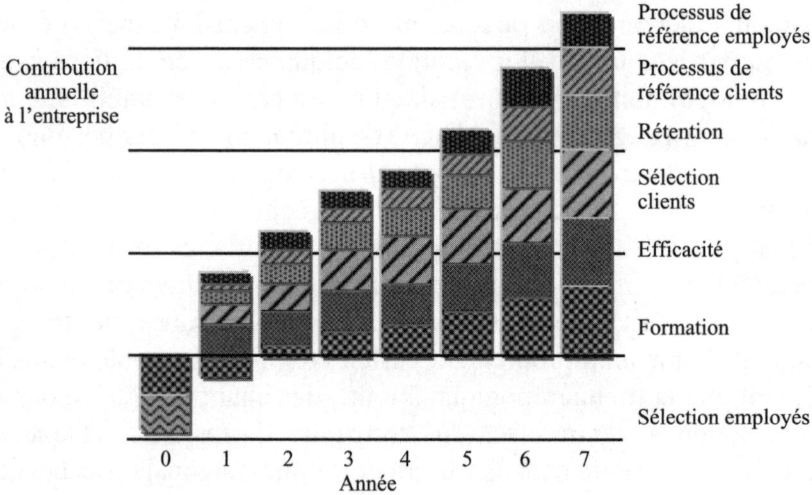

L'entreprise capable de brancher l'ensemble de ces câbles réussira à se charger d'une énergie positive qui rejaillira sur les talents et les attitudes des employés (les composants de la contribution), avec pour effet une parfaite convergence de la contribution vers les objectifs de l'entreprise.

Bien sûr, ces « branchements » doivent suivre l'évolution souhaitable représentée figure 7.5, fondée sur une période de liens suffisamment longue entre l'entreprise et ses employés…

♦ Câble n° 1 : la sélection des employés

Il s'agit du « coût » que l'entreprise doit supporter avant que l'employé ne soit opérationnel, c'est-à-dire en condition d'apporter sa contribution. Bien sûr, plus les liens entre l'entreprise et l'employé sont intenses, moins importante sera la rotation du poste concerné et, par conséquent, moins fréquente sera cette dépense.

♦ Câble n° 2 : la formation

Les frais de formation peuvent présenter un solde positif à moyen terme, à condition que les employés « anciens » participent activement à la formation de leurs nouveaux collègues. Il s'agit là d'une pratique devenue habituelle dans de nombreuses entreprises.

♦ Câble n° 3 : l'efficacité

Le poste de travail, comme nous le savons déjà, peut être conceptualisé sous trois perspectives différentes : la *tâche* technique en tant que telle, la façon dont le client est *traité* et la *tangibilité* que l'on est parvenu à cristalliser pour susciter la satisfaction du client. L'efficacité augmentera au fur et à mesure que les employés amélioreront ces trois perspectives et se sentiront à l'aise avec chacune d'entre elles. Évidemment, ces améliorations requièrent un certain laps de temps et il est fort habituel, par exemple, qu'au début les choses se fassent plus lentement et que soient commises des erreurs qui se régleront postérieurement. Mais avec le temps, un employé peut se convertir en véritable expert. Il pourra alors formuler des diagnostics pertinents et conseiller au mieux ses clients. L'idée que nous souhaitons ainsi mettre en exergue est qu'une entreprise augmentera les contributions de ses employés si, en plus de créer des liens avec ces derniers, elle parvient à les former au mieux pour réaliser la tâche qui leur a été assignée. Et l'amélioration de la performance sera d'autant plus remarquable que la tâche est complexe.

L'efficacité d'un poste de travail est également conditionnée par les relations fonctionnelles et interpersonnelles qui s'y seront tissées. Il faut en effet disposer d'un certain temps pour savoir « *qui est qui* » dans une organisation et à qui s'adresser en telle ou telle circonstance. Les équipes de travail ont également besoin d'un certain temps pour que leurs membres s'ajustent entre eux et développent des relations de confiance. Cette dynamique est porteuse d'un formidable potentiel, car les relations de confiance augmentent considérablement la communication et la coordination entre les personnes travaillant au sein d'un même groupe. Une fois de plus, la thèse que nous retenons est celle selon laquelle une entreprise améliore les contributions de ses employés dès lors qu'elle génère une bonne *harmonie* entre ses collaborateurs.

♦ Câble nº 4 : la connaissance des clients

Plus le temps passé dans une entreprise est important, plus grandes sont les opportunités de savoir à quoi les clients sont sensibles, comment ils réagissent en telle circonstance, quelles sont les ficelles du métier capables de les séduire ou de leur faciliter la vie, etc. Cette connaissance du client en terme *cumulé* génère une forte amélioration de la contribution de l'employé qui la possède.

♦ Câble nº 5 : la rétention des clients

Connaître le client, c'est bien, le reconnaître, c'est encore mieux. Tel est le cas, par exemple, du barman et de son fameux « *une noisette, comme d'habitude ?* » : il s'agit là d'un sentiment bien normal que celui, pour un client, de se sentir spécial, d'être reconnu et pris en considération. « Il faut traiter les clients comme des enfants uniques », dit-on. Pour ce faire, la fidélité des employés est un facteur fondamental. Une enquête réalisée en 1989 par les grands magasins **Sears**, mettait ainsi en évidence que la rotation des employés et la satisfaction du client étaient directement liées. De même, la satisfaction du client est directement fonction de l'ancienneté du personnel commercial. Dans cette enquête – comme dans d'autres travaux plus récents – cette relation entre la fidélisation des employés et la bonne marche des affaires peut être représentée ainsi :

Figure 7.6
Relation entre rotation des employés et ventes moyennes

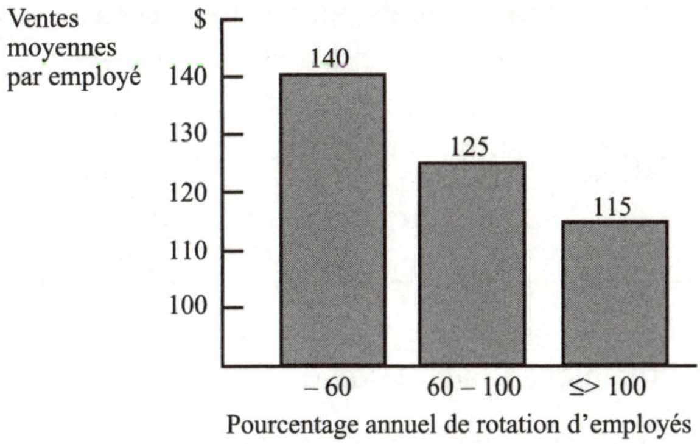

♦ Câble n° 6 : les processus de prescription des clients

Une contribution additionnelle que peuvent apporter les employés à l'entreprise consiste à faciliter les processus de prescription des clients. Un résultat qui peut être le fruit d'une action indirecte – par exemple une surprise positive consécutive à un quelconque problème (rappelons-nous la gestion des erreurs !) – ou d'une action directe, lorsque les employés demandent de façon opportune à leurs clients de recommander l'entreprise autour d'eux.

♦ Câble n° 7 : les processus de prescription des employés

Le comportement des employés peut enfin avoir un impact substantiel sur la création d'une équipe de travail soudée à laquelle on souhaite ajouter de nouveaux membres. Quand un employé se sent bien dans son poste de travail, il est normal qu'il en parle à ses relations et qu'il déclenche un processus de prescription…

Tous ces câbles permettant de connecter la fidélisation des employés à leur contribution à l'entreprise présupposent évidemment **la conquête des collaborateurs** (*n'oublions pas les activités d'attirer et de vendre avant de satisfaire et retenir !*). Dans les entreprises de services, où la supervision est par nature difficile et où les travaux sont menés de façon décentralisée, il convient ainsi de promouvoir un projet et une culture d'entreprise qui agissent comme des vecteurs d'intégration de l'équipe humaine. La création de valeur au travers des *feelings*, que nous avons abordée au chapitre 6, suppose bel et bien ce pré-requis, car les clients seront déconcertés s'ils observent chez les collaborateurs à qui ils ont à faire une divergence marquée de style.

Or, l'appropriation du projet d'entreprise par ses collaborateurs est une démarche qui demande du temps. Et appuie une fois de plus la thèse selon laquelle l'entreprise souhaitant assurer sa productivité future doit :

- travailler activement à la création de liens avec ses employés
- faire tout son possible pour créer un projet d'entreprise fédérateur
- favoriser l'appropriation de ce projet par les employés de l'entreprise, l'objectif étant d'imposer avec douceur « *le style de la maison* ».

Raison n° 2 : Fidéliser les employés développe leurs comportements spontanés

Dans un contrat de travail, l'entreprise peut fixer toute une série de normes comme les horaires de travail, les fonctions à remplir et les objectifs à atteindre, les conditions d'hygiène et de sécurité, la rémunération, etc. Mais elle ne peut évidemment pas y fixer l'engagement de l'employé à effectuer son travail avec plaisir, en faisant preuve d'un véritable esprit d'initiative, d'un sens des responsabilités, avec le désir d'être agréable ou d'apprendre... Tous ces facteurs, d'une importance pourtant extrême dans l'univers des services, relève du territoire de « *l'avoir'envie* » et n'est pas exigible par contrat.

Le plaisir, l'envie, l'initiative, la responsabilité sont autant de comportements qualifiés de spontanés, et ce par opposition aux comportements normés induits par les procédures. Le comportement normé joue et continuera à jouer un rôle décisif à condition qu'il ne monopolise pas le comportement général des individus. Car si les normes génèrent la méthode et la discipline, elles ne génèrent pas la bonne volonté. C'est pourquoi les comportements spontanés jouent un rôle de premier ordre dans la logique de compétitivité des entreprises.

Le problème se pose de façon simple, voire triviale : tout l'enjeu du projet d'entreprise est de donner aux collaborateurs « l'envie d'avoir envie ». Quand un collaborateur décide librement de donner le meilleur de soi-même et d'exprimer tout son potentiel, sa contribution augmente de façon exponentielle ! On ne doit pas oublier, en effet, l'impact que peuvent avoir les surprises positives sur la satisfaction du client... et en tout état de cause, le comportement spontané est précisément le plus créatif et donc le mieux à même de les générer.

Très subtile, et donc fragile, la conquête de comportements spontanés suppose une fois encore un saut qualitatif dans les entreprises évoluant encore sous le paradigme de la gestion industrielle ! Ces entreprises présentent en effet deux situations possibles :

- Dans la première, elles admettent que les comportements spontanés sont favorables mais pensent qu'ils sont totalement indépendants de la politique de gestion de l'entreprise, qu'il s'agit d'une sorte de « coup de chance » lié à l'embauche miraculeuse d'une perle... Résultat : elles ne font aucun effort pour conquérir ces comportements.
- Dans la seconde, elles ont peur des comportements spontanés, persuadées qu'ils vont à l'encontre des intérêts de l'entreprise. Résultat : si par malheur des comportements spontanés apparaissaient, elles tenteraient de les éliminer par l'autorité, la supervision, la suspicion... et la définition de postes de travail à contenu limité.

Dans les deux cas, ces entreprises se condamnent à la médiocrité, car elles dévalorisent, chacune à leur façon, l'auto-concept des employés et, par conséquent, la valeur perçue par leurs clients.

Les choses sont bien différentes quand, sur la base d'une confiance minimum, la supervision n'est plus synonyme de répression mais de « coaching », d'animation, de motivation...

Notre conclusion est ainsi la suivante : ***la croissance de la valeur perçue par les clients requiert des comportements spontanés positifs***

de la part des collaborateurs. En d'autres termes, la « productivité » ne peut être le seul fruit de normes et de procédures qui imposent ordre et rationalité, mais d'un juste équilibre entre les procédures et le libre arbitre dont les employés doivent pouvoir jouir dans leur champ d'intervention. Un juste équilibre qui peut avoir pour effet que chaque employé finisse par *aimer* faire preuve d'initiative dans sa façon de servir le client, travailler de façon responsable, agir avec entrain, sourire, vouloir apprendre, donner le bon exemple, utiliser avec modération les ressources de l'entreprise (*je n'ai jamais oublié une remarque de l'un de mes anciens patrons appréciant le fait que j'éteigne les lumières d'une salle de réunion en la quittant*), ranger son bureau, etc. Autant de comportements spontanés qu'il convient de considérer comme des éléments d'une extrême importance car, mis bout à bout, ils ont la capacité de démultiplier la contribution à l'entreprise.

Raison n° 3 : Fidéliser les employés est rentable !

La problématique de la relation entre satisfaction des employés et augmentation de la proposition de valeur pour les clients, serait incomplète si son analyse ne prenait pas en compte une estimation de l'impact des autres facteurs ayant une claire incidence économique. Il s'agit concrètement de comparer les coûts liés au maintien des employés dans l'entreprise à ceux engendrés par le turn-over.

On peut distinguer deux types de coûts liés au maintien :

- Les coûts associés à l'évolution des attentes des collaborateurs. Au fil du temps, les employés ont des niveaux d'exigence croissants en matière de salaire, de conditions de travail, etc. La répercussion en termes de coûts ne peut être négative que si les contributions des employés n'augmentent pas proportionnellement, ce qui est malheureusement le cas dans les entreprises créatrices d'une relation avec leurs employés en forme de U inversé ou de diagonale descendante…
- Le droit au travail. Il s'agit ici des subventions pour la création d'emplois, des primes d'ancienneté, voire des indemnités de licenciement… autant de coûts qui augmentent en fonction de

l'ancienneté des collaborateurs et qu'il est indispensable de prendre en compte au moment de définir sa stratégie de fidélisation des employés.

Bien sûr, le maintien des employés dans l'entreprise suppose donc des coûts. Mais ce serait faire preuve de myopie que d'organiser sa politique de ressources humaines de façon à profiter au maximum de la législation en vigueur pour diminuer les coûts les plus apparents !

D'autant que les études les plus sérieuses révèlent que le turn-over suppose 50 % du coût salarial annuel du collaborateur qui quitte l'entreprise, coût nettement moins apparent et souvent même ignoré dans les entreprises dont la stratégie interne se limite à la réduction des coûts…

Ann Sample cite ainsi dans la revue *Fortune*[1] le cas des hôtels **Marriott.** Cette entreprise maintient un taux d'abandon de l'ordre de 60 % annuel, très en deçà du taux de 100 % généralement observé dans les hôtels, restaurants et commerces des États-Unis. L'estimation des coûts directs dc sélection et de formation initiale du personnel des hôtels **Marriott** était de l'ordre de 1 100 dollars. À ces coûts s'ajoute l'impact du turn-over sur le fonctionnement des équipes de travail, sur la productivité de l'organisation et sur la qualité des services prêtés, et ce sans tenir compte de l'impact sur le marché des prescriptions négatives des employés qui ont quitté l'entreprise. L'incidence sur la satisfaction et la fidélisation des employés se traduit ainsi par des surcoûts que le professeur Schlesinger a quantifiés[2] comme étant de l'ordre de 500 % du coût direct du turn-over !

1. « Finding, Training & Keeping the Best Service Workers », *Fortune*, october 3, 1994, p. 52-58.
2. « Finding Heroes in Unlikely Places », *Executive Directions*, sept.-oct. 1994, p. 25-28.

En résumé…

Ce chapitre avait pour objet de démontrer et de convaincre de l'absolue nécessité de fidéliser les employés, c'est-à-dire les **satisfaire** et les retenir. S'il n'y avait qu'une chose à en retenir, ce serait la suivante : disposer d'une force de travail majoritairement constituée d'employés Apôtres, nécessite du temps et de l'intelligence émotionnelle de la part des cadres dirigeants. Car pour qu'un employé devienne Apôtre de son entreprise, c'est-à-dire fortement créateur de valeur, l'entreprise doit agir sur son auto-estime, véritable moteur de sa contribution.

Comment créer cet environnement de haut rendement dans lequel les employés pourront s'épanouir et développer une auto-estime des plus positives, tel sera l'objet du tout dernier chapitre de cet ouvrage. Mais auparavant, il convient d'apporter des réponses à une autre question essentielle – « *comment satisfaire et retenir les employés ?* » – et d'introduire un concept primordial : le salaire émotionnel.

8.

LE SALAIRE ÉMOTIONNEL, GAGE DE SATISFACTION DES EMPLOYÉS

« Entre raison et émotions, la cause semble définitivement entendue : jamais l'une sans l'autre ! En mobilisant nos capacités de penser et d'agir, nos émotions sont aussi indispensables à nos vies que l'air que nous respirons ou que les relations qui nourrissent nos échanges quotidiens. »
Vérités et mensonges de nos émotions.

Serge Tisseron

Quoi de plus éclairant en préambule que les offres d'emplois remplissant les colonnes de nos quotidiens ou hebdomadaires ?

« Recherche hommes/femmes dynamiques dotés du sens l'initiative et de l'envie de travailler… » ; « Vous avez un bon niveau culturel et recherchez de nouveaux défis… » ; « Recherche vendeurs prêts à voyager, capacité de travailler en équipe dans le cadre d'un système d'objectifs… »

Les cadres rêvent d'employés qui travaillent « comme si l'entreprise était la leur ». Des hommes et des femmes en somme, dont le besoin d'initiative ou l'envie de rentrer fatigués chez eux, mais satisfaits d'avoir donné le meilleur d'eux-mêmes, seraient en quelque sorte inné.

L'un des piliers du modèle de gestion « *Services & Croissance* », est précisément la conviction qu'il existe ou que l'on peut « créer » ce type d'employé, à condition toutefois que les entreprises se donnent les moyens de les reconnaître, de les former ou de contribuer à leur épanouissement : en un mot, de « créer » les modèles de gestion répondant à une plus grande intelligence émotionnelle.

Comment dès lors, en droite ligne du chapitre précédent, entretenir et développer la forte connexion qui existe entre le niveau de liens qui attachent les employés à leur entreprise, et la croissance de leurs contributions face à la création de valeur par l'effort des clients ?

Le constat effectué selon lequel le niveau de liens et la productivité sont interdépendants du niveau de liberté et d'autonomie des employés, est très éclairant au regard de notre problématique, mais insuffisant. Car encore faut-il créer pour cela, les « *attitudes* » nécessaires à un tel résultat. En d'autres termes, à l'égard de l'employé comme du client, être en mesure de créer une balance positive dans le rapport des perceptions et des expectatives, et appréhender pour cela l'équation de valeur des employés de manière moins rigide, plus humaine, et surtout à moyen ou long terme, profitable à tous.

Un soupçon de *feeling* ?

Ce chapitre a pour but de développer la notion de *contribution* et d'aborder cette fois le processus de satisfaction des employés dans la perspective des *structures motivationnelles et émotionnelles* d'un individu en rapport au travail qu'il réalise Et ceci pour mieux comprendre comment parvenir à collaborer avec non seulement des employés, mais aussi des individus en tant que tels, se sentant rémunérés pour leur effort en sus de leur salaire – reconnaissance, liens, intégrité, considération… – sur la base de réalités autres que financières.

Une rémunération qui se définit comme le salaire émotionnel.

En quoi l'équation de valeur des employés est-elle pertinente par rapport à celle des clients et comment identifier du point de vue des cadres, les domaines de stimuli nécessaires à un bon salaire émotionnel ?

En écho au « *pourquoi fidéliser* » étudié au chapitre 7, nous aborderons donc ici pour les employés une autre problématique de base : « *comment satisfaire* ? »

8.1. L'équation de valeur des employés

Au même titre qu'un client, mais cette fois par rapport à une tâche de travail prédéterminée, un employé développe tout un réseau de perceptions et d'expectatives dont la notion d'auto concept constitue là encore en termes d'appréhension, de rapport et d'évolution, le point nodal autour duquel gravite également tout un ensemble de besoins élémentaires : à savoir des besoins humains.

Pour un employé en effet, le développement de ce que l'on a défini par *contribution*, est certes étroitement lié à la soustraction des variables de valeur perçue et d'effort demandé en ce qu'il sollicite directement *talents naturels* et *attitudes*. Mais améliorer ceux-ci et donc influer la contribution comme la satisfaction dans le bon sens, implique précisément de dépasser cette soustraction en démontrant sur la base du parallèle avec l'équation de valeur client, qu'une « équation de valeur employés » positive, est liée de manière directe aux soins et à la gestion d'autres variables essentielles : les stimuli motivationnels et émotionnels concomitants qui font d'un employé, un Apôtre satisfait !

L'équation

Nous utiliserons une équation similaire à celle de la « valeur pour l'effort » utilisée antérieurement pour les clients. La figure 8.1 résumant ainsi l'équation de valeur des employés et illustrant l'hypothèse de travail suivante : plus le résultat de l'équation est élevé, plus la satisfaction des employés est assurée, et inversement. Le numérateur met en présence la valeur perçue par l'employé avec toute une série de « familles de motivation » que peut apporter l'entreprise (**M1**, **M2** et **M3**) ; tandis que le dénominateur représente l'effort perçu – tant physique qu'émotionnel – que suppose la réalisation de ce travail.

Figure 8.1
L'équation de création de satisfaction

$$\text{SATISFACTION CRÉÉE} = \frac{\text{VALEUR PERÇUE (M1 + M2 + M3)}}{\text{EFFORT (mental + physique)}}$$

La figure 8.1 suggère que pour gérer au mieux la satisfaction des collaborateurs, il s'agit de comprendre à la fois les stimuli qui se produisent dans l'entreprise, les perspectives de la valeur subjective qu'ils créent, mais aussi l'effort subjectif qui est perçu par les employés.

Bien comprendre la valeur subjective créée par ces stimuli externes, implique pourtant selon Juan Antonio Pérez López [1], professeur de l'IESE, d'identifier tout d'abord très précisément trois familles de motivations distinctes, mais interactives, pour trouver le meilleur équilibre tant dans leur appréhension que dans leur expression. Et ceci, au service d'un processus d'optimisation de l'équation sous-tendu par trois objectifs majeurs.

Objectif n° 1 : augmenter la valeur perçue

- **M1** est définie comme la **motivation du troc**, celle qui en l'occurrence, convertit le travail réalisé en quelque chose dont la valeur subjective est établie par les récompenses reçues en compensation. Ces récompenses sont matérielles et tangibles : salaire, voyages, bénéfices sociaux etc. M1 est donc une motivation financière. La résultante étant que plus la récompense est élevée, plus la valeur du travail estimée est perçue comme élevée. Étant par ailleurs entendu que la valeur perçue constitue le fondement du degré d'intérêt et d'implication dans les tâches à réaliser, dans la mesure où M1 est la motivation la plus universelle et la plus motrice. Elle est en effet connectée aux besoins humains de base, à savoir assurer les moyens matériels de l'existence, quelque que soit son niveau.

  Mais cette motivation comme centre de création de valeur, est à double tranchant. Parmi ses avantages, on peut citer le caractère immédiat de ses effets, la parfaite connaissance des mécanismes qui la régissent, ainsi que son universalité. Parmi les inconvénients en revanche, citons entre autres son coût élevé, une dynamique du jeu à somme nulle (tout ce que gagne l'une des parties est perdue par l'autre), l'attitude d'insatiabilité qui finit par se créer vis-à-vis de l'argent ou encore les perceptions d'injustice qui s'y rattachent.

1. Pérez López, Juan Antonio, *Fundamentos de la Dirección de Empresas*, Eunsa, 1993.

- **M2** est la **motivation du professionnel** ou de l'**artiste**. C'est le mécanisme qui convertit une valeur subjective, un travail, en fonction de critères qui lui sont intrinsèques, c'est-à-dire pour l'intérêt du travail lui-même. Quand on dit qu'un artiste travaille pour l'amour de l'art, on fait référence à cette motivation qui connecte le besoin d'apprendre, et, pour le professionnel, la volonté de tendre vers un contrôle maximum des choses qu'il entreprend de faire. De la même manière qu'un artiste, un professionnel agit selon M2 quand son professionnalisme le guide naturellement à s'appliquer sur des finitions ou à s'imposer des standards de qualité élevés. C'est ce que l'on appelle *l'amour du travail bien fait*... C'est aussi la perfection et la tradition des Compagnons.

  Pour promouvoir M2, il est important de stigmatiser cette idée ou mentalité selon laquelle, chacun « a un cœur d'artiste ». Mais pour que cette motivation soit effective, la tâche à réaliser se doit d'être un minimum attractive, et il apparaît ainsi nécessaire de non seulement former les employés d'un point de vue technique, mais aussi dans le prisme de leurs aptitudes liées à la gestion des relations interpersonnelles.

  Un travail routinier et peu créatif ou une pression excessive, ne sera aucunement propice à M2, tandis que des fonctions plus variées avec plus de responsabilités ou à des niveaux de pression raisonnables, le sera. Il existe néanmoins des exceptions ; des employés dont la dimension humaine, malgré des postes de travail apparemment peu excitants ou à forte pression, s'expriment comme des exemples vivants de professionnalisme et de passion du travail bien fait. Ils existent !

- Enfin **M3**, est la motivation que nous appellerons ici, celle du **bon samaritain** ou du **volontariat**. Cette motivation se définissant par la capacité à trouver un sens – valeur subjective – à une action, non pas pour la récompense de type économique que l'on en retire, mais pour le plaisir de « *faire du bien* » et par la même, d'impulser une énergie positive à autrui. Cette motivation connecte autant le besoin *d'aller vers l'autre*, que celui d'une certaine manière, de *laisser un héritage*, de donner motivation liée cette fois à une démarche plus directement affective.

Abraham Maslow, l'un des auteurs les plus influents de la psychologie moderne, a en ce sens récemment révisé sa fameuse *pyramide des besoins humains* [1]. Au besoin de réalisation personnelle que ses premiers écrits plaçaient tout en haut de la pyramide, s'est substitué le besoin de se dépasser, c'est-à-dire de vivre avec un objectif supérieur à soi-même. Aussi étonnant que cela puisse paraître, M3 est latent chez la majorité des individus, et la rendre effective au sein d'une équipe de travail, est souvent le signe d'un leadership personnel sainement exercé.

Ces trois familles de motivations n'ont aucune raison de s'exclure entre elles, mais peuvent parfaitement se compléter et se fortifier les unes par rapport aux autres, en toute harmonie. Et si l'augmentation de la valeur perçue n'est aucunement la résultante d'une augmentation substantielle des trois, le poids relatif de chacune d'elles sur la création de valeur subjective des employés, a en revanche une importance significative pour l'entreprise, comme pour l'individu.

Un quasi-monopole de M1 – habituelle dans de nombreuses équipes de direction – dénote très souvent, en plus d'un risque certain pour l'entreprise, une grande pauvreté en termes de sources de motivation. Ce genre de cadres développe ainsi des *types de loyauté* strictement propres à l'argent, et au regard desquels le plaisir d'un travail bien fait en commun ou l'idée même, qu'une création de valeur puisse également avoir une valeur pour les autres, n'ont pas de place. N'oublions pas enfin, que du simple point de vue des comptes de résultats, M1 représente un poids de plus en plus lourd.

N'est-il pas dès lors pas plus judicieux de davantage envisager l'augmentation de la valeur perçue en interaction avec M2 et M3 ? Deux exemples à cela :

SeviceMaster, entreprise internationale de nettoyage, compte parmi les modèles d'organisation qui tend explicitement à promouvoir ces deux variables de motivation. Dans sa division de nettoyage

1. Abraham Maslow, *Toward a Psycology of Being*, 2nd ed. (New York : Van Nostrand, 1968), and A. H. Maslow, *The Farther Reaches of Human Nature* (New York : Penguin, 1971).

hospitalier, l'entreprise ne fournit pas seulement à ses employés les meilleurs appareils et produits de nettoyage pour que ceux-ci puissent réaliser leur travail avec un maximum de facilité, et avec le plus grand professionnalisme (M2). Mais les formations effectuées en amont, mettent d'abord l'accent sur le sens et l'utilité même du travail, en ce qu'il contribue lui aussi à son niveau, à la guérison des malades ou des personnes invalides devant garder le lit (M3).

Si les résultats varient bien entendu au cas par cas, les efforts constants par ailleurs réalisés pour améliorer la dignité des tâches réalisées, constitue quoiqu'il arrive pour la plupart des travailleurs de **SeviceMaster**, un important *plus* à leur compensation économique.

Autre exemple similaire, mais avec une approche différente : la compagnie aérienne **Southwest Airlines** qui met cette fois l'accent sur le fait que les employés s'amusent dans leur travail (M2) parce qu'ils sentent qu'ils font partie d'une grande famille, et qu'ils ne peuvent ainsi parvenir qu'à distraire leurs clients grâce à elle (M3) ! À cette fin, la compagnie fait en sorte d'engager des employés dotés d'un bon sens de l'humour, à même de créer une ambiance de travail agréable et profitable à tous.

Le type de leadership qui prédomine dans cette entreprise, se prête et incite dès lors naturellement à la confiance et à la productivité, en plus de sensiblement diminuer l'effort perçu…

Objectif n° 2 : diminuer l'effort perçu

La variable d'*effort perçu* – tant physique qu'émotionnel – se rapportant à l'effort que suppose la réalisation d'un travail, pourrait amener à penser qu'à moindre effort correspond une création de valeur supplémentaire et donc, corrélativement, à plus de satisfaction et de liens. Ceci est bien entendu exact si *moindre effort* ne rime pas avec *moindre travail* ! Car nous obtiendrions dans ce cas (moins de travail, plus de satisfaction pour l'employé, mais une productivité moindre pour l'entreprise), un élément à somme nulle au cœur d'un modèle de gestion dont la vertu de base, est précisément de démultiplier les éléments de somme positive.

Or, il apparaît que l'effort perçu dans la réalisation d'un travail n'est pas en relation directe avec la quantité de travail fourni. La figure 8.2 met à ce titre en évidence sous forme de « U » inversé, la relation entre la quantité et la complexité du travail d'une part, et l'effort perçu d'autre part, en suggérant par ailleurs que l'excès comme le défaut de défis (*challenge*) finit par stresser et donc altérer de façon significative l'état émotionnel des individus.

La convergence d'éléments à somme positive, en l'espèce zone de rendement optimum, coïncide avec « le bon stress » que l'on peut dès lors définir comme l'espace permettant à chacun de donner le meilleur de lui-même, et par conséquent de réaliser son travail au mieux, en se sentant en pleine forme et pleinement satisfait.

Bon sens élémentaire, romantisme ? Les faits, là encore, sont impitoyables.

Figure 8.2
La relation entre effort perçu et quantité de travail

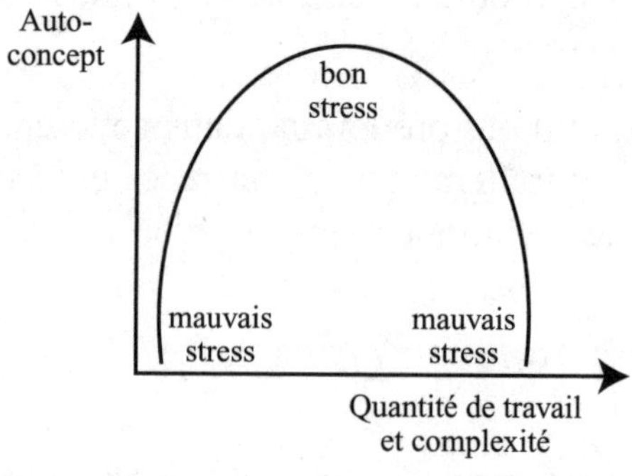

Si on combine les figures 8.1 et 8.2, on pourra ainsi réconcilier des variables apparemment irréconciliables :

- parvenir à faire effectuer aux collaborateurs une grande quantité de travail de très haute qualité, qui permet à l'entreprise d'obtenir des niveaux de productivité élevés, tout en parvenant à accroître la satisfaction des clients ;
- faire en sorte que l'effort perçu pour ce travail ne sorte pas de la zone supérieure du « U » inversé, représenté dans la figure 8.2 (la

zone du bon *stress*). Cet effet peut être produit grâce au modeste coût émotionnel de la tâche ou grâce à la façon dont l'employé va filtrer et interpréter les stimuli externes qu'il reçoit. Cela contribue également en bonne partie, à la satisfaction des employés ;

- arriver à ce qu'une partie substantielle de la création de valeur subjective pour l'employé, soit par ailleurs réalisée au travers des familles de motivations M2 et M3. C'est-à-dire que la signification du travail effectué soit évaluée non seulement sous la seule perspective du travail en tant que tel, mais également au regard du bien qu'il fait aux autres. On obtient ainsi là encore, une augmentation de la satisfaction des employés, et indirectement, des clients ;
- parvenir enfin à ce que les coûts salariaux de l'entreprise (les coûts associés à la M1) donnent lieu à une meilleure productivité grâce à des niveaux moindre que ceux de la concurrence. Même avec des employés bien rémunérés, on parvient dès lors à un coût global plus compétitif, et l'entreprise en sort tout simplement gagnante.

Le modèle d'entreprise que nous préconisons donc, stimule définitivement les sources de motivation M2 et M3. Il est d'ailleurs à ce titre important de noter, que même de manière inconsciente, de nombreuses entreprises notamment au sein des PME, à l'image de M. Jourdain notamment, y ont déjà recours. Et il est d'autre part fréquent de voir ces programmes améliorer significativement la qualité des opérations, dont l'impact s'évalue à la fois sur le niveau de professionnalisme de ceux qui les réalisent (M2), et sur l'ambiance de travail (M3).

Les programmes destinés à améliorer la relation avec la clientèle font enfin aussi bien appel à M2, quand on insiste, comme chez **Disney**, sur le fait qu'*aucun travail* n'est *insignifiant*, qu'à M3, quand la satisfaction des clients se convertit en un objectif d'entreprise par rapport auquel les employés croient et s'identifient, en un mot, y puisent leur motivation.

Ne s'agirait-il pas ici des meilleurs atouts, en vue de la création d'employés Apôtres ?

Objectif final : les Apôtres

Nous utiliserons de nouveau ici la même grille d'analyse que dans le chapitre 3, mais appliqué cette fois aux employés, en croisant les variables de satisfaction et de niveau de liens. Les variables de satisfaction et l'existence de liens, décrivent deux états émotionnels qui ont un impact décisif sur les comportements personnels des employés, et par conséquent, sur la compétitivité de l'entreprise. Car le comportement d'un employé qui se sent satisfait et étroitement lié à son entreprise, est très différent de celui qui ne se sent pas satisfait et qui au surplus, n'éprouve pas le moindre intérêt pour le projet de l'entreprise pour laquelle il travaille.

Dans la figure 8.3, apparaissent entrecroisées les variables *satisfaction* et *existence de liens*, catégoriquement déclinées par « oui » ou par « non ».

Les terminologies utilisées pour les quatre combinaisons possibles seront par ailleurs strictement les mêmes que celles utilisées au chapitre 3 pour les clients : les Terroristes, les Otages, les Mercenaires et les Apôtres. Une seule raison à cela : cette typologie d'employés n'apparaît pas comme l'élément le plus négligeable en terme de rapprochement et d'influence, par rapport à la typologie même des clients dont l'entreprise jouit... ou des clients que l'entreprise subit.

I. Les employés **Terroristes** tout d'abord, se caractérisent par un niveau de satisfaction extrêmement bas vis-à-vis du travail réalisé, et dont les liens avec l'entreprise, sont minimes. Ces employés sont tout simplement nuisibles. Car un employé qui se sent mal dans ses fonctions ou vis-à-vis de son entreprise, ne peut d'une manière ou d'une d'autre que communiquer ses propres sensations à ses collègues, et par extension, aux clients avec qui il est amené à traiter. Un *feeling* négatif ne fait pas que réduire significativement la valeur perçue de l'offre que l'entreprise propose à ses clients sur le marché (tant au niveau du numérateur qu'au dénominateur), il rend difficile la création de valeur au niveau des employés, si l'on se réfère aux familles de motivations M2 et M3. Et il tend enfin à augmenter l'effort émotionnel à produire pour travailler dans cette entreprise.

Un employé Terroriste en somme, est un véritable cancer pour une organisation.

Figure 8.3
Quel portefeuille d'employés avons-nous ?

Satisfaction / Rétention	Non	Oui
Non	**T**	**O**
Oui	**M**	**A**

T = Terroristes ; O = Otages ; M = Mercenaires ; A = Apôtres

L'origine des « sentiments terroristes » peut très souvent s'identifier au sein même de l'entreprise, et les premiers faisceaux d'indices pour les employés, s'attachent le plus souvent à des perceptions très en deçà de leurs attentes, à un projet d'entreprise pas suffisamment intégrateur ou à une exemplarité des cadres laissant à désirer. Chaque entreprise a t-elle les Terroristes qu'elle mérite ?

Le rôle de prescripteur, la gestion et la sensibilité émotionnelle d'un cadre, sont quoiqu'il arrive décisifs afin d'éviter l'apparition d'un terrorisme indésirable.

Si les raisons qui motivent le terrorisme sont externes à l'entreprise – l'employé étant lui-même le vecteur de son exclusion – l'entreprise prendra certainement les mesures adéquates à son égard. Mais l'impact de son comportement restera malgré tout limité, dans la mesure ou ce ne sont pas les structures intrinsèques de l'entreprise, qui s'avèrent être les bases de développement dudit comportement terroriste.

Il est néanmoins dans ce cas du ressort de l'entreprise, de tout mettre en œuvre pour que dans l'intérêt de tous, la contamination qu'elle peut générer ne soit pas seulement « positive », mais qu'elle s'effectue dans le bon sens…

II. La seconde famille d'employés, définie comme celle des **Otages**, concerne des personnes qui ne sont certes pas satisfaites de leur travail, mais qui ne changent pas pour autant d'entreprise. Si cette « sédentarisation par défaut » traduit le plus souvent la simple absence d'alternatives professionnelles, elle peut également caractériser une entreprise qui surpaye ses employés par rapport au marché.

Les Otages ont tendance à se détériorer sur le plan émotionnel, et cela finit par porter tôt ou tard un préjudice ascendant à leur niveau de confiance, comme à leur propre estime.

Les contributions d'un Otage à une entreprise sont dès lors limitées. Car l'instabilité émotionnelle tend fréquemment vers une autolimitation du potentiel de travail, et face à ce genre de profil, c'est l'entreprise elle-même qui finit souvent par devenir l'otage de son propre employé.

Pour casser ce cercle vicieux, la recette de base pour une entreprise est ainsi en premier lieu de prendre soin du niveau d'*employabilité* de son personnel, en s'assurant notamment que son niveau de rémunération est en ligne avec le marché. Quand une personne est surpayée, il se crée souvent une situation artificielle qui finit par coûter cher… et pas seulement sur le plan financier ! De fait, cette problématique mérite une rigueur absolue et indépendante de la conjoncture économique, qui trop souvent, se reflète de façon injustifiée dans le niveau des salaires.

Le meilleur moyen d'éviter ce genre de situation est ainsi de faire en sorte que la mentalité même de l'employé soit en phase avec celle qui guide son travail, en d'autres termes, que celui-ci ne travaille pas seulement pour l'entreprise, mais aussi et avant toute chose pour lui-même. Car l'idée de ne travailler que pour quelqu'un ou simplement pour quelqu'un, peut naturellement et rapidement impliquer un transfert au combien néfaste par lequel l'employé abandonne à l'entreprise la totale responsabilité de sa propre motivation, de sa propre formation ou de sa propre retraite !

L'objectif n'est pas d'entretenir des employés à un niveau de dépendance malsaine vis-à-vis de l'entreprise, mais de créer des liens avec des employés réactifs et indépendants sur le plan émotionnel, qui n'attendent pas passivement que l'entreprise développe leurs aptitudes personnelles ou règle leurs propres problèmes à leurs places.

III. L'employé satisfait de son travail, mais qui ne se sent pas lié à son projet, entre quant à lui dans la typologie du **Mercenaire**. Il finira certes par développer une loyauté au regard de l'argent qu'on lui verse, mais n'hésitera pas davantage à l'utiliser comme l'arme d'un subtil chantage, qu'à passer à la concurrence sans grand scrupule ou à quitter son travail lorsqu'on a le plus besoin de lui.

Comme dans les cas précédents une entreprise a les Mercenaires qu'elle mérite ! Les cadres qui utilisent l'argent comme élément de cohésion d'un projet, qui sélectionnent leurs employés en ne se basant que sur des questions techniques ou encore qui créent des projets d'entreprise dans lesquels ne sont pas représentés les intérêts légitimes de chacune des parties impliquées, font tout ce qu'il faut pour mériter une prolifération de comportements et d'employés mercenaires.

IV. Quand un employé enfin, se sent bien dans son travail et émotionnellement lié à un projet, son comportement vis-à-vis de l'entreprise mérite le qualificatif d'Apôtre. Un **Apôtre** est un employé qui filtre, interprète ou décrypte positivement – et de façon subjective – les nombreux stimuli qu'il reçoit dans son travail.

Le résultat de cette interprétation positive associée à la perception qu'il a de lui-même, entraîne des implications évidentes sur son comportement.

L'état émotionnel de l'Apôtre génère une énergie et un degré d'initiative personnelle très supérieurs. Et quand l'ensemble du personnel d'une entreprise se sent ainsi, la contribution de chacun des employés augmente tout simplement de façon spectaculaire.

Pour qu'une entreprise se convertisse en un conclave d'Apôtres, il est ainsi nécessaire de créer davantage de satisfaction et de liens que chez les concurrents. Et il convient d'insister à ce titre, sur l'incidence essentielle de la composante émotionnelle.

Si les dirigeants sont émotionnellement « analphabètes », par définition, la probabilité de créer des Apôtres, est pratiquement nulle. En revanche, lorsque les dirigeants font preuve d'un minimum de sensibilité et d'intelligence, la création d'Apôtres se transforme en une tâche relativement simple.

8.2. Salaire émotionnel : une satisfaction sous condition

La notion de salaire émotionnel ne peut avoir de valeur et d'efficacité si deux conditions majeures ne sont pas en mesure d'être réunies : le rapport employé/employeur doit tout d'abord dépasser la traditionnelle relation du « *donnant/donnant* » pour une relation, qui au même titre que les clients, se rapprochera d'un lien « *gagnant/ gagnant* ». Une absence de crédibilité des dirigeants ensuite, semble irrémédiable face à tout développement de l'idée même de salaire émotionnel.

Employés/employeurs : vers un rapport à « somme positive » ?

Nous avons jusqu'à présent à la fois mis en évidence la relation entre la satisfaction et la loyauté des collaborateurs au travers de leur contribution à l'entreprise, et les différentes variables influant sur la satisfaction des employés. Et nous avons pour ce faire, utilisé un double angle de vision : d'une part la *valeur* et l'*effort perçu* du travail, et d'autre part la satisfaction des employés du point de vue des stimuli et des sources motivationnelles.

Dans les deux cas, le but est d'élargir la perspective selon laquelle on aborde habituellement l'amélioration de la satisfaction des employés. Lorsqu'on l'envisage en effet uniquement comme un jeu à somme nulle (ce que gagne l'une des parties est perdu par l'autre), la problématique se trouve naturellement réduite à une simple confrontation de pouvoirs antithétiques.

C'est le cas du salaire, des heures de travail ou du manque de flexibilité dans les tâches. Mais si la problématique de la satisfaction des employés est précisément envisagée dans une perspective à « somme positive », les possibilités d'action se démultiplient alors, et la marge de manœuvre s'accroît considérablement. Car en libérant un grand niveau d'énergie personnelle, on crée tout simplement un climat de confiance dans l'ensemble du système.

Les opportunités de construire un accroissement de la satisfaction des collaborateurs par l'intermédiaire d'éléments non monétaires – éléments qui ont la particularité de ne pas être à somme nulle – sont non seulement spectaculaires, mais fondent notre démarche. Et ces notions recouvrent précisément le concept de salaire émotionnel ; ce dernier étant indissociable de celui d'auto concept (*cf.* chapitre 6), mais aussi, pour les employés cette fois, de la notion de création de valeurs au travers des intangibles (*cf.* chapitre 3). Car au même titre que pour les clients, la gestion de la satisfaction émotionnelle des employés est directement liée à un rapport positif dans le jeu des perceptions et des expectatives.

La terminologie de salaire émotionnel, nous l'avons vu, désigne tout ce qui fait qu'un collaborateur se sente rémunéré pour son effort, en dehors du salaire lui-même. Et ce même salaire émotionnel constitue par ailleurs l'élément moteur lié à la satisfaction d'un collaborateur mu par M2 et M3 dans l'accomplissement d'une tâche (*cf.* point 8.1).

Et la difficulté majeure pour un employeur, est tout d'abord de bien appréhender le contenu des perceptions et des attentes de son employé. Car ce dernier ne peut intégrer sa tâche de travail comme un vecteur « d'expérience globale » pour lui, s'il n'est pas considéré lui aussi, comme exclusif et singulier.

Ceci constitue en effet le premier élément afin d'influer positivement à la base, les expectatives de l'employé. Mais le parallèle avec les clients n'est pas uniquement pertinent à ce titre.

Un cadre émotionnellement intelligent doit en effet être en mesure de répondre efficacement et rapidement à toute réclamation en l'utilisant au surplus, à la fois comme un signe d'implication de son employé, et comme une chance à saisir dans la création de liens. Dans le même ordre d'idée, « *rendre tangible l'intangible* » sur la base de la confiance et des stimuli motivationnels qu'elle génère ou bien tendre à enrichir et développer un groupe d'employés Apôtres en renforçant là aussi le processus de prescription, constituent autant d'atouts dans le sens d'un rapport perceptions/expectatives positif, et par conséquent d'un rapport employé/employeur, lui aussi, à somme positive.

Notons ici que le développement d'un groupe d'apôtre n'est pas sans risque. Il ne s'agit néanmoins pas de mettre en place une course au privilège en contradiction totale avec notre modèle, mais au contraire, d'être fidèle à une gestion de l'employé en tant qu'individu, dans toute sa singularité. Les « *savoir écouter* » et « *savoir surprendre* » doivent aussi s'appliquer aux employés, de la même façon pour tous, mais adaptés à la singularité de chacun.

L'intelligence émotionnelle d'un dirigeant se mesure également dans sa capacité à trouver le bon équilibre dans la gestion des individus entre ces deux démarches dont la contradiction n'est qu'apparente. Les chapitres suivants, et notamment l'étude du leadership (*cf.* chapitre 9), nous aideront à mieux cerner les difficultés et les secrets de la gestion humaine.

Mais le fonctionnement du salaire émotionnel requiert cependant deux conditions essentielles qu'il importe ici de rappeler et de souligner :

- La première est que la structure de motivation du collaborateur ne se soit pas à tel point détériorée, que les seules choses auxquelles il attribue de la valeur soient des choses qui d'une façon ou d'une autre, « *sentent l'argent* ».
- La deuxième est que l'entreprise et ses cadres aient un minimum de crédibilité.

Ces deux conditions illustrent-elles une démarche condamnée à une marge de manœuvre réduite à quelques cas anecdotiques ?

Il n'en est rien… et la tendance ne fera à l'avenir que s'infléchir en ce sens. Car ces deux conditions posées en préalable, permettent d'éviter des erreurs trop souvent commises au nom d'une « *fausse efficacité* ».

L'indispensable crédibilité des dirigeants

Le temps n'est-il pas enfin venu de voir le *marché* favoriser des comportements et des processus à la fois plus respectueux de la valeur et de la dignité des personnes ?

À vous de voir. Mais influer positivement l'auto concept de ses collaborateurs, et travailler ainsi à la construction de sa propre crédibilité, ne signifie rien d'autre que des ressources extrêmement importantes à un coût limité, avec au bout du compte, une contribution et une productivité décuplées de son équipe humaine, mode de gestion au sein duquel tout cadre peut se convertir en acteur de premier plan.

Mais la crédibilité personnelle ne s'improvise pas avec une demi-douzaine d'actions ou de discours visant trivialement à « *épater la galerie* ». Comme nous le verrons plus tard, elle constitue un élément structurel, dont les tenants essentiels, à savoir le caractère personnel et la compétence professionnelle, n'évoluent qu'avec le temps et l'expérience.

Au-delà de la crédibilité en tant que facteur déterminant du caractère, les motivations personnelles des dirigeants sont, à ce titre, essentielles.

Si les motivations réelles d'un cadre ne sont pas transparentes à première vue, ses collaborateurs, à la recherche d'indices, se focaliseront davantage sur ce qu'ils font ou ce qu'ils disent. Et il devient de la sorte beaucoup plus difficile d'influer un comportement quotidien. Car de beaux discours occasionnels masquent rarement l'absence de *sincérité*. « Plus on parle de salaire émotionnel et moins on nous demandera d'argent ! »

Ce raisonnement est aussi erroné que de ne pas directement associer les éléments émotionnels du travail au *bien-être* et à l'amélioration du cadre humain dans lequel ses collaborateurs évoluent.

En ce sens, toute création de salaire émotionnel apparaît bien sûr pour le moins difficile à partir du moment où les cadres eux-mêmes, ne partagent pas l'idée selon laquelle un bénéfice émotionnel constitue de fait, une manière en soi de se sentir rétribué pour le travail accompli !

Lorsque nous proposons des schémas d'actions qui connectent la gestion d'une entreprise aux variables de motivations M2 et M3 de ses collaborateurs, nous ne le faisons pas en effet pour diminuer M1 et parvenir à faire gagner plus d'argent à l'entreprise.

Le but est d'améliorer la qualité du travail effectué par l'employé en favorisant les liens qui assurent la continuité et la rentabilité de l'entreprise dans le temps. Notre volonté étant aussi de voir un employé en mesure de ramener chez lui autre chose, qu'un bon salaire.

Tous ces bénéfices pour l'employé ont par ailleurs un effet direct sur les cadres, qui bénéficient dès lors d'autant de lisibilité à son égard et ainsi d'éléments tangibles pour améliorer ou développer à la fois le caractère personnel et les structures de motivation : bonifier en somme la compétence professionnelle de son équipe ou ce fameux « *égoïsme illustré* », légitime et nécessaire à tout processus de revitalisation en profondeur d'une l'entreprise.

Anita Roddick, fondatrice de la chaîne **The Body Shop**, a mis l'accent sur l'importance de la notion de crédibilité des cadres : « Lorsque le seul objectif d'une société capitaliste consiste à gagner de l'argent, tout ce qui se dit ou se fait au-delà de ce simple objectif n'offre aucune crédibilité. Il est possible que cette entreprise crée des postes de travail, paye des impôts, collabore avec des bonnes œuvres et propose une série d'articles et de services, mais tout cela reste en marge de son objectif véritable, qui est celui d'obtenir des profits à ses actionnaires. » Et elle ajoute : « Souvent, je désirais que notre succès puisse se mesurer d'une autre façon. En calculant par exemple nos succès en matière d'éducation et de communication, en comparant l'attention que nous portions à notre personnel par rapport à d'autres sociétés ; en vérifiant si nous respections nos devoirs en matière de responsabilité sociale ou bien en contrôlant à quel niveau nous nous situions sur l'échelle de l'originalité commerciale [1]… »

---

1. Roddick, Anita, *Corps et âme : l'aventure de* The Body Shop *racontée par sa fondatrice*, Village mondial, 2003.

Anita Roddick fait ici référence à ce que nous désignons, comme des bénéfices émotionnels.

Et encore une fois, lorsque le bénéfice émotionnel est un élément central pour un patron d'entreprise, les conditions de crédibilité sont créées afin de parler et de développer la notion de salaire émotionnel. Dans le cas contraire, toute démarche en ce sens est inutile.

Dans le cas **Primagaz**, ces conditions sont clairement posées et notamment transmises à l'ensemble des cadres dirigeants par le biais des principes exprimant la philosophie de l'entreprise (« corporate philosophy »). Et certains d'entre eux illustrent parfaitement cette idée d'indispensable crédibilité pour parler de salaire émotionnel. Une grande confiance est placée dans nos employés sur le terrain. Cette décentralisation offre une excellente opportunité de développement personnel. Le respect mutuel et la confiance sont les bases du bonheur au travail. Les valeurs les plus importantes sont l'intégrité et la loyauté : l'intégrité signifie être honnête, sincère, et totalement ouvert en matière de communication, concernant tous les sujets de l'entreprise. Dernier principe illustrant enfin cette volonté de réconcilier l'intérêt des actionnaires et le bonheur des employés : « Sur la base de l'intégrité et de la loyauté de nos employés, **Primagaz** souhaite continuer à croître dans l'intérêt de ses actionnaires, mais aussi de ses employés et du bien-être de la société dans laquelle nous vivons et travaillons ».

Ces principes et la façon dont ils vivent au quotidien ont été repris dans les rapports sur le Développement Durable qu'a publié la société à partir de 2006 sans en avoir l'obligation légale. Un exemple à valeur de symbole que ce choix d'entreprise encore inédit dans le secteur d'activité concerné.

8.3. Vers une gestion du personnel créatrice de salaire émotionnel

En quoi la satisfaction des employés est-elle intimement liée aux messages qu'elle reçoit de son entreprise, c'est-à-dire aux liens que celle-ci est en mesure de tisser avec ses employés. Les stimuli motivationnels ont apporté des éléments de réponse. Mais nous verrons dans ce chapitre de quelle manière le *comment satisfaire* dépend à la fois de l'approfondissement de l'étude comportementale de l'individu, et de sept différents domaines de gestion des stimuli, nécessaires à la satisfaction et à un véritable attachement émotionnel.

Gestion de la « Boîte noire *émotionnelle » des employés*

Un cadre est véritablement fait « du bois des gagnants » lorsqu'il est capable d'ennoblir la signification des tâches de chacune des personnes qui travaillent dans son organisation. Au final, une partie substantielle de l'enthousiasme et de l'énergie que l'on met dans son travail, est fonction de la gestion et de l'association entre un état émotionnel et une situation déterminée. Nous l'appellerons « *ancrage neuronique* à un instant T ».

Il n'est pas rare que la notion de chef soit associée à l'abus de pouvoir ou au travail par rapport à l'effort et à la pression qu'il représente. Or une situation qui est ancrée selon un état émotionnel négatif, stimule cette perception des choses et la favorise d'autant à mesure qu'elle se reproduit. À l'inverse, un employé satisfait développant des ancrages neuroniques positifs, dispose d'un degré de satisfaction personnelle très supérieur à celui, qui recevant les mêmes stimuli au cours de sa journée de travail, développe des ancrages qui au contraire, le font se sentir mal.

Et c'est une énorme victoire de parvenir à avoir des employés qui dans leur travail, fonctionnent avec des ancrages neuroniques positifs. Si c'est le cas, le salaire émotionnel est institutionnalisé de fait, et génère une précieuse dynamique par laquelle se créé une énergie qui contribue simultanément à la satisfaction des employés, des clients et des cadres.

Mais si une part substantielle de la satisfaction des collaborateurs, on l'a vu, se gagne ou se perd dans le jeu des perceptions et attentes par rapport à leur travail, la première démarche à entreprendre pour mieux appréhender la subjectivité des perceptions et des attentes d'un collaborateur, consiste avant tout à suivre à la trace les stimuli qu'il reçoit de la part de l'entreprise. En l'occurrence mieux comprendre la *boîte noire* avec laquelle il filtre, interprète et réagit à ces stimuli (voir figure 8.4). Et il importe pour cela, quant à l'influence et au traitement du comportement, de revenir rapidement sur la notion d'auto concept déjà évoquée antérieurement. L'auto concept est constitué d'un ensemble de certitudes sur soi-même et sur son monde proche, qui se conservent au plus profond de la mémoire. [1]

Figure 8.4
La caisse noire qui influence le comportement

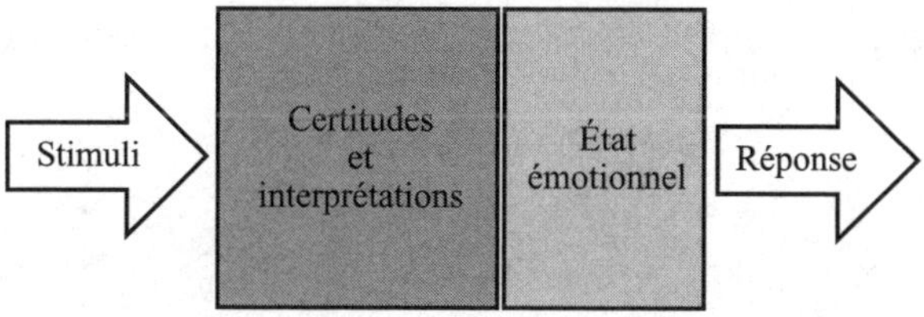

Pour avoir des employés satisfaits, il est indispensable qu'ils se sentent bien dans leur travail, avec leurs patrons, leurs collègues et leurs clients. Or se sentir bien ou mal, intègre une forte composante émotionnelle déterminée à la fois par des stimuli externes, par la qualité des stimuli internes, et enfin, au regard des filtres et interprétations qui s'appliquent aux perceptions du monde extérieur.

La question qui se pose est donc de savoir quels types de stimuli doivent être reçus de l'entreprise par une personne dotée d'une *boîte noire « normale »*, pour être habituellement satisfait de son travail…

Dans une entreprise, les employés reçoivent des stimuli de la part de leurs cadres dirigeants, qui après filtrages et interprétations, finissent par intégrer l'ensemble des certitudes qui configurent l'auto concept (voir figure 8.5). Nous avons déjà évoqué le fait que si ces stimuli sont interprétés de façon négative par les employés, il ne sera pas surprenant de voir s'initier un processus qui ne fera qu'empirer les attitudes et les comportements de ces derniers. À l'inverse, lorsque les stimuli se transforment en certitudes positives, il se

1. Robbins, Anthony, *Pouvoir illimité*, Robert Laffont, 2003.

produit une amélioration quasi structurelle – physiologique – des attitudes et des comportements. Le monde extérieur multiplie ainsi la création de processus, qui finissent par générer des cercles vertueux … ou des cercles vicieux.

Figure 8.5
La connexion monde extérieur-intérieur

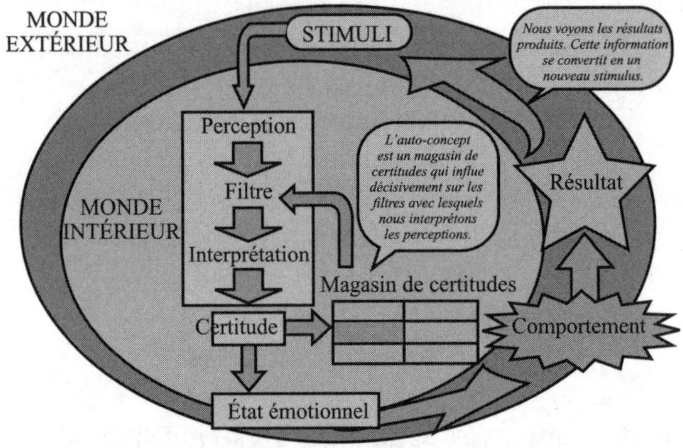

La plupart des stimuli qu'un employé reçoit d'une entreprise proviennent de décisions prises au niveau des sept domaines [1] mentionnés dans la figure 8.6. Le défi consiste à gérer chacun de ces sept domaines en fonction de l'éventuel impact qu'ils peuvent avoir sur l'auto concept et les attitudes des employés – la contribution – et, donc, sur la compétitivité en matière de coûts.

Une entreprise qui utilise le modèle *Services & Croissance* pour améliorer son niveau de compétitivité, doit absolument agir sur la racine du comportement des employés, en profitant des multiples opportunités qui surgissent au quotidien de satisfaire et de créer des liens à un coût relativement modéré : « *C'est l'intention qui compte* », la logique est ici la même. À titres d'exemples, les chapitres suivants s'attacheront ainsi à décrire et à analyser certaines approches utilisées par différentes entreprises en la matière.

1. Pour de plus amples détails voir : Maister, D. H., « Job Assignments Set the Pace in Professional Service Firms », *Journal of Management Consulting*, 1.1.1982.

Les sept domaines de stimuli

♦ Recrutement et sélection de personnel

Le premier vecteur de satisfaction des employés consiste à consacrer davantage de temps, d'effort et d'imagination, à mieux identifier le profil psychographique – variables captant les façons de sentir, de vivre et de penser – des employés susceptibles d'être recrutés. Correspondent-ils à la philosophie et au contexte global de travail dans lequel ils devront évoluer ?

Figure 8.6
Les systèmes administratifs génèrent des stimuli chez les employés

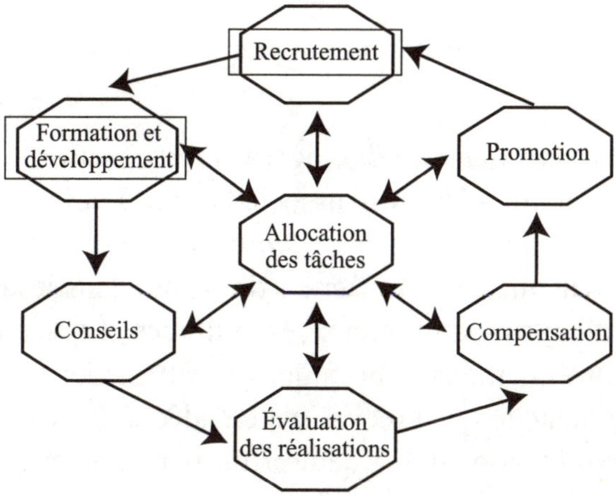

Est-ce négligeable pour des postes directement en contact avec la clientèle de rechercher des profils d'employés patients, solides et imaginatifs dont les compétences personnelles induisent sympathie et esprit d'entreprise ?

Ces caractéristiques et cette démarche de nouveau, semblent élémentaires. Elles ne s'appliquaient pourtant auparavant qu'à des postes de cadres. Mais encore une fois, travailler avec ce genre de profils d'employés suppose de satisfaire leurs attentes en terme de management. Si ces attentes ne sont pas comblées, il se crée par définition des insatisfactions et des frustrations. Dans la plupart des cas, le style de management requis doit stimuler le sens de la responsabilité et de l'initiative. Car si le contexte global de travail ne correspond pas aux attentes, toute l'avance prise grâce à la sélection attentive d'un profil psychographique jugé intéressant, peut en réaction, être réduit à néant par un processus de démotivation.

Les procédures de recrutement du personnel s'attachent ainsi désormais davantage aux attitudes, valeurs ou caractères. Et la formule de ce cocktail incorpore au moins cinq autres ingrédients supplémentaires :

- la passion personnelle pour un type de tâche donné,
- un poste de travail qui permette à cette passion de s'exprimer,
- une véritable délégation de responsabilités et de formation,
- ainsi qu'une rémunération variable en fonction de la satisfaction des clients.

L'élément *passion personnelle*, décrit ici la réaction émotionnelle qu'éprouve quelqu'un lorsqu'il associe la tâche réalisée à ce que l'on appelle son *sujet de prédilection* (*major life themes*). Certains questionnaires aident ainsi à identifier les domaines dans lesquels chacun est à même d'exprimer au mieux ses aptitudes et donc à la base, de développer des ancrages neuroniques positifs. Quand un employé constate que la tâche qu'il réalise est en adéquation avec son ou ses sujets de prédilection, il est naturel qu'il puisse ressentir, appréhender ou lier son travail à une passion.

Le système d'apprentissage japonais *Kumon*, conçu pour améliorer l'agilité en matière de calcul mental, développe cette idée d'un autre point de vue, mais selon la même logique. Les étudiants démarrent d'un niveau bas, sciemment en deçà de leurs attentes, en résolvant des additions du genre 1 + 1, 2 + 2. À ce niveau, ils se sentent sûrs deux et complètement satisfaits d'eux-mêmes. Et le système ne leur permet pas d'accéder au niveau supérieur tant qu'ils n'ont pas réussi cent pour cent de leurs objectifs. En procédant ainsi, *Kumon* joue ainsi avec l'orgueil que l'on ressent de pouvoir dépasser ses propres limites en se fixant de nouveaux défis personnels. L'élève, motivé par son succès précédent, se sent sûr d'atteindre l'objectif suivant.

En peu de temps, même ceux qui redoutent les mathématiques, commencent à ressentir la « *passion* » d'apprendre et d'évoluer.

Pour exceller à un poste de guichetier dans une banque ou de réceptionniste dans un hôtel, il est nécessaire de pouvoir compter sur des candidats sachant tenir une conversation intelligente, qui aiment regarder le client avec amabilité dans les yeux, et qui peuvent travailler sous pression. Tout ceci... en plus des tâches qu'ils doivent normalement réaliser. C'est pour cette raison qu'il est intéressant de se rappeler combien il était autrefois important, d'acquérir des connaissances techniques comme la dactylographie pour savoir taper plus vite ou maîtriser le rapprochement de comptes en un temps record. Les choses ont évolué. Et il faut bien admettre qu'une connaissance technique est beaucoup plus facile à enseigner qu'une émotion ! Lorsqu'il dirigeait **SAS**, Jan Carlzon avait l'habitude de dire qu'il préférait l'intuition, la capacité à ressentir des émotions pour quelque chose ou le goût du spectacle, à la rationalité pure [1].

Mais le processus de recrutement peut se convertir pour les candidats, en une expérience stimulante. C'est ce qu'ont bien compris **Disney**, **Southwest, The Body Shop** ou **Ritz-Carlton**.

Disney possède par exemple un centre de recrutement en Floride sur le Lac de Buena Vista, à deux pas du parc d'attraction d'Orlando, et cet endroit mérite à plus d'un titre d'être visité. Le bâtiment est une imitation moderne d'un palais vénitien orné de détails quant à la culture et aux différents personnages de l'entreprise. Tout le processus de recrutement est pensé pour rendre cette expérience agréable aux quelques 50 000 personnes qui y postulent chaque année. Et c'est justement parce que la grande majorité d'entre eux n'est pas embauchée, que le processus de sélection se doit d'éveiller des sentiments positifs ; autant pour ceux qui sont embauchés, que pour ceux qui sont écartés.

Aujourd'hui encore, trop d'entreprises ne répondent en effet ni aux annonces reçues ni aux candidatures spontanées. Les frustrations qui en découlent peuvent tôt ou tard se révéler négatives. Car un candidat, est aussi un client potentiel...

---

1. Carlzon, Jan, *Moments of Truth*, Boston, Ballinger Publishing Company, 1987.

La compagnie aérienne **Southwest Airlines** dans le cadre de ses procédures de recrutement, utilisent quant à elle tout simplement ses propres clients. Avec les cadres, ils forment un jury, qui selon le plus pur modèle des castings hollywoodiens, évalue les candidats sur des critères tels que le charme personnel, le talent à raconter des anecdotes vécues ou la façon d'attirer l'attention du public. La motivation de fond est d'injecter dans un travail qui doit être réalisé de façon très professionnelle, une plus grande dose d'enthousiasme, de bonne humeur et de sens d'appartenance à une famille, nous l'avons déjà évoqué. Le résultat tangible est que **Southwest Airlines** compte parmi ses employés, des hommes et des femmes heureux dans leur travail et par conséquent, largement plus motivés que ceux de la concurrence.

Anita Roddick, fondatrice de **The Body Shop**, nous donne de son côté quelques éléments supplémentaires de réflexion en nous dévoilant certaines de ses conceptions de recrutement : « J'ai appris que les personnes deviennent enthousiastes lorsque tu les amènes jusqu'aux sources de leur propre pouvoir et lorsque tu convertis en héros les employés qui personnifient l'esprit que tu souhaites injecter à l'organisation. C'est pour cette raison qu'en matière de recherche de personnel, nous nous attachons qu'en partie à leur cursus universitaire. Nous voulons savoir qui ils sont, pas seulement les diplômes qu'ils ont. Nous voulons savoir quelle musique ils écoutent, quels livres ils lisent ou comment ils occupent leurs loisirs. La seule condition que nous posons est qu'ils doivent nous aimer et aimer ce que nous faisons, et par conséquent, ils doivent connaître non seulement les produits que nous vendons pour les soins de la peau et des cheveux, mais aussi savoir que nous ne faisons aucun test sur des animaux, et encore de nombreuses autres choses [1]. »

Un autre exemple en matière de paradigme de sélection du personnel est la chaîne d'hôtels **Ritz-Carlton.** Cette entreprise a sous-traité son recrutement de personnel à une entreprise de sélection internationale, qui deux ans durant, a étudié les pires et les meilleurs

1. Roddick, Anita, *Corps et âme : l'aventure de* The Body Shop *racontée par sa fondatrice, Village mondial, 2003.*

employés du **Ritz-Carlton** et du secteur de l'hôtellerie. Le fruit de cette étude est « Talent + », un système de sélection qui permet d'identifier un profil particulier sur la base de neuf talents personnels : éthique professionnelle, auto-estime, persuasion, charisme, capacité de travail en équipe, service, empathie, compréhension, exactitude et apprentissage.

Le processus de sélection du **Ritz-Carlton**, en plus du *test*, inclut une série exhaustive d'entretiens individuels. D'abord avec les responsables des ressources humaines, ensuite avec le chef de département ou de la division, et enfin, avec le directeur général de l'hôtel avant incorporation finale au poste de travail. Pendant tout le processus d'entretiens, l'accent est clairement mis sur la problématique des aptitudes.

♦ Promotion

Dans le modèle de gestion « *Services & Croissance* », la promotion joue un rôle totalement différent que dans le passé. La promotion était en effet le plus souvent une procédure réservée à un club restreint de personnes en qui on pouvait avoir confiance lorsqu'on leur déléguait des responsabilités. Ce système influait directement sur le niveau d'auto estime des employés. Ceux qui étaient promus se détachaient du reste et démarraient ainsi une petite course aux privilèges, qui creusait encore plus le fossé, entre ceux d'en haut et ceux d'en bas.

Le modèle de gestion que nous suggérons est en opposition totale à ceci. Nous évitons, d'une part, l'erreur habituelle de promouvoir à des postes sans contact avec le client, des employés qui s'étaient distingués par leur bon service. Il est indispensable de s'efforcer à créer des parcours professionnels dans lesquels on n'écarte pas du contact clientèle ceux qui aiment cela et… qui savent faire. Bon sens élémentaire, de nouveau ? Peut-être, mais il n'a pas systématiquement droit de cité… puis certaines contingences ont évolué.

Les postes de travail s'élargissent, et les niveaux hiérarchiques se réduisent. Dans ce contexte, il y a moins de possibilités d'évoluer, mais il y a aussi un moindre besoin émotionnel et économique de le faire. Il devient dès lors possible de songer à accroître les responsabilités du poste de travail et d'augmenter les salaires de ces employés au contact direct de la clientèle, et qui se posent en véritables gestionnaires de clients.

♦ Formation et Développement

La première formation que donnent de nombreuses entreprises comme **Disney**, **Marriott, Ritz-Carlton** ou **El Corte Inglés**, est un programme d'immersion dans la culture de l'entreprise et dans la prise de contact : « *qui est qui ?* ». L'importance de cette orientation est vitale. Il s'agit d'une opportunité unique de transmettre la personnalité de l'entreprise aux jeunes embauchés et de leur permettre de s'y connecter aussi d'un point de vue émotionnel.

Chez **Disney**, l'orientation dure deux jours et s'appelle *Traditions*. Durant cette prise de contact, on fait tout son possible pour présenter la personnalité et l'histoire de l'entreprise, mais aussi les attentes en matière de comportements à même de renforcer la culture d'entreprise. Lors de ces journées d'orientation, on offre la possibilité de réaliser des ancrages neuroniques, qui postérieurement, peuvent encore apporter un enrichissement supplémentaire à la tâche à réaliser. Et tout cela, il est important de le rappeler, enveloppé de la touche de magie **Disney :** émouvoir, satisfaire et connecter.

Comme nous le savons déjà, le comportement des personnes est largement le reflet de leurs formes de pensée. Cette façon de penser, répond quant à elle à une façon de voir et de sentir. La formation que l'on dispense dans une entreprise ne peut pas fonctionner différemment en termes de causalité. Ce serait une erreur – un manque de réalisme – que de se consacrer exclusivement à changer un comportement externe, sans essayer d'approfondir le fonctionnement de la *boîte noire* interne qui le conditionne.

La formation en effet, est incomplète si elle ne comprend la *façon* de réaliser le travail proprement dit. Pour atteindre l'excellence dans les services, il est nécessaire d'approfondir le sens qu'a pour chaque individu, le travail qu'il effectue d'un point de vue strictement personnel. En somme, l'entreprise doit former au *comment*, mais aussi influencer les *pourquoi*, dans l'optique de créer des associations neuroniques qui permettront aux employés dans des circonstances normales, de se sentir bien au sein de l'entreprise.

Car la *signification*, *l'enrichissement personnel* et la donc la *valeur* – y compris émotionnelle – que possède le travail, est un élément qui influence très fortement le comportement et les attitudes. Les employés pour lesquels le travail a une signification personnelle positive, sont les employés qui auront les meilleures initiatives face à des situations imprévues et qui auront la capacité de se connecter efficacement aux clients. Pour que le travail enfin, éveille de l'intérêt pour la personne qui le réalise, il doit sentir que l'effort qu'implique le fait d'aller tous les jours travailler en vaille véritablement la peine. Et ce à différents niveaux. Cette sensation du « *ça vaut le coup* », est en relation directe avec les associations neuroniques que l'employé crée pour lui-même. Il s'agit de son propre système de conditionnement.

Peut-être est-ce la raison pour laquelle **The Body Shop** utilise l'approche suivante en matière de formation : « Les entreprises de vente au détail conventionnelles apprennent aux gens à vendre, nous, nous leur inculquons de vraies connaissances. Elles les éduquaient pour avoir les yeux rivés sur le compte de résultats, nous nous les éduquons pour avoir les yeux rivés sur l'âme (…). Lorsque nous voulons convaincre notre personnel de collaborer sur un projet déterminé, nous essayons de toucher leur cœur [1]. »

Au **Ritz-Carlton** les jeunes embauchés commencent par découvrir la compagnie, l'hôtel, sa philosophie et le système de travail à l'occasion d'un cours de formation de deux jours. Sur ces deux jours, ils font personnellement connaissance du comité de direction et du directeur général. Ils réalisent ensuite un parcours au sein des différents départements au cours duquel ils sont formés aux différents métiers de l'entreprise. Au bout de 21 jours, ils passent par un processus d'orientation qui leur permet de finaliser la formation reçue et d'obtenir un « feed-back » de la part des formateurs.

1. Roddick, Anita, *Corps et âme : l'aventure de* The Body Shop *racontée par sa fondatrice, Village mondial, 2003.*

L'employé est alors formellement intégré à l'équipe. Le processus de certification au niveau des différents départements de l'entreprise dure au total 60 jours, au terme desquels l'employé est alors sensé connaître son travail et les standards minimums exigés par la chaîne **Ritz-Carlton**. Le processus de formation est continu, et complété par des séminaires d'intérêt. Actuellement, un employé de l'**Hotel Arts Barcelona** reçoit en moyenne plus de 100 heures de formation.

La formation, en plus d'être un instrument qui permet d'accumuler des connaissances techniques, doit jouer un rôle dans le développement personnel des personnes, ainsi que dans les relations interpersonnelles au sein de l'entreprise. Enfermer un groupe de personnes en les mettant au vert pour leur dispenser une formation, atténue les possibles barrières en matière de communication qui peuvent se construire au fil du temps. Quand la communication est dynamique et capable de créer de fortes synergies, les résultats se multiplient.

Mais si la formation est importante, l'exemple que donnent les cadres de leurs organisations l'est d'autant plus. Et le meilleur programme de formation reste le bon exemple.

Certaines questions d'attitudes et de style s'assimilent en effet plus facilement quand elles sont mises en pratique par les cadres. Si le directeur général d'une entreprise ramasse un papier par terre ou arrête de fumer lorsque la totalité de l'immeuble devient non fumeur, cela a infiniment plus de signification et d'efficacité que de répéter dix fois la même chose. Les entreprises, qui avec des cadres peu exemplaires, pensent changer les comportements de leur personnel grâce à des programmes de formation en matière d'attitude, commettent une erreur. Une amélioration des attitudes des employés requiert certes une formation, mais avant tout, une exemplarité de la part des cadres. En tout état de cause, elle requiert aussi un bon niveau d'explications a fortiori dans un contexte de forts changements qui par définition bouscule des habitudes dans un pays trop souvent cité en exemple pour ses fameux « avantages acquis » peu compatibles avec une clientèle qui, elle, est à reconquérir sans cesse. Un équilibre sain est à trouver.

♦ Compensation monétaire

La compensation monétaire n'est pas le seul moyen au travers duquel une personne puisse se sentir payée pour l'effort réalisé. Si de nombreux autres éléments peuvent faire qu'un employé se sente bien par rapport à sa fonction et à sa mission, la compensation monétaire et la façon de lui donner forme, demeure une source importante de motivation externe. Il n'y a pas de relation directe et inévitable entre le montant de salaire payé et la satisfaction de l'employé ou la qualité de son travail. Néanmoins, la crédibilité d'une entreprise est mise en porte à faux lorsque la compensation monétaire est basse de façon injustifiable ou manifestement injuste. Tout ce qui est lié au salaire émotionnel est alors perçu, nous l'avons évoqué, comme un prétexte de la part de l'entreprise pour payer moins.

Il est totalement incohérent qu'une entreprise pratique un niveau de rémunération en deçà du marché en étant rentable et en comptant par ailleurs sur des cadres qui soulignent l'importance de l'équipe humaine. Ce type d'incohérence finit toujours par mettre en cause le climat de confiance. Et lorsque la confiance se perd, de nombreuses relations interpersonnelles cessent de revêtir cette petite *magie* et ce charme qui constitue la valeur ajoutée que l'on est capable de transmettre aux employés et donc aux clients.

Le *bon feeling* en dépend, et en terme de cohésion d'une équipe notamment, il n'est jamais inutile…

♦ Coaching

Le terme *coaching* décrit le travail que réalise un entraîneur avec des personnes placées sous sa responsabilité. L'entraîneur essaie par tous les moyens de créer les conditions permettant d'obtenir d'un sportif et de toute une équipe, un rendement maximal. Mais au-delà de cette optimisation, ce travail contribue également à la notion de liens et de cohésion en ce qu'il permet d'intervenir à différents niveaux de l'entreprise, qu'il s'agisse de règles techniques ou de motivation individuelle. Et il conviendra de plus en plus pour une entreprise, de revendiquer cette figure de coach. Le cadre qui prétend développer une organisation de haut rendement, doit ainsi se positionner comme un coach qui soutient ses collaborateurs, les forme et les fait évoluer.

La communication est un élément central pour favoriser la contribution et créer un esprit d'équipe multiplicateur entre les collaborateurs. Les entreprises voient de plus en plus dans ces aspects un instrument efficace de « marketing interne » ou ce qui revient au même, un vecteur de création d'un type déterminé de *sentiments* des employés, vis-à-vis de l'entreprise.

Au **Ritz-Carlton** la communication avec tous les employés est rapide et continue grâce à divers outils, comme par exemple une chaîne de « réunions » quotidiennes qui connectent personnellement le directeur avec le dernier des employés, des réunions de département mensuelles, des sessions générales, des publications internes, des tableaux d'annonce, des primes ou encore des signes divers de reconnaissance.

Autre exemple, **Marriott**, a mis en place comme partie intégrante d'un programme de réduction du taux de turn-over des collaborateurs, un système de mentors – *buddy* dans leur jargon – qui a pour but d'aider les employés récemment embauchés, à mieux se repérer dans l'entreprise.

♦ Attribution des Tâches

C'est un élément fondamental pour connecter et satisfaire les employés. L'attribution des tâches a de multiples répercussions puisqu'elle affecte également la satisfaction des clients, la motivation des employés et la dimension nécessaire des cadres de direction. La décision en tant que telle est certes importante, mais la façon dont on la prend et dont on la communique, l'est au moins autant. Soigner ces deux aspects, peut en effet éviter plus d'un malentendu.

En référence aux chapitres 3 et 6, on peut décrire la tâche assignée comme étant en partie à l'employé, ce que le scénario est à l'acteur. Et dans cet ordre d'idée, l'entreprise ou les groupes de travail qui s'y organisent, peuvent devenir une réalité et une entité *transformatrice* qui vont littéralement faire évoluer la façon de ressentir, de penser et d'agir, de chacun des acteurs. Une troupe de théâtre travaille sereinement, de manière positive et constructive lorsque chacun des acteurs est satisfait de son rôle… Voilà en quoi l'assignation de la tâche revêt autant d'importance.

Pour un grand nombre d'employés, il s'agit du stimulus le plus important qu'ils reçoivent dans leur travail. À l'inverse et en toute logique, l'évolution d'un poste – suite à des raisons internes impliquant une réorganisation ou des facteurs externes comme l'évolution de la dynamique de marché – peut ainsi donner lieu à des changements de postes moins attrayants induisant une *suppression du champ d'initiative* (implantation mal gérée de la norme ISO), une *détérioration émotionnelle* (restructurations, saturation de marché qui se traduit par un changement de la nature des actions à mettre en œuvre, le tout sans explications et consignes adaptées, …) ou encore un *appauvrissement de la capacité à communiquer* (accès sélectifs et/ou mal maîtrisés aux messageries via Internet, etc.). Ce genre d'évolutions et de frustrations inhérentes, peut être désastreux pour l'entreprise. Aussi, faut-il être en mesure de réagir rapidement.

Chez **Primagaz** en l'occurrence, les employés sont entre autres initiatives, invités comme partie intégrante de leurs tâches, à faire partie de groupes de travail (ateliers) pour précisément répondre à des problématiques spécifiques. En règle générale, ces groupes intègrent des représentants de différents départements ou unités (secteurs opérationnels dans le jargon de l'entreprise) affectés pour tel ou tel problème ; le tout sans distinction, puisque cadres et personnels en contact direct avec les clients travaillent conjointement à la recherche de solutions spécifiques. Une fois le problème réglé, le groupe est dissout ou le cas échéant, se consacre à la résolution d'autres problèmes. L'expérience prouve néanmoins qu'il convient d'être très strict au niveau des délais et de la qualité des solutions apportées, car les frustrations qui en découlent peuvent être très supérieures à la motivation initiale… Cette règle constitue la seule limite à la capacité dont dispose tout un chacun, de promouvoir la formation d'un tel groupe de travail.

Chez **The Body Shop**, on relève également un soin tout particulier dans la problématique de l'assignation des tâches. Il s'agit d'ailleurs d'une conception assez représentative des approches, qui prétendent donner lieu à la satisfaction des collaborateurs au travers des systèmes de gestion du personnel : « J'ai toujours été déconcertée, explique la fondatrice, par la manie qu'ont de nombreuses grandes entreprises de traiter leurs employés comme s'il s'agissait d'enfants. Hors de leur lieu de travail, les employés sont des citoyens responsables, des maris, des épouses, des pères et des mères de famille ou des propriétaires immobiliers. Mais dès qu'ils franchissent le seuil de l'entreprise, ils sont traités comme des gamins irresponsables qui doivent être sous surveillance constante. (…) Une de nos principales responsabilités consiste à permettre aux employés de se cultiver, de leur donner l'opportunité de s'améliorer, et d'améliorer le monde qui les entoure. Cependant, il existe trop de gens autour de nous, dans notre entreprise, qui croient qu'il suffit de bien travailler en échange d'un salaire décent. Ce n'est pas vrai. Cette façon de penser nie le fait que l'employé et le chef d'entreprise ont des responsabilités mutuelles : vous m'apprenez et je vous apprends, vous m'aidez et je vous aide ; ensemble nous aidons d'autres gens. Nous voulons que nos employés aient la capacité de donner leur opinion quant à la manière de gérer l'entreprise et qu'ils participent avec tout leur cœur à tout ce que nous faisons [1]. »

Un poste de travail adapté est un élément de base essentiel à cet objectif. Mais encore faut-il ensuite créer une vraie dynamique de travail. Et les moyens utilisés sont parfois étonnants, mais efficaces.

Le programme de récolte d'idées chez **Primagaz** appelé « les 1 001 idées » contribue ainsi que le blog interne de l'entreprise à favoriser l'expression de chacun même si on constate qu'il est long de vaincre les réticences.

♦ Évaluation

L'évaluation de la mission de chacun des collaborateurs peut en effet jouer un rôle important dans leur développement professionnel. C'est en ce sens que **Multiassistance**, entreprise espagnole leader européen de la réparation à domicile, a introduit un système

1. Roddick, Anita, *Corps et âme : l'aventure de* The Body Shop *racontée par sa fondatrice, Village mondial, 2003.*

d'évaluation de ses collaborateurs. Le système implanté, quoi qu'innovant et surprenant, a été une réussite. Tous les deux mois, tous les employés notent au moins quarante autres de leurs collègues en fonction de deux critères : le caractère (sa relation avec les autres) et la compétence (son professionnalisme au niveau du travail). Chaque critère est noté sur dix, et chaque employé obtient ainsi une note moyenne sur la base des deux notes obtenues.

Toutes ces données sont traitées par une personne, qui est la seule à les connaître dans leur intégralité. Son rôle est de pondérer les notes, de les ordonner de la meilleure à la moins bonne par rapport à chacun des deux critères, et les regroupe ensuite en trois catégories : excellent, moyen, et mauvais (ce pourrait être or, argent et inox…). L'information est ensuite mise en ligne de telle sorte que chaque employé puisse avoir accès à son propre classement, sans connaître celui de ses collègues.

Être dans un groupe ou dans l'autre, n'a ainsi aucune autre conséquence que celle que chacun veut bien lui donner. Mais au-delà de sa propre satisfaction personnelle, être situé dans le groupe supérieur signifie un bonus symbolique important. Être dans le groupe inférieur ne donne par ailleurs lieu à aucun type de sanction. La Direction ne s'attache pas à une personne qui pourrait figurer au fil des mois, dans le groupe des mauvaises notes, car elle n'a délibérément pas accès à cette information. Par rapport aux employés, c'est tout l'intérêt du système.

L'idée sous-jacente à ce système révolutionnaire d'évaluation est par ailleurs clairement de stimuler au sein du personnel, un esprit de dépassement sain et réaliste. La volonté affichée de créer des relations de confiance basées sur l'amélioration du caractère et de la compétence professionnelle, est également très claire. Tout cela dans un contexte d'entreprise, qui de par ses caractéristiques – croissance exponentielle – peut rapidement perdre la sensibilité adéquate à l'égard du client.

Mais le système facilite aussi très efficacement le développement des capacités individuelles ; connaître en effet le jugement des autres sur son propre travail rend les gens plus réalistes et leur permet de savoir comment leur comportement influe sur le jugement de valeur des autres. Or une sensibilité plus aiguisée sur son propre travail, et sur la façon dont celui-ci peut être perçu par ses propres collègues, signifie aussi une sensibilité plus fine par rapport au client.

De fait, ce système est conçu pour promouvoir des *personnes plus compétentes et plus impliquées*. Et en aucun cas, un système conçu pour punir les mauvais comportements.

Puis loin d'être négligeable, ce système contribue également à un mécanisme de reconnaissance de mérite pour ceux qui jusqu'alors, évoluaient dans leur coin. Enfin, ce type d'évaluation permet de favoriser le départ de ceux, qui souvent moins bien notés, décideront d'eux-mêmes de quitter l'entreprise avant de se l'entendre suggérer…

♦ L'ambiance de travail

Si l'ambiance de travail n'est pas à proprement parler un système de gestion du personnel, c'est un facteur néanmoins déterminant quant à la satisfaction des employés. Et il est toujours dommageable d'éroder la motivation de ses meilleurs collaborateurs à cause d'une ambiance de travail « déshumanisée ou simplement détériorée »… voir de les perdre tout simplement ! Une mauvaise ambiance de travail appauvrit l'auto concept des employés et déteint sur leurs attitudes et leurs comportements futurs. Des employés aigris ? Il convient peut-être sur ce point, en France, d'être encore plus attentif que dans d'autres pays européens. Car à l'ambiance de travail au sein d'une entreprise, s'additionne la conception sociale du travail en elle-même…

J'ai de plus rencontré un grand nombre de personnes ayant développé une attitude quasi « schizophrène » à l'égard du travail. On sent désormais très clairement des individus déchirés entre un désir naturel d'épanouissement personnel au travers de leur activité professionnelle, et un discours social politiquement correct. Le grand chantier des années à venir sera probablement de réconcilier un temps de travail plus court avec une maximisation de l'implication et du rendement de chacun. Un défi par rapport auquel les entreprises comme les employés ont tout à gagner. Et il incombe d'abord à chacun, d'enclencher ce processus dans sa propre entreprise.

Au **Ritz-Carlton** par exemple, différentes expériences illustrent ce en quoi l'ambiance de travail peut significativement s'améliorer lorsque sont entreprises des actions permettant simplement d'exprimer sa reconnaissance à ses employés : les chefs de département nomment une série d'employés, y compris des collègues situés au même niveau hiérarchique, avant que ceux-ci ne soient ensuite élus par un comité exécutif. Les critères sont simples : présence, aspect, tâches assignées, qualité du travail réalisé, attitude, niveaux d'exigence vis-à-vis d'eux-mêmes et implication. Les trophées sont remis à l'occasion d'un dîner trimestriel organisé à l'hôtel, présidé par le comité exécutif, et auquel assistent tous les employés initialement nominés, comme les chefs de départements. Et les gagnants participent postérieurement au prix annuel « Équipe Cinq Étoiles » constitué par les cinq vainqueurs. Les gagnants reçoivent cinq nuits d'hôtel gratuites dans un des hôtels **Ritz-Carlton**, deux billets d'avion, un chèque d'un montant de 500 dollars ainsi qu'un pin's « Service Cinq Étoiles », un trophée ou une médaille.

Le **Ritz-Carlton** prend également soin de célébrer les événements personnels importants pour les employés, en envoyant une carte de vœux ou des fleurs. Les anniversaires sont annoncés dans la revue interne de façon amusante, stimulant par la même une certaine créativité. Des vœux de prompt rétablissement sont par ailleurs adressés aux employés en maladie, un ours en peluche est envoyé lors d'une naissance, ainsi qu'une carte lors d'un mariage… Les employés reçoivent en plus un « pin's d'ancienneté » à l'occasion des 1, 5, 10, 20, 25, 30, 35, 40 et 45 ans de maison. Le directeur général enfin, remet lui-même les « pin's » avec une lettre personnalisée de félicitation.

Même si les employés du **Ritz-Carlton** bénéficient de moyens supérieurs que dans d'autres entreprises pour voir récompensée leur contribution à l'entreprise, chaque département dispose par exemple d'un tableau, qui permet de recueillir les initiatives de ses employés. Les cadres se chargent d'en assurer le suivi, d'aider à leur réalisation, de les comptabiliser et d'exprimer leur reconnaissance pour l'effort réalisé. Chacun possède ainsi le pouvoir de contribuer à une meilleure ambiance de travail et d'améliorer ainsi le service offert aux clients.

En résumé...

La fidélisation et la satisfaction des employés constituent les variables essentielles jouant un rôle central au cœur d'une gestion réfléchie et humaine, qui assure la continuité et la qualité de service nécessaire à une satisfaction maximale des clients, et bien sûr, à une rentabilité optimale.

Et il est pour cela indispensable que les cadres soient disposés à conjuguer leurs objectifs d'efficacité, avec le désir d'accroître le niveau de confiance et de respect, entre l'entreprise et les employés. Tant la confiance que le respect, sont, une fois de plus des états émotionnels qu'un bon cadre doit se proposer de créer au sein de son équipe.

Le modèle de gestion « *Services & Croissance* » requiert plus d'investissement au niveau des personnes elles-mêmes, une plus haute technologie pour appuyer et relayer les efforts de l'employé, un point de vue radicalement différent au niveau du recrutement et de la formation des employés, un système de rétribution lié au rendement des employés, et de l'innovation au niveau des systèmes de contrôle de données telles que le turn-over du personnel comme des clients ou encore la marge de contribution par client retenu.

La satisfaction du client doit teinter toutes les variables qui influent sur la politique de ressources humaines. Dans les années 80, on citait la formation comme secret du succès avec les employés ; dans les années 90, les variables plus critiques étaient la sélection et l'exemplarité. Les années 2000 semblent exiger l'exploration de nouvelles voies suivant des variables additionnelles telles que la responsabilisation et la transparence au niveau des résultats et des enjeux de l'entreprise, qui préfigurent par ailleurs les conditions sous-jacentes de la reconstruction d'une confiance mutuelle entre l'entreprise et ses salariés. Ces variables se convertissent en de puissants leviers pour obtenir le meilleur de chacun et partager comme Luis Rullán, l'idée selon laquelle il est préférable d'avoir des employés, qui s'ils « peuvent donner 80 % donnent 80 %, plutôt que des gens qui capables d'en donner 100, n'en donnent que 95 % ».

Au niveau de la sélection dans le secteur des services, on a par ailleurs besoin d'une équipe formée de différents cadres ou employés qui ont un dénominateur commun : un intérêt sincère pour les autres… ou comme je le dis parfois plus affectivement, de « *gens qui aiment les gens* ». Mais certaines entreprises réalisent des analyses comparatives très utiles de profils psychographiques d'employés, qui historiquement, ont obtenu les meilleurs et les pires rendements, avec les profils des candidats à recruter. Cette analyse leur permet d'affiner les critères de recherche et d'introduire des éléments d'amélioration importants dans le processus de sélection.

Second aspect de la gestion des employés qui gagne en importance : la notion d'exemplarité des cadres. Un employé peut difficilement, on l'a vu, adopter la meilleure attitude possible face à un client, si ce n'est pas d'abord l'attitude de ses supérieurs. Les faits sont têtus… et sans aucun doute, plus effectifs que les belles paroles : le bon exemple, toujours !

Je n'oublierai jamais la réaction spontanée de l'un de nos employés lorsque voyant un directeur saisir le téléphone qui sonnait et prendre une commande de l'un de nos clients, ne pût s'empêcher de dire : « C'est la première fois que je vois un chef répondre à un client… »

La troisième dimension est celle de la responsabilisation de chacun des employés, elle-même basée sur la transparence. Qui pourrait en effet s'investir au mieux de ses possibilités sans savoir quels en sont les résultats ? Or dans de trop nombreuses entreprises, les résultats sont encore tabous et trop souvent exclusivement structurés à l'usage des actionnaires. Il devient donc impératif de mettre en œuvre des moyens de mesure de résultats intermédiaires, si possible en temps réel afin de faciliter l'implication des employés et d'accroître leur motivation. Il s'agit alors de bien définir des objectifs quantitatifs et qualitatifs accessibles à chacun, en fonction de son rôle dans l'entreprise. Cette transparence devient un puissant vecteur de responsabilisation.

Chez **Primagaz** ont ainsi été créés des objectifs et des indicateurs clefs de performance et de suivi, en fonction des différents niveaux de centres de profits. Chacun sait à chaque instant ce que représente son travail par rapport à la dynamique globale de l'entreprise. Et c'est essentiel. Car chacun est alors capable d'évaluer sa contribution à l'objectif global communiqué de façon simple, et décliné en « sous objectifs » applicables à l'ensemble des centres de profit et des employés qui les composent.

Il existe de plus en plus d'évidences qui démontrent que sans la satisfaction des employés, on ne peut parvenir à satisfaire les clients. Les cadres sont donc sans l'ombre d'un doute payés pour atteindre ce double objectif… charge à eux de s'en donner les moyens les plus effectifs en fonction de l'organisation, des objectifs globaux ou de la culture d'entreprise.

Il importe donc à ce stade, d'analyser en profondeur les composantes nécessaires à un leadership capable de combiner la confiance au *savoir diriger* et à la création d'environnements de haute performance. La notion d'intelligence émotionnelle étant là encore, au centre de notre démarche.

9.

LEADERSHIP ET CRÉATION D'ENVIRONNEMENTS DE HAUT RENDEMENT

> « La vraie fin du savoir n'est pas la connaissance mais l'action. »
>
> Thomas Henry Huxley

L'entreprise a besoin de vrais leaders qui sachent créer des environnements de travail de haut rendement, capables de véritablement « accrocher », séduire les clients et les employés. Comme nous l'avons vu dans les chapitres précédents, pour créer ce genre d'environnements il faut stimuler les attitudes positives des collaborateurs. Cultiver ces attitudes se traduit à la longue par un accroissement des contributions des employés dans l'entreprise. En ce sens, il est fondamental de rappeler l'impact que produisent sur les attitudes, les informations non explicites que l'entreprise grave dans le subconscient de ses employés. Au nombre de celles-ci, figurent notamment l'attitude de l'ensemble de ses cadres ou la culture d'entreprise.

Le cadre doit éviter que l'environnement de travail ne décapitalise l'auto concept de son équipe. Et au contraire, faire en sorte de construire des environnements de travail dont l'efficacité soit compatible avec l'enrichissement de l'auto concept et avec la capitalisation personnelle des personnes qui y travaillent. Les cadres qui parviennent à ce résultat méritent le qualificatif de « *transformationnels* ». Il s'agit de leaders capables *d'influer* leurs employés de façon à ce que ces derniers finissent par se sentir mieux dans leur travail, avec les clients et avec leurs collègues.

Mais *se sentir bien* dans son travail est un jeu aux multiples facettes dont Anita Roddick [1] nous livre quelques éléments fondamentaux qui sont autant de pistes de travail : « Comment ennoblir l'esprit quand ce que tu vends est quelque chose de si insignifiant qu'une crème pour la peau ? Eh bien, en créant une sensation d'intégrité, de développement spirituel, et en faisant en sorte que tous les membres de l'équipe se sentent unis entre eux et à la fois liés à leur lieu de travail, et à leur environnement ; en faisant en sorte que du lundi au vendredi les jours ouvrés ne passent pas comme une lente agonie, mais plutôt comme une constante sensation de vitalité. Comment donner aux gens l'occasion de bien faire leur travail ? En leur faisant sentir qu'ils font quelque chose de profitable. L'esprit s'élève quand on peut à la fois satisfaire des besoins basiques et servir les autres avec honnêteté et altruisme. En travaillant dans ces circonstances, on peut même susciter l'enthousiasme avec un simple produit hydratant. »

Le modèle de gestion « *Services et Croissance* » a, avant toute chose, pour but de promouvoir une organisation de travail réunissant les meilleures conditions d'organisation et de réceptivité au regard du client comme de l'employé, le tout au service d'un rendement maximal (9.1). Et il importe pour cela d'analyser en profondeur deux variables essentielles à un Leadership efficace : la nécessaire capacité d'une part, de mettre en place une communication synergique au sein de l'entreprise (9.2) et l'indispensable nécessité d'autre part, d'évoluer vers un leadership modernisé et adapté aux nouvelles donnes économiques et sociétales (9.3), qui confèrent en l'occurrence aux qualités d'adaptations – leadership de situation entre autres – et à l'intelligence émotionnelle, une importance considérable.

1. Roddick, Anita, *Corps et âme : l'aventure de* The Body Shop *racontée par sa fondatrice*, Village mondial, 2003.

9.1. Les conditions d'un rendement maximum

Au regard de l'employé, la première condition d'un *travail bien fait* requiert tout d'abord la satisfaction de ses besoins de base, dont l'analyse est également essentielle à tout leadership digne de ce nom (9.1.1). Mais un environnement de haut rendement est impensable, si les employés ne tendent pas vers un maximum d'indépendance (9.1.2), dont la base indispensable à tout vecteur d'optimisation du travail, se nomme la confiance (9.1.3) à l'égard de son entreprise et de ses cadres.

Stimuli et besoins de base de l'employé

D'un point de vue professionnel, l'interconnexion entre le monde extérieur et le monde intérieur a au moins deux implications :

Un employé avec un monde intérieur « déréglé », nous l'avons vu, risque de mettre en danger l'ambiance de travail au sein d'une organisation. Et plus la position hiérarchique est élevée, plus le danger est grand.

Mais une bonne culture d'entreprise peut contribuer de façon décisive à l'amélioration du monde intérieur de chacun.

L'interconnexion entre ces deux mondes n'est cependant pas figée ou prédéterminée. Ainsi, une personne dotée de peu d'intelligence émotionnelle peut endommager son monde intérieur malgré un environnement favorable. En revanche, nous connaissons tous des gens qui face à l'adversité, emplissent malgré tout leur monde de certitudes, de filtres et d'interprétations, qui leur permettent de donner le meilleur d'eux-mêmes et de profiter le plus souvent des meilleurs états émotionnels.

Comment tendre vers un environnement optimal stimulant positivement le monde intérieur de chacun ?

La réponse est indissociable de certains stimuli et de ce que nous appellerons les **besoins de base**. L'idée est simple : l'extrême diversité des êtres humains n'exclue pas un patrimoine commun. Et nous avons tous des besoins quasi biologiques. Vivre et travailler dans des environnements dans lesquels les stimuli se rapprochent de nos besoins de base, contribuent ainsi à un enrichissement de notre monde intérieur. Dans le cas contraire, le risque d'appauvrissement est inversement proportionnel.

♦ Typologie des besoins

Covey [1] considère que chacun possède quatre besoins de base.

I. Le premier est lié à des **conditions de vie et de santé acceptables**. Dans la mesure où une personne a satisfait ce premier type de besoins – heures de sommeil, alimentation, exercice physique, oxygénation, repos etc. – il est normal qu'elle grave dans son inconscient une information positive sur elle-même et sur son environnement. Cela lui permettra de mieux vivre et de ressentir positivement les petites choses de la vie quotidienne. Mais l'inverse, là encore, est également vrai. Et même partiellement satisfaits, ces éléments manquants favorisent une perception et un ressenti négatifs du quotidien, en un mot, un certain mal-être.

II. Le deuxième besoin qui mérite la qualification de besoin de base, est celui du **besoin d'apprendre**. Les environnements professionnels qui intègrent des processus d'apprentissage sont en règle générale stimulants pour le monde intérieur. Même inconsciemment, le développement de nouvelles aptitudes entraîne en effet une capitalisation d'informations positives dans le subconscient, qui permet de se sentir mieux avec soi-même, et donc avec les autres. S'installer dans une certaine paresse intellectuelle, tend au contraire à favoriser une « capitalisation » négative.

III. Le troisième besoin essentiel est celui de **se sentir utile**. Là aussi, les règles du jeu sont assez claires. Celui qui appréhende son travail et sa vie tel un bien précieux, contribue à diffuser cette vison du monde chez les autres, en plus de préserver son auto-estime. C'est la raison pour laquelle l'élargissement des postes de travail, et

1. Covey, Stephen, *Priorité aux priorités, First*, 1995. Voir aussi Covey, Stephen, *Les 7 Habitudes de ceux qui réalisent tout ce qu'ils entreprennent*, First, 1991 et 2006.

donc des responsabilités dans une entreprise, est si important. Se sentir utile, enfin, c'est répondre par l'affirmative à la problématique déjà évoquée du sens du travail, de sa raison d'être, ceci pour chacun d'entre nous et à quelque niveau que ce soit. Se sentir utile, c'est accumuler là aussi des informations positives, en bref se sentir émotionnellement et socialement plus « en forme ».

IV. Le dernier besoin est d'ordre affectif. Les personnes gravent des informations positives lorsqu'ils donnent ou reçoivent de **l'affection**. Si ce n'est pas le cas, le monde intérieur tend à s'appauvrir à la mesure des comportements et des états émotionnels parfois hyper sensibilisés qu'ils génèrent. À ce titre, le monde affectif ne doit pas être cloisonné à la sphère privée. Et il est également possible dans un cadre d'entreprise, de créer les conditions requises pour que tel ou tel employé puisse donner et recevoir l'affection des clients, de ses collègues ou de ses cadres.

Il est important de noter ici que de nombreuses pathologies comportementales observées en entreprise, répondent très largement de l'absence ou de l'insuffisance des stimuli auxquels nous venons de nous référer.

Car lorsque ces derniers sont inexistants, il faut faire preuve d'une grande force intérieure pour isoler le subconscient de ces informations négatives, et éviter ainsi que ces environnements dégradent le monde intérieur. Et cette qualité morale ou force de caractère, malheureusement ou heureusement, sont peu courantes.

Mais il existe précisément aujourd'hui des programmes de formation très efficaces, qui en plus de développer l'intelligence émotionnelle, stimulent l'enrichissement du monde intérieur en dépit d'environnements où les stimuli positifs sont très rares, voire inexistants.

Anthony Robbins [1] nous apporte à cet égard une vision complémentaire très éclairante des *besoins de base*. L'auteur évoque en l'occurrence six besoins, classés en trois axes et mis en opposition relative deux à deux. Cette opposition souligne d'abord deux choses : une

1. Robbins, Anthony, *Pouvoir illimité*, Robert Laffont, 2003.

« paire de besoins » peut contenir des éléments antagonistes. Ensuite, cette opposition est, de ce fait, trompeuse parce qu'il peut être aisé de se laisser séduire par l'un des extrêmes en mettant en danger son contraire, le tout sans que ces oppositions naturelles ne coexistent dans la vie de chacun.

Le problème ne réside donc pas dans les besoins en tant que tels, mais dans l'habilité personnelle à les satisfaire, au travers de comportements qui ne soient pas dysfonctionnels ou antagonistes, par rapport à la satisfaction des autres besoins de base : en un mot, le but à atteindre réside dans l'harmonie des besoins.

♦ Les trois axes d'équilibre

I. Pour Anthony Robbins, le premier axe met ainsi en opposition le besoin de parvenir à un degré élevé de **certitudes** dans ce que l'on fait, et le besoin par ailleurs, de jouir d'une saine **diversité** dans sa vie. Le travail ne doit être ni une systématique boîte à surprises… ni trop routinier.

Certitudes et diversité doivent donc se donner la main dans différents environnements de vie pour que l'inconscient tende à y graver des informations positives.

II. Le deuxième axe est formé par les besoins d'**individualité** et d'**intégration au groupe**. Chacun éprouve le besoin de se sentir à la fois unique et partie intégrante d'un groupe. Le danger étant pourtant de satisfaire l'un en négligeant son contraire. Une entreprise doit ainsi se donner les moyens de créer un environnement professionnel dans lequel chacun se sente unique, en renforçant également et par la même, l'esprit d'équipe.

III. Le dernier axe oppose le besoin de **s'élever à titre personnel** et celui de **contribuer au bien d'autrui**. Ces deux besoins sont également susceptibles de rentrer en conflit s'ils ne sont pas appréhendés sur une base interdépendante. De nombreuses personnes décapitalisent ainsi leur monde intérieur pour ne se centrer qu'exclusivement sur leur développement personnel, en négligeant le besoin de solidarité. L'erreur inverse n'est pas rare, à savoir négliger son développement personnel, élément pourtant central à sa capacité d'aider les autres. Là encore, les notions d'individualité et d'esprit de groupe se doivent ainsi de rester équilibrées.

Cette étude des besoins de base entraîne deux enseignements fondamentaux au niveau de l'entreprise :

Il est tout d'abord nécessaire d'analyser l'environnement de travail des employés au sens large, pour s'assurer que leurs besoins de base sont couverts : s'ajoutent ainsi à ce que nous venons d'évoquer, l'espace, les commodités, le confort, les installations, les horaires ou le salaire... Des conditions optimales englobant l'ensemble de ces aspects créent de fait une saine dynamique de capitalisation du monde intérieur, qui finit par être déterminante sur la façon dont sont perçues les choses, et donc, la façon dont on peut agir face à elles.

Il est ensuite essentiel d'améliorer la qualité des stimuli générés par le cadre professionnel, c'est-à-dire contribuer chez ses employés, à une amélioration qualitative du monde intérieur qui décode, filtre et interprète ces stimuli extérieurs ; contribuer en somme à améliorer l'intelligence émotionnelle de ses équipes sur la base des potentiels d'entraînement, et ce aux différents niveaux de l'entreprise.

La capacité d'un cadre à utiliser l'intelligence émotionnelle à bon escient dans les affaires se mesure entre autres au regard de ces deux enseignements. Dispose t-il pour autant sur cette base, des fameux employés Apôtres tant désirés ? D'autres variables interdépendantes entrent en jeu.

Indépendance, interdépendance et auto-estime

Chaque personne dispose d'un potentiel personnel qui n'est pas toujours entièrement exploité. La règle est souvent d'en rejeter la responsabilité sur les circonstances elles-mêmes ou sur l'individu, lorsqu'il est le seul et unique responsable de son rendement personnel. Mais ce n'est pas toujours le cas. En voici une simple illustration :

On raconte l'histoire d'un voyageur surpris par la majesté et par la beauté d'une reine. Lorsqu'il demanda aux sages comment le roi avait pu attirer une telle femme, ils lui répondirent qu'il s'agissait pourtant d'une fille très simple, et que le roi avait surpris tout son monde en la traitant avec tous les honneurs dus à une reine. Mais au fil du temps, la fiancée prouva qu'elle méritait davantage encore que le prix que le roi avait consenti à payer pour elle.

Dans la mythologie grecque, cette histoire est connue comme « *l'effet Pygmalion* » et il pourrait se résumer en une seule phrase du film *My Fair Lady* : « **ce qui différencie une fleuriste d'une dame, n'est pas la façon dont elle se comporte, mais la façon dont on la traite** ».

Si l'on transpose cette citation au monde de l'entreprise, il n'est pas impossible d'en tirer une conclusion porteuse d'espoir… prendre l'initiative pour influencer positivement un employé dans son comportement, implique une condition élémentaire : le traiter avec courtoisie, confiance, éducation et intelligence. Un rendement maximum ne peut s'en affranchir, car il est le premier vecteur d'une auto estime positive et d'une indépendance nécessaire de l'employé (figure 9.1).

Une personne est en effet en condition d'obtenir un rendement optimum lorsque son auto-estime et son niveau d'intégration à l'environnement, sont à leur niveau maximum. Si les interactions entre l'auto-estime, l'auto-idéal et l'auto-image ont été abordées il convient de rappeler ici que l'auto-estime s'effondre lorsque l'auto image et l'auto idéal sont à un bas niveau ou lorsque l'auto-idéal et l'auto-image sont excessivement décalés.

Figure 9.1
Rendement maximum

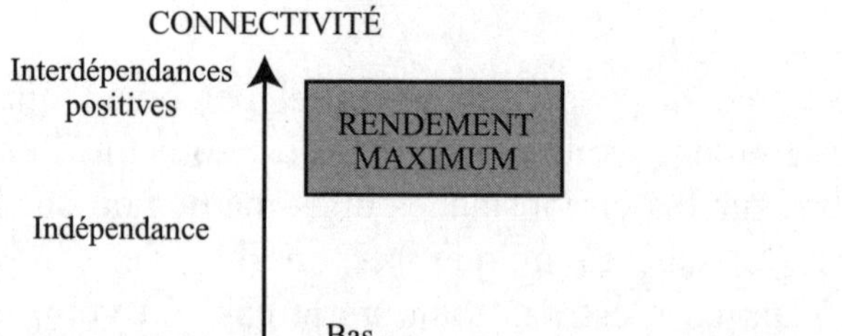

Or se sentir mal avec soi-même signifie une autolimitation drastique de son énergie et de ses capacités personnelles. Et des variables physiologiques comme le niveau d'énergie ou la santé, découlent directement des sentiments dominants de l'individu.

Ne compter en son sein que des employés qui se sentent mal dans leur travail, dans l'entreprise, ou simplement mal vis-à-vis d'eux-mêmes, peut-il impliquer autre chose qu'une productivité et une qualité de service en chute libre ? Il apparaît semble-t-il légitime de le craindre...

Les processus d'amélioration de l'auto-estime ne sont cependant pas uniquement liés aux stimuli professionnels, dans le sens où les stimuli sociaux ou familiaux acquièrent souvent autant d'importance. Mais les cadres ne peuvent en aucun cas se dédouaner de leur responsabilité de ce simple fait... car nous l'avons vu, il suffit parfois tout simplement de traiter les personnes avec respect et affection pour que démarre un processus d'amélioration significatif. Ceci n'est pourtant pas toujours suffisant.

Si le respect élémentaire de ses collaborateurs éveille un potentiel d'amélioration impressionnant, il existe cependant une condition préliminaire aussi rare qu'indispensable : trouver des cadres de grande qualité humaine et doué d'un grand contrôle émotionnel.

Une bonne entreprise doit savoir reconnaître ces qualités. Et si c'est le cas, elle n'hésitera pas à valoriser des cadres qui n'ont pas peur de s'entourer de gens meilleurs qu'eux. Ceci constituant également une variable non négligeable de rendement maximal.

♦ Les variables du rendement maximum (figure 9.1)

L'amélioration de **l'auto-estime** dépend en grande partie du développement de ce que Howard Gardner, professeur à Harvard, appelle l'intelligence intra personnelle, à savoir l'intelligence liée au simple fait de s'appréhender à soi-même, de s'accepter et de gérer sa vie intérieure.

La deuxième variable, la **connectivité**, décrit quant à elle la dimension sociologique du comportement. C'est l'intelligence interpersonnelle.

En l'occurrence, la capacité de tout individu à entrer en relation avec l'autre et donc à gérer les stimuli externes.

Sociologiquement, chacun d'entre nous peut se trouver dans trois situations différentes : la pire, la **dépendance** ; une intermédiaire, l'**indépendance**, et enfin, la meilleure, une situation extraordinaire : l'**interdépendance** avec l'environnement, état qui nous recharge en énergie positive et suppose un stimulus constant de dépassement de soi-même.

Les personnes dépendantes de l'environnement peuvent gâcher une grande partie de leur potentiel si les informations absorbées face à un environnement néfaste, influencent significativement leur caractère et leur personnalité. Et le nombre de dépendances dangereuses est en relation directe avec le nombre de circonstances et de personnes, dont l'apparition influence négativement notre propre état émotionnel. Les avons-nous comptées ?

Un seul conseil : éviter à tout prix qu'elles augmentent. Car *le mal-être* lié à un environnement durablement néfaste induit tôt ou tard une spirale infernale de dégradation du comportement, associée à une décapitalisation du « *Magasin des certitudes* ». Les ressources se raréfient et les filtres se détériorent, avec les interprétations qui en découlent. La spirale peut ainsi se convertir en un *cercle vicieux*, qui annule la plupart des capacités des énergies d'un collaborateur.

♦ Comment se libérer du poids des dépendances ?

En étant d'abord prêt à payer le prix que cela implique [1] et en étant par ailleurs conscient que la facture augmente au fur et à mesure des années… car avec le temps, les attitudes se cristallisent et deviennent plus rigides.

Pour **se libérer des dépendances**, il s'agit de centrer son effort sur trois domaines concrets :

- prendre l'initiative de l'action,

1. Covey, Stephen, *Les 7 Habitudes de ceux qui réalisent tout ce qu'ils entreprennent*, First, 1991 et 2006.

- se concentrer sur les résultats que l'on souhaite obtenir en amont et en aval de toute tâche de travail,
- et faire un usage plus intelligent de son temps.

C'est une grande victoire que de parvenir à s'abstraire d'une majorité des dépendances négatives qui pèsent sur son propre comportement. Car cela signifie tout simplement d'entrer dans un nouvel état – celui de l'indépendance – état permettant de faire un usage optimum de ses capacités. Dans cette situation, chacun sait ce qu'il veut, organise mieux son temps et son travail, et devient imperméable aux stimuli négatifs qu'il reçoit de son environnement. Le centre d'attention cesse d'être concentré sur les stimuli négatifs, pour ne plus s'orienter que sur les stimuli positifs. Et en tout état de cause, pour un employé sujet au *mal-être*, ce basculement est une étape décisive.

Construire un schéma d'interdépendances positives, c'est précisément en finir avec la spirale de l'échec.

Se sentir bien, c'est communiquer et recevoir de l'énergie positive en plus d'enrichir le « *magasin des certitudes* » et d'améliorer les mécanismes d'interprétations filtrant les stimuli internes. La spirale se convertit alors en une série de *cercles vertueux*, qui optimise son propre rendement et celui de ses collaborateurs.

Il revient donc à l'entreprise de mettre en place les processus d'amélioration nécessaires au développement de son personnel. Car même pour seulement 35 heures de travail par semaine désormais… l'entreprise demeure un élément substantiel de l'environnement d'un employé.

Et le rôle d'un cadre est précisément de savoir aider ses collaborateurs, afin que ces derniers évitent des niveaux de dépendance émotionnelle excessifs, détériorant leurs relations interpersonnelles. Il ne s'agit pas ici d'ingérence, mais de paravent nécessaire pour tout simplement disposer d'une équipe en « pleine forme ».

La notion d'exemple a déjà été largement évoquée. Et dans le cas présent, un cadre fait preuve d'intelligence émotionnelle lorsqu'il parvient d'abord à titre personnel, à échapper à ces dépendances, et ainsi à améliorer ses propres relations avec ses collaborateurs. Ces éléments sont également essentiels à sa crédibilité, son efficacité personnelle, et sa capacité à agir positivement sur son équipe.

Ces deux conquêtes personnelles – l'indépendance émotionnelle et l'interdépendance – permettent de mieux diriger une organisation. Et lorsque ces conquêtes se généralisent au sein d'une équipe, l'énergie de toute l'organisation au même titre que la productivité, s'en trouvent décuplées.

Qu'en est-il dans cette logique d'un autre facteur fondamental à toute idée d'optimisation et de rendement : la confiance ?

Le compte courant de confiance

La connectivité que nous évoquions précédemment, est en grande partie fonction de la richesse intérieure et de l'habilité à communiquer. Et pour améliorer la connectivité, il faut donc obligatoirement améliorer la communication. Car elle n'est rien d'autre que le ciment de la confiance et de la coopération qui se développe au sein d'une équipe.

Mais attention : la confiance se gagne. Elle ne s'impose pas davantage qu'elle ne s'achète. Vous avez dit bien précieux ?

La confiance diminue ou augmente en fonction de la **perception du risque** que représente pour chacun, le fait d'établir une relation de confiance avec des personnes ou des institutions déterminées. Si une personne ou une institution nous donne ainsi de bonnes raisons de penser qu'il n'y a aucun risque, nous aurons tendance à lui accorder cette confiance. *A contrario*, se développera une relation défensive.

Covey, dans son livre *Priorité aux priorités* [1], a en ce sens rendu célèbre le concept du compte courant de confiance.

Mais pour approfondir ce concept, il est tout d'abord nécessaire de comprendre les mécanismes subjectifs au travers desquels

1. Covey, Stephen, *Priorité aux priorités, First*, 1995. Voir aussi Covey, Stephen, *Les 7 Habitudes de ceux qui réalisent tout ce qu'ils entreprennent*, First, 1991 et 2006.

précisément, nous identifions et évaluons le niveau du risque. Ces mécanismes permettent en outre de mieux identifier les phénomènes de transmission de la dite confiance.

Elle peut être représentée sous la forme conceptuelle d'un compte courant sur lequel on observe des entrées (expériences positives qui indiquent un niveau de risque peu élevé) et des sorties (expériences négatives qui indiquent un risque potentiel).

♦ Les six « produits financiers » du compte courant

1. **Écouter et comprendre**. Quand une personne se sent écoutée, elle se sent connectée. La communication est saine et intense. Mais cette communication exige des émetteurs et des récepteurs sensibilisés à l'écoute, ceci impliquant une certaine connexion affective. Quiconque se sent entendu et compris, le ressent comme une « oxygénation » émotionnelle. La conséquence est simple : lorsque c'est le cas, on investit de la confiance dans l'autre. À l'inverse, si on se sent incompris, on évalue cette relation en termes de risque potentiel.

2. **Soigner les petites attentions**. Un geste, une petite attention, reflètent l'intérêt que l'on porte à l'autre. Et en certaines occasions, les petites attentions peuvent avoir de grands effets. Le président de **SAS**, Jan Carlzon, décrit par exemple de la façon suivante la réaction de ses employés lorsque pour Noël, il décida d'envoyer un énorme paquet à ses vingt mille collaborateurs : « Bon nombre d'employés m'ont écrit pour me remercier, avec des phrases du genre : Vous auriez du me voir, comme un gamin, au bureau de poste avec mon paquet, heureux et légèrement ému. C'était la première fois, au bout de tant d'années de travail pour SAS, que je recevais une note personnelle me remerciant pour mon travail. J'ai senti, croyez-moi, que je la méritais. »

Le message est clair. Donner avec sincérité, même de petites choses, signifie de la reconnaissance. Et celle-ci, même petit à petit, entraîne de la confiance.

À l'inverse, négliger ou oublier ces gestes, détails et petites attentions ; pire encore, ne stigmatiser que des détails négatifs, s'avère très inefficace… la perception est celle du risque, signifiant alors une opération simple : un retrait du compte courant de confiance.

La sincérité encore une fois, est une condition indispensable à *l'approvisionnement du compte courant.* Si celui qui reçoit a le sentiment que le geste est tout sauf gratuit, le risque de l'effet contraire est imminent… Il en va notamment ainsi d'un chef qui ne disant jamais bonjour, souhaite un joyeux anniversaire à l'un des ses employés… la crédibilité de ce dernier dans ce cas, apparaît pour le moins douteuse… le constat est le même pour une entreprise, qui traitant ses employés sans le moindre égard toute l'année, croit les récompenser avec un petit cadeau de Noël…

3. **Tenir ses promesses**. Les promesses créent des attentes, qui si elles ne sont pas respectées, génèrent des frustrations. À l'inverse lorsque quelqu'un crée des attentes et respecte ses engagements, cela contribue de manière décisive à un profond sentiment de confiance et de sécurité. Promettre sans donner constitue un défaut de caractère donnant lieu à de nombreuses distorsions des relations interpersonnelles. Cela implique également chez celui ou celle qui fonctionne de la sorte, une recherche de satisfaction immédiate (lorsqu'on promet, on reçoit un feedback positif immédiat), sans faire son travail (respecter sa promesse). Bien entendu, cette petite *escroquerie* n'est pas gratuite. Car au fil du temps, on perd non seulement la gratification immédiate, mais aussi la possibilité même d'être perçu comme digne de confiance. La perception là encore, est celle du risque. La confiance diminue.

4. **Clarifier attentes et objectifs**, c'est aller au devant de nombreux malentendus et incompréhensions. Quand une personne sait ce que l'on attend d'elle, elle se sent en confiance et en sécurité. Et dans ce cas, elle est plus encline à prendre des initiatives et à se sentir *propriétaire* du travail qu'elle réalise. Car le risque perçu est très modeste.

Cet « apport » se convertira par ailleurs en « retrait », si l'entreprise change les objectifs trop fréquemment, provoquant ainsi une incertitude structurelle qui paralyse l'initiative individuelle. Ceci est également vrai si la direction impose des objectifs sans s'en donner les moyens.

5. **Agir avec intégrité**. Lorsqu'on s'assure qu'une personne a un comportement intègre, il est plus aisé de lui faire confiance. Dans le cas contraire, il est logique de penser qu'il existe un risque latent dans la relation. Le doute quant à l'intégrité de quelqu'un s'insinue souvent à travers un manque de loyauté à l'égard de personnes absentes (critiques), à travers des manquements élémentaires aux principes qui président à une saine cohabitation (concessions discutables), dans la discrimination des plus faibles ou encore dans le non-respect de la parole donnée. À l'occasion « plus ou moins drôles », et parfois même applaudis par certains, ces manquements à l'intégrité finissent quoiqu'il arrive, par devenir autant de « retraits » sur le compte courant de la confiance mutuelle.

6. **S'excuser en cas d'erreur**. Nous en commettons tous : la capacité à s'excuser est un gage de confiance. Demander pardon est une vertu, et savoir rectifier le tir ou se positionner face à de nouvelles circonstances sans y mêler l'orgueil personnel, rendent attrayants, et de nouveau, digne de confiance les individus qui en sont capables. Au contraire, cette incapacité peut être synonyme d'arbitraire. Et dans un régime arbitraire, les gens limitent leurs potentialités en évitant soigneusement les soi-disant relations de confiance, qui font courir des risques majeurs.

Pour qu'une entreprise soit à même de développer des relations de confiance, elle doit pouvoir compter sur des personnes crédibles et sur des systèmes de gestion qui le permettent.

Quand les systèmes de gestion fonctionnent correctement, des messages clairs sont transmis à l'organisation. Et ces messages sont perçus comme des stimulants forts du comportement de ses collaborateurs.

À titre d'exemple, ces mécanismes ont parfaitement joué lorsque, chez **Primagaz**, dressant un bilan humble et exhaustif d'une phase d'erreurs concernant nos procédures de contrôle interne, chaque collaborateur a pu apprécier à sa juste valeur l'honnêteté et l'intégrité du constat, et cela a permis en un temps record de mobiliser toute l'énergie pour endiguer cette situation d'échec. Synergie ?

9.2. Pour une communication synergique ?

Une personne se rapproche de son potentiel maximum, c'est aussi vrai en terme de qualité de vie, lorsque librement et en toute indépendance émotionnelle, elle construit des relations synergiques, c'est-à-dire une capacité à recevoir et à donner manière créative aux individus avec lesquels elle travaille, avec lesquels elle vit ou simplement entre en contact.

Une relation avec quelqu'un est synergique, lorsque le fait de donner et de recevoir repose sur des éléments à somme positive et lorsque la dynamique qui se créé entre les parties, correspond à une logique gagnant-gagnant. Cette situation est une véritable victoire humaine. Voilà pourquoi elle est indispensable.

Nous le répétons encore, mais atteindre cet objectif, implique d'être prêt à en payer le prix, qui peut être élevé. Et en l'occurrence, le prix réside dans la volonté de se donner les moyens d'améliorer la communication personnelle, de faire en sorte que la dynamique gagnant-gagnant (9.1.1) prédomine au niveau des relations, et de développer des aptitudes en matière de négociation, qui favorise la création de synergies au quotidien, et ce jour après jour.

Un cadre se doit pour cela (9.2.2), de remporter ce que nous appellerons les trois batailles du leadership (*Ethos*, *Logos*, *Pathos*), et en ce sens, une analyse attentive des contenus essentiels de ce que nous entendons comme un leadership communicationnel efficace, est par ailleurs nécessaire (9.2.3).

L'indispensable relation gagnant/gagnant

Pour atteindre un fort degré de connexion, une communication synergique s'impose. Mais cela n'est possible, nous l'avons vu, que lorsque les niveaux de confiance et de coopération sont élevés (voir figure 9.2). C'est donc le moment de revenir maintenant sur quelques fondamentaux en matière de coopération.

La coopération est en partie fondée sur la manière dont on traite les signaux et stimuli que l'on reçoit de l'extérieur. Ainsi, quand une personne se sent bien avec elle-même, il devient normal qu'elle

Figure 9.2
Niveau de communication

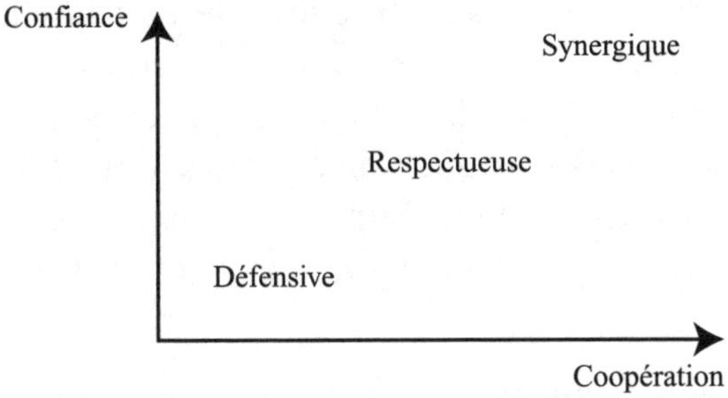

agisse avec la mentalité gagnant/gagnant. Cette mentalité a pour but d'atteindre dans les relations, un équilibre de fond au niveau des résultats obtenus, ainsi qu'une dynamique enrichissante pour les deux parties. En revanche, quand une personne, se sent mal avec elle-même et avec les autres, elle tend à agir dans une dynamique perdant/perdant. Ce faisant, elle fait les choses en portant préjudice à celui qui les exécute, et à celui qui les reçoit.

En plus de ces deux cas de figure, il existe deux autres possibilités. La première est de se sentir bien avec soi-même, mais mal avec les autres. Cette situation engendre des dynamiques gagnant/perdant dans lesquelles la personne recherche non seulement son profit personnel, mais agit clairement au détriment de l'autre. Enfin, la personne qui se sent mal avec elle-même et bien avec les autres, agira dans une dynamique perdant/gagnant et elle cédera trop souvent pour éviter le mal, ou « faire le bien ».

Les quatre situations peuvent être légitimes ponctuellement. Toutefois, chacune d'entre elles établit une dynamique de coopération plus ou moins bonne à moyen terme.

Les attitudes gagnant/gagnant sont définitivement celles qui donnent lieu à la dynamique la plus positive. Une seule condition cependant : qu'elles ne s'inscrivent pas dans un environnement d'éléments à somme nulle, car dans de telles conditions, toute coopération devient impossible. À chacun d'adopter ainsi la perspective adéquate pour qu'une situation, même déséquilibrée, devienne une conjonction d'éléments à somme positive…

Malgré les apparences, l'attitude perdre/gagner ne permet pas une dynamique de coopération durable. Une personne qui se voit dans une position de perdant parce qu'elle cède tout le temps, finit par porter atteinte à son auto estime. Et avec le temps, cette décapitalisation émotionnelle débouche elle aussi, sur un univers de frustrations. Lorsque l'on cède ou que l'on fait des sacrifices – situation par ailleurs saine dans le cadre de toute coexistence, car ayant la vertu d'améliorer le caractère – on doit toujours le faire avec une mentalité de gagnant.

C'est la meilleure façon de convertir en succès personnel ce qui pour d'autres reviendrait à perdre : « J'ai cédé sur le prix parce que mon objectif est d'atteindre le volume fixé ou de faire ce client » ; « On m'a trompé, mais j'ai appris à être prudent », etc.

L'attitude gagnant/perdant n'est pas non plus à même de développer une relation de coopération. Car une telle attitude suscite naturellement des attitudes défensives de réaction. Quelqu'un qui par ailleurs, réagit avec une attitude de gagnant/perdant face à des situations à somme positive, fait preuve de bien peu d'intelligence émotionnelle.

Enfin, est-il nécessaire de souligner que l'attitude perdre/perdre ne peut être que néfaste à toute coopération et à toute connectivité ?

Bien que fréquente, cette attitude est le reflet d'une pathologie grave dans les relations interpersonnelles. Les gens qui pensent selon un code perdant/perdant, sont dans la plupart des cas, des gens qui fonctionnent selon une dynamique destructrice : en agissant ainsi, ils endommagent leur intelligence émotionnelle et envoient aux autres des stimuli du même ordre.

Là encore, il revient au cadre d'éviter à tout prix ce genre de relation interpersonnelle. Suffit-il pour cela, de simplement « trouver les mots » ?

Les trois batailles du leadership : Ethos, Pathos *et* Logos

Que personne ne s'y trompe ! Lorsque nous parlons, les gens ne nous écoutent pas. Ils nous ressentent. Pour le meilleur et pour le pire.

Le message, en l'occurrence ce que nous disons, représente 10 % de ce que l'on communique. Le reste, plus de 90 %, se solde par un jeu dont l'issue dépend des caractéristiques de l'émetteur et des circonstances. Conclusion : il existe dans un premier temps trois batailles essentielles du leadership : le message (logos), la crédibilité (ethos) et le charisme personnel (pathos).

Figure 9.3
Communication et leadership

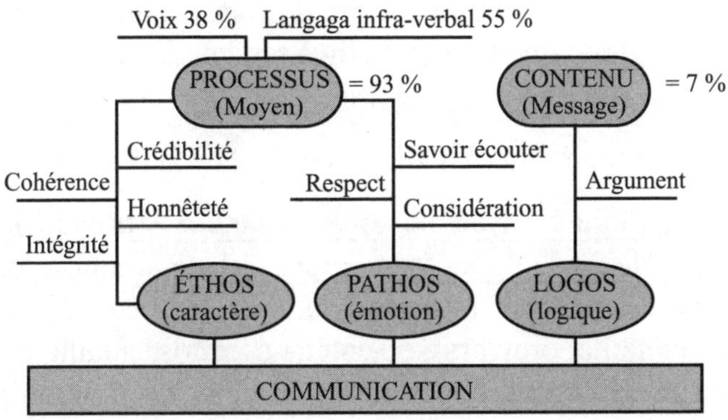

Le ***logos*** recouvre le message, à savoir ce qui se dit, c'est-à-dire le fond et la force de l'argument. En communication, on estime que le logos ne représente même pas 10 % de ce que l'on transmet (voir figure 9.3). D'où l'expression, dans un environnement professionnel : « *On n'écoute pas les gens, on les sent* ».

L'***ethos*** fait référence à la crédibilité de celui qui parle. La crédibilité, on l'a vu, se compose de deux éléments majeurs : la compétence professionnelle d'une part, et le caractère, la façon d'être, d'autre part. Quand la compétence professionnelle est élevée et que le caractère personnel éveille la confiance chez les autres, la crédibilité – et donc la communication – s'accroissent de manière exponentielle.

L'ethos est perçu dans l'organisation au travers de l'honnêteté personnelle, de l'intégrité dans sa manière d'agir, ainsi que dans la cohérence entre ce qui se dit et ce qui se fait.

En ce qui concerne l'*ethos*, il est par ailleurs intéressant de distinguer l'ethos institutionnel de l'ethos personnel, répondant chacun à des logiques non pas antagonistes, mais souvent distinctes. Le premier, celui qui nous intéresse ici, est associé à une fonction.

Certains peuvent ainsi jouir ou souffrir pendant un certain temps, de l'importance ou de la très faible crédibilité de celui qui a exercé cette fonction précédemment. Accéder à un nouveau poste implique ainsi avant toute chose, de ne pas désespérer si en dépit de ses qualités personnelles, on ne parvient pas au niveau de crédibilité que l'on pense mériter. Cela fait partie du passif ou de l'hypothèque du poste repris. Si celui qui était en fonction précédemment a bien réussi, on peut pendant un certain temps « vivre de cette rente. » Mais à moyen terme, il est logique que les deux ethos tendent à converger.

Le **pathos** enfin, concerne l'empathie personnelle, cette capacité à être bien perçu des autres. Il fait partie intégrante de la communication.

Le pathos et l'ethos créent en effet le *media* à travers lequel on transmet plus de 90 % du message global ! Une organisation évalue le pathos dans la capacité que possède un cadre à écouter, à faire en sorte que ses collaborateurs se sentent compris, autant que par le respect qu'il démontre ou l'intérêt sincère qu'il témoigne aux besoins individuels et collectifs de son équipe.

Aussi, pour diriger une organisation riche en intelligence émotionnelle – émotionnellement intelligente –, les cadres doivent investir dans le *pathos* et dans *l'ethos*.

Car lorsque les employés « sentent » bien leurs patrons, il devient beaucoup plus facile pour eux de s'enthousiasmer pour leur travail au service du client.

D'où l'inestimable valeur d'un patron emblématique. Quand chez une même personne, on retrouve les trois éléments – *logos*, *ethos* et *pathos* – les possibilités de créer une équipe de haute performance s'accroissent de façon spectaculaire.

Mais la bataille du leadership ne peut être pour autant gagnée si ce même patron n'est pas en mesure d'allier à ces trois éléments, les quatre contenus fondamentaux d'un leadership convaincant, car « synergique » et rentable.

Les quatre contenus du leadership

Dans la gestion des services, l'accroissement des contributions des employés à moyen terme passe par une condition nécessaire, mais insuffisante : un système de direction déterminée. Le témoignage de Carlzon à ce sujet est éloquent : « *C'est seulement quand j'ai eu parcouru le chemin qui sépare un gestionnaire d'un leader, que j'ai réussi à faire ouvrir la compagnie aux opportunités de marché, et à l'initiative créatrice de ses employés* »[1].

Le travail d'un cadre dans le monde des services, n'a pas grand chose à voir avec une gestion *efficace* des choses, mais a tout à voir en revanche, avec la création de *relations efficientes* entre personnes.

Dans le paradigme industriel classique, la productivité des travailleurs était le fruit d'une organisation, d'une planification, d'un contrôle, d'une discipline et de priorités édictées par des cadres. Dans le nouveau paradigme des services, la productivité est basée sur d'autres critères. Ainsi dans les services, les *personnes* passent aujourd'hui en priorité et relèguent les *choses* en deuxième position.

Dans le même ordre d'idée, le leadership a un poids beaucoup plus déterminant que la gestion, et la capitalisation des personnes est plus importante que la productivité à un instant T. En somme, le critère personnel est supérieur à la norme, l'objectif, supérieur à la structure, et la vision, à la méthode.

Cette vision peut choquer quelques esprits technocrates largement ancrés dans un passé industriel dont ils ont du mal à s'arracher. J'ai entendu à ce titre toutes sortes de choses lors de différents contacts avec des industriels de renom. Pour n'en citer que quelques-uns, et

1. Carlzon, Jan, *Moments of Truth* (Boston : Ballinger Publishing Company, 1987).

en garantissant scrupuleusement l'anonymat des auteurs, voici quelques affirmations à titre d'exemples : « Les fonctions sont plus importantes que les individus »… ce qui est certainement vrai dans une logique industrielle, pas dans les services… notamment en vertu du principe reconnu de la *bonne personne à la bonne place* (« the right man at the right place ») ou encore « pour être un bon patron, la meilleure expérience est celle d'avoir géré une usine »…, etc.

Les interdépendances entre les personnes, qui ont lieu dans tout type d'organisation humaine, redéfinissent les priorités dans l'emploi du temps d'un cadre. Dans le contexte des services, les problématiques de gestion ne sont pas les seules à traiter, il faut également envisager les quatre contenus essentiels du leadership :

- Parvenir à faire partager à tous les membres d'une organisation une vision commune préalablement élaborée.
- Contribuer à l'unité de l'organisation en développant un meilleur niveau de confiance, un plus grand esprit de service et un sens des responsabilités parmi les personnes qui composent l'entreprise.
- Clarifier les attentes et les objectifs des collaborateurs pour gérer une partie de leur satisfaction et de leurs besoins de formation en fonction de leur poste de travail.
- Enfin, communiquer au marché la personnalité de l'entreprise.

♦ Communiquer la vision aux collaborateurs

Dans une entreprise décentralisée et orientée vers le service, l'un des rôles les plus importants des cadres est sans doute la communication avec les employés, les clients et les fournisseurs. Et encore une fois, pour que la première des communications – avec les employés – soit efficace, il est indispensable qu'il existe un certain type de connexion affective et une dose certaine de crédibilité. En ces termes, il y a lieu de communiquer une vision du futur, le sens d'une mission, de la chaleur humaine, un style, une façon de faire les choses, des objectifs stratégiques, une information de marché, un point sur les résultats atteints ou encore différents critères d'action.

Pour communiquer, il est encore une fois indispensable d'écouter, surtout si on veut personnaliser le message et le rendre digne d'attention et d'intérêt pour son auditoire. En écoutant ses collaborateurs, on apprend entre autres choses l'humilité, en plus de créer une dynamique qui renforce la crédibilité personnelle.

La vision du futur et le sens de la mission doivent inclure des accroches, des éléments qui se connectent avec les intérêts légitimes de ses collaborateurs.

En agissant différemment, il est impossible de créer une connexion avec son auditoire. Pour communiquer, il faut par ailleurs être passionné, montrer que la raison d'être de l'entreprise va au-delà des profits purs et durs, et des actionnaires.

Pour une personne qui a le *sens de la mission*, cette perspective revêt un aspect plus gratifiant, et la prédispose à éviter les multiples détails qui peuvent entre autre détériorer une ambiance de travail.

Lorsqu'on prend trop de « hauteur », que la communication se résume à sa plus simple expression, et reste vide de sens, quand on ne s'attache qu'à générer des profits, on obtient l'effet contraire. Et dans ce cas, entre tout simplement en jeu la viabilité de l'entreprise dans le temps… car dans les services, générer du profit au détriment des personnes à un instant T, est beaucoup moins complexe que d'optimiser une capacité à générer du profit dans le temps…

Des illustrations malheureuses comme celles du **Crédit Lyonnais**, de **Vivendi** ou, plus spectaculaire encore, d'**Arthur Andersen**, sont là pour en témoigner.

Parler de communication, c'est avant tout garder à l'esprit cette idée que l'on a trop souvent tendance à oublier.

Pour que le « *logos* » (la logique du message) influe sur les gens, on doit préalablement gagner la bataille de l'« *ethos* » (la crédibilité de celui qui communique), et celle du « *pathos* » (l'alchimie avec l'auditoire).

♦ Contribuer à l'unité de l'organisation

L'unité de l'entreprise est en relation directe avec le degré d'appropriation des objectifs de l'organisation par les employés. Si on peut *manipuler* quelqu'un pour qu'il réalise une chose déterminée, on ne peut obliger quiconque à accepter ou à s'approprier un objectif. Une fois de plus, nous nous retrouvons aux frontières de la liberté personnelle où les choses ne se font que si les gens le veulent. Seulement s'ils le veulent.

Si on facilite l'accroissement d'un meilleur esprit de service parmi les employés qui composent une organisation, ainsi qu'un plus grand sens des responsabilités et de la confiance, on développe obligatoirement un meilleur processus d'appropriation des objectifs dans une entreprise de service.

Anita Roddick illustre en ces termes sa préoccupation quant à la formation des cadres dans les écoles de commerce : « *Je ne comprends pas pourquoi diable, dans les années quatre-vingt-dix, on ne peut se soucier que de faire réussir une entreprise sans se préoccuper de rien d'autre, ni de qui que ce soit. La clef n'est ni la compétence ni l'argent. Ce dont on a besoin, c'est d'optimisme, d'enthousiasme, d'intuition, de curiosité, d'amour, de sens de l'humour, d'une certaine magie, de divertissement, et en plus, d'un ingrédient secret : l'euphorie. Rien de tout cela n'apparaît dans le cursus que l'on réalise dans une école de commerce*[1]. »

Aussi, l'unique façon de créer une parfaite unité dans une organisation est d'apprécier et d'utiliser au mieux les talents de ses collaborateurs. Parmi les éléments qui fondent la cohésion d'une équipe, il convient de noter que le simple fait de rendre chacun solidairement responsable de la bonne marche des projets ou de créer et régénérer un climat de confiance, sont autant de façons de faire primordiales qui facilitent les contributions de ses collaborateurs.

1. Roddick, Anita, *Corps et âme, l'aventure de* The Body Shop *racontée par sa fondatrice*, Village mondial, 2003.

Un employé se montre t-il plus disposé à collaborer quand il ressent qu'il est pris en compte selon un intérêt autre que directement proportionnel aux bénéfices qu'il génère ? Là encore, à vous de voir.

Car il existe nombre de perceptions qui désagrègent ou affectent négativement l'unité et l'*institutionnalisation* d'un groupe. Elles entraînent alors des jugements de valeur négatifs : « Je ne suis pas pris en compte », « On m'utilise à des fins personnelles », « Je suis intéressant tant que je leur suis utile » etc. Des attitudes de manipulations type « kleenex », sont désastreuses pour la cohésion d'un individu avec le groupe.

De plus en plus, le cadre doit se consacrer à écouter, expliquer, à convaincre et à définir des critères de jugement pertinents pour ses collaborateurs. Le cadre d'une organisation doit s'assimiler à la fonction de promoteur d'équipes humaines : en écoutant les suggestions, en leur apprenant à découvrir les opportunités de marché, en leur allouant des ressources qui sont dans un autre endroit de l'organisation, en les incitant à coopérer entre eux, en créant des niveaux de défis attractifs entre les employés, et en définitive, en rendant possible la réalisation de tâches dont ils pourront se sentir fiers.

Améliorer l'unité d'une entreprise, c'est réussir ce fabuleux défi consistant à faire régner un excellent niveau de discipline au cœur d'une situation où tout le monde obéit, sans que personne ne commande.

Une seule illustration à ceci : je me souviens de l'une de mes expériences lors d'une prise de fonctions qui souligne parfaitement le manque d'unité qui peut régner au sein des équipes d'une même direction. Pour des raisons historiques, certainement liées à l'application sans doute inconsciente d'ailleurs, du vieux principe « Diviser pour mieux régner », les chefs de département s'escrimaient à faire valoir leurs propres succès, en ne faisant aucun cas, voire même au détriment des autres départements.

Après avoir répété inlassablement que la somme des intérêts individuels n'était pas égale à l'intérêt collectif, j'ai finalement décidé de créer des « groupes projets » formés par des collaborateurs de différents départements à divers niveaux hiérarchiques, le tout, piloté par une ou deux personnes responsables de délivrer dans un délai convenu, un document ou une procédure, etc.

Afin d'éradiquer toutes velléités – forcément fréquentes dans un premier temps – de faire valoir une personne au détriment d'une autre… ou pire encore, de rejeter la responsabilité sur le non-respect des délais, sur le manque de qualité de tel ou tel document ou sur une mauvaise compréhension de l'objectif poursuivi… il m'a fallu poser une règle claire et non équivoque selon laquelle le succès ou l'échec de l'entreprise, seraient clairement collectif.

Ne souhaitant pas que cela n'apparaisse comme un dictat injustifié, je soumis par ailleurs le graphique suivant à la réflexion des cadres, chefs de département (voir figure 9.4). L'unité était à ce prix. Son efficacité se révéla maximale.

Figure 9.4
Efficacité et discipline/esprit d'équipe

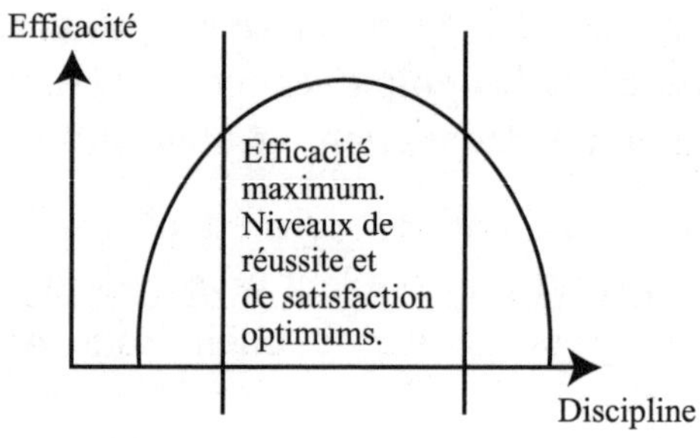

♦ Clarifier les attentes et objectifs

Les énergies des collaborateurs se concentrent lorsque ce que l'on attend d'eux devient clair, et qu'ils connaissent parfaitement les objectifs à atteindre. Nous avons déjà analysé qu'une « communauté » d'attentes entre un cadre et un employé permet d'éviter de nombreux malentendus et de gagner en capital confiance.

Mais clarifier les attentes et les objectifs, c'est aussi exercer une forme d'autorité non agressive et respectueuse de chacun ; forme d'autorité convaincante qui dynamise et crée un enthousiasme véritable. En l'absence d'une telle autorité, les employés finissent par se sentir déracinés dans leur propre entreprise, et ne ressentent plus la chaleur ou la fierté de bien réaliser leur travail. Et ils finissent souvent par être à ce point détachés, qu'ils se sentent étrangers à la réussite ou à l'échec de l'entreprise. Ce genre de situation favorise par ailleurs la mobilisation, fréquente en France, des employés face aux employeurs ou au Gouvernement, soudain devenus les seuls et uniques responsables de leur avenir professionnel. Et plus rien ne semble dépendre d'eux-mêmes.

Il existe pourtant de nombreux exemples illustrant le fait que, sans une implication active des employés, certains succès d'entreprise n'auraient pu être envisageables. **Primagaz**, associé aux certifications ISO dans les entreprises de service, en est un exemple.

Autre contribution délicate au regard d'objectifs et d'attentes clairs qu'il importe enfin de souligner ici : le manque de libéralisme de l'économie française se révèle souvent contre-productif. Et cela explique paradoxalement les succès plus évidents d'entreprises de type familial.

♦ Communiquer au marché la personnalité de l'entreprise

Le cadre a également la mission de communiquer avec le marché. Un des objectifs importants de cette communication est de créer ou de renforcer un sens de l'appartenance chez les clients, qui sont connectés d'une manière ou d'une autre à l'entreprise. La communication a également d'autres objectifs aussi importants, tels que la transmission au marché de la personnalité de l'entreprise et de la lisibilité de toute innovation éveillant l'intérêt et la confiance à l'égard des services proposés.

En ce sens, le responsable d'une entreprise peut être le meilleur des attachés de presse. Car les journalistes sont friands d'entreprises où le Président répond lui-même au téléphone, surtout quand ce dernier a des choses intéressantes à dire… Ce fût le cas lorsque **Primagaz** se présenta comme la première entreprise à obtenir son statut d'opérateur de gaz en réseau, dans le cadre de la dérégulation de la distribution sous compteur ou encore lors de l'annonce de sa première réalisation d'une desserte publique, dont les journaux se firent largement l'écho.

Certaines compagnies, dont le propriétaire a par ailleurs démontré une certaine personnalité doublée d'une sensibilité communicationnelle, sont parvenues à bâtir une énorme notoriété sans grand renfort de publicité ou en capitalisant simplement sur l'image du fondateur pour combiner l'effet de la publicité avec celui des relations publiques. C'est par exemple le cas d'**Alain Afflelou**.

9.3. Vers un leadership modernisé ?

Une personne atteint un rendement optimum nous l'avons vu, lorsqu'elle conjugue haut niveau de compétence et haut degré d'implication. Mais ceci est le plus souvent le résultat d'un long processus d'apprentissage qu'il nous importe de détailler ici (9.3.1). [1] Processus à travers lequel l'intelligence émotionnelle d'un cadre se mesure de manière décisive (9.3.2), dans la mesure où ce laps de temps sert tout simplement à jeter les bases de rendement futur d'un employé.

Processus d'apprentissage et leadership de situation

Le processus d'apprentissage classique pourrait être divisé en quatre étapes (voir figure 9.5). Mais franchir chacune des étapes n'est pas seulement une question de temps. La rapidité avec laquelle on passe d'une étape à l'autre dépend en effet des stimuli internes et externes que chaque personne reçoit. Quand les stimuli sont faibles, et donc à peine perceptibles, il se peut très bien que l'employé concerné ne dépasse jamais la première étape et de ce fait ne puisse jamais se donner l'occasion de franchir ses propres limites et par conséquent n'exprime jamais ou en tout cas pas complètement son véritable potentiel.

---

1. Voir Blanchard, Ken, *Personal Excellence*, Nightgale, 1996.

♦ Les quatre étapes du processus d'apprentissage

Figure 9.5
Étapes pour atteindre ses objectifs

		Implication : Élevée	Implication : Basse
Compétence	Basse	I Débutant (enthousiasme)	II Apprenti (découragement)
Compétence	Élevée	IV Professionnel (aisance totale)	III Amateur (manque de confiance)

a) Premier contact avec la tâche à accomplir : *l'enthousiasme*. La première étape se caractérise par un niveau d'implication élevé et de compétence basse. Il est habituel, lorsque l'on entreprend une nouvelle tâche ou que l'on débute dans une nouvelle fonction, de voir coexister l'intérêt d'apprendre et de s'améliorer en dépit d'un haut degré de méconnaissance du sujet traité. Prenons l'exemple d'un apprenti conducteur. L'enthousiasme et la motivation peuvent être évidents. Encore faut-il commencer par s'interroger quant à la meilleure façon de passer une vitesse…

b) La crise : le découragement. Lorsque l'on commence à appréhender la difficulté de la tâche, les erreurs commises ou la lenteur de l'apprentissage, la réaction la plus habituelle est celle du découragement, et dans la plupart des cas, cela entraîne une baisse du niveau d'implication. En bref, le faible niveau de compétence s'additionne au faible niveau d'implication. Cette étape est périlleuse, car l'apprenti peut rester très longtemps dans cette phase, et décapitaliser ainsi son patrimoine émotionnel avec une efficacité redoutable. Le candidat découvre en l'espèce, qu'il ne s'agit pas seulement de changer les vitesses, mais aussi de connaître et de respecter le code de la route, en plus d'apprendre à faire des créneaux…

c) L'apprentissage de base : la « bonsaïsation ». La troisième étape correspond à un niveau d'engagement personnel faible, mais à un niveau de compétence élevé. Celui qui persévère dans la deuxième étape, parvient en effet en règle générale « à apprendre son métier ». Et ce, même si son travail est mu pendant un certain temps par une certaine réserve basée sur des réflexes acquis, l'empêchant de véritablement donner le meilleur de lui-même. Dans ce cas de figure, on constate souvent une autolimitation inconsciente des aspects quantitatifs et qualitatifs de la tâche de travail en tant que telle, mais aussi des états d'âme émotionnels associés à celle-ci. Notre apprenti conducteur domine certes toutes les techniques de base, il a même obtenu son permis, mais il conduit encore pour le moins craintivement...

d) L'assimilation : la créativité. La dernière étape est atteinte lorsque l'on conjugue un haut niveau de compétence et un fort niveau d'implication. La crainte de l'apprentissage de base, fait place à une période où le plaisir supplante « *la bonsaïsation* ». On apprend en effet le plaisir de faire ce que l'on fait. Cette dernière phase correspond à la manifestation logique d'une plus grande aisance et d'un plus grand professionnalisme. Lorsque cette étape est atteinte, on est en mesure de se délester de toute espèce de « coût émotionnel » et donc en condition de parvenir à un très haut niveau de rendement. Mais, de fait, il importe d'aller plus loin en associant et en démultipliant par la même les bienfaits d'un niveau d'efficacité maximum désormais atteint, à une capitalisation émotionnelle bénéfique et enrichissante d'un point de vue personnel. L'apprenti est désormais un conducteur à part entière qui, maîtrisant son véhicule avec le sourire, peut maintenant allier le plaisir de la conduite aux bénéfices utilitaires et épicuriens de sa monture ; un rendez-vous, un musée... ?

La connaissance de ces quatre étapes présente au moins deux avantages : l'utilisation et l'optimisation de l'autodiagnostic, comme de l'auto-traitement. Un employé au cœur de la première étape a besoin de nombre d'informations dans la façon dont il convient de réaliser une tâche. Et pour ce faire, il doit avoir recours à des collaborateurs, mais aussi à des ouvrages ou des manuels. Lors de la seconde étape en revanche, les besoins sont plus complexes. Car la traverser de la meilleure des façons signifie davantage que l'acquisition de simples connaissances en rapport direct avec la tâche à réaliser. Cette phase implique en effet d'aborder une question fondamentale : « Le jeu en vaut-il la chandelle ? »

Quand on parvient à la troisième étape, la clef pour accéder à la quatrième est de continuer à recevoir le support de motivation nécessaire afin d'écarter les peurs ou les complexes limitant la pleine expression d'un potentiel dissimulé dans des connaissances déjà acquises. Enfin, la quatrième étape implique de réaliser sans influences extérieures ce que l'on a entre les mains.

Chacun d'entre nous porte en lui la responsabilité de traverser au mieux chacune de ces étapes, au regard de toute chose relevant de l'intérêt ou de l'envie de bien faire.

Plus l'indépendance émotionnelle est affirmée, plus les étapes 2 et 3 seront assimilées rapidement. À l'inverse, il se peut qu'elles s'éternisent, voire qu'elles s'avèrent impossible à transcender. D'où l'intérêt d'une attention particulière durant ces deux phases. Car un employé agissant de façon négative en se décourageant durablement dès que les choses deviennent difficiles, présente tous les symptômes de quelqu'un qui en prendra rapidement l'habitude…

♦ Le leadership situationnel

Le deuxième grand avantage de bien connaître ces quatre étapes, est d'optimiser le leadership situationnel (voir figure 9.6). Ce modèle permet ainsi d'exercer un leadership adapté à la situation dans laquelle se trouve la personne que l'on stimule. On l'a vu, un employé qui se trouve dans la première étape de son apprentissage a besoin de lignes directrices clairement établies. Il s'agit de montrer, d'informer et de démontrer, que telle ou telle tâche de travail doit s'effectuer de telle ou telle façon. La troisième phase d'apprentissage requiert une toute autre démarche.

Pour un employé se trouvant dans la deuxième étape, le type de leadership le plus efficace se doit de conjuguer avec sagesse les variables de direction et de motivation. Il ne suffit plus là, d'une direction visant à fournir des connaissances. Il est nécessaire de toucher la fibre émotionnelle, et en l'occurrence, de faire en sorte qu'un employé vive mieux la difficulté de son apprentissage et son

Figure 9.6
Leadership situationnel

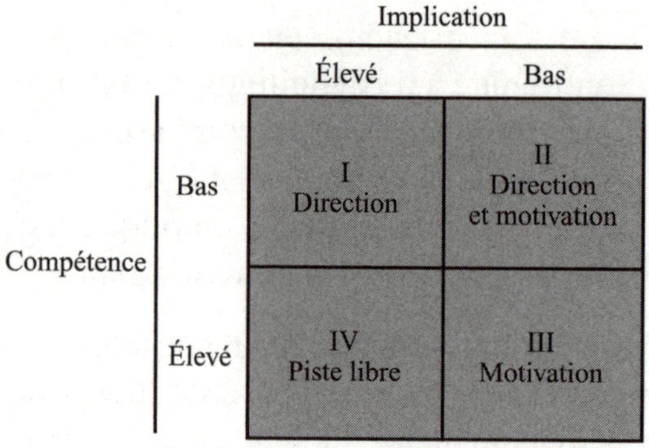

rapport à la tâche de travail en tant que telle. Ce type de leadership est très caractéristique des entraîneurs ou managers, dans le domaine sportif.

Concernant la troisième étape, le leadership qui semble être le plus effectif est celui qui gravite autour d'une idée centrale : faire ressentir à l'employé les immenses opportunités liées au fait de réaliser son travail avec davantage de confiance en soi, et un esprit d'initiative plus développé. Il s'agit en l'espèce de gommer les craintes et les insécurités pour que toutes les ressources accumulées au cours des trois premières étapes, puissent se déployer avec la plus grande efficacité.

Le leadership adéquat concernant la dernière phase se révèle traditionnellement beaucoup plus simple. Il consiste de manière élémentaire, à faire en sorte que le travail puisse être fait correctement, en éliminant pour cela tout obstacle ou frein préjudiciable à la parfaite réalisation d'une tâche. Un employé dans cette phase a avant tout besoin qu'on lui laisse faire son travail en paix, sans interférence aucune.

Un bon leader doit en conséquence être en mesure d'adapter son style de management à la situation des personnes qu'il dirige.

Le modèle suggère qu'il existe au moins quatre situations qui induisent différents besoins. Un cadre efficace doit dès lors savoir évoluer avec aisance vis-à-vis de ces quatre situations en exerçant de la sorte un bon leadership situationnel.

Un cadre en revanche, qui applique la même méthode pour tous est manifestement dépourvu d'intelligence émotionnelle. Et il est surtout dans l'erreur.

L'intelligence émotionnelle des cadres

La passionnante tâche de diriger requiert une grande dose d'intelligence émotionnelle. Lorsqu'il y a manque en la matière, les dégâts et les effets sur la santé des affaires comme sur le capital humain de l'entreprise, peuvent être désastreux.

Chez un leader, l'intelligence émotionnelle se manifeste par la « capacité de s'auto-doter » de façon habituelle des meilleurs états émotionnels – passion, enthousiasme, confiance, amour, curiosité, sécurité – indépendamment de stimuli externes idéaux ou non.

Faire preuve de peu d'intelligence émotionnelle, c'est notamment accumuler des circonstances de vie qui ne font qu'empirer l'état émotionnel. C'est le cas lorsque l'on s'énerve inutilement face à des impondérables ou des circonstances extérieures incontrôlables (embouteillages, temps perdu, retards, erreurs des autres, etc.)

Comme nous l'avons vu, les comportements et les états émotionnels vont de pair. Un cadre doit être émotionnellement en forme, s'il veut donner le meilleur de lui-même. Dans de trop nombreuses entreprises, le véritable goulot d'étranglement et les freins qui retardent le progrès de l'entreprise, résident dans les auto-limitations que le top management s'évertue lui-même à pérenniser. Lorsqu'au plus haut niveau, les cadres fracturent les prisons dans lesquelles ils se sont souvent eux-mêmes enfermés, le niveau d'énergie personnel – et *de facto* l'institutionnel – augmente significativement.

L'intelligence émotionnelle du leader se manifeste également dans sa capacité à influencer positivement le moral de ses équipes face au travail à fournir. Un cadre démontre en revanche peu d'intelligence lorsque ses interventions démoralisent, bloquent ou inquiètent les équipes, se traduisant par une détérioration généralisée des états émotionnels de chacune des personnes qui dépendent de lui :

À quelques jours d'une importante réunion, le patron commente les présentations en critiquant systématiquement la forme sans apporter aucun élément constructif sur le fond. Le moral des troupes s'en trouve potentiellement si affecté qu'en dépit d'un fond d'une qualité irréprochable, la réunion se solde par un échec complet…

Quand on met son intelligence émotionnelle au service de la bonne santé de ses affaires, on crée une nouvelle logique qui contraste notablement avec la logique antérieure.

Les deux schémas de fonctionnement le synthétisent et le résument clairement ici (figure 9.7).

Figure 9.7
Changement dans les schémas de fonctionnement

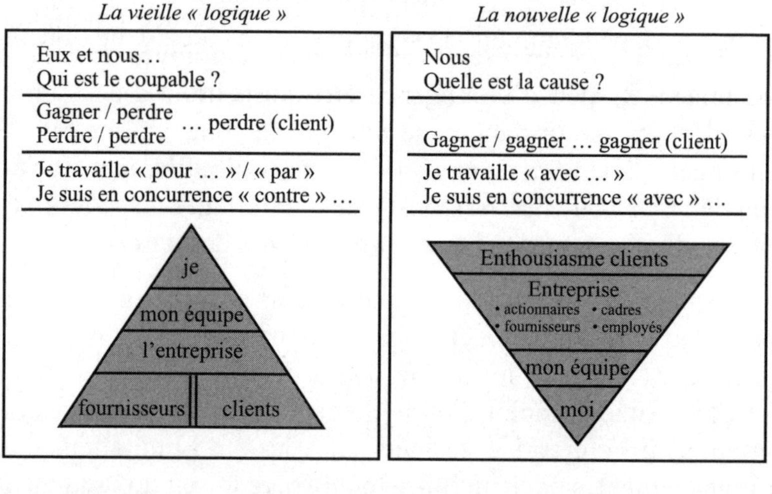

I – Sert-on beaucoup plus efficacement la logique de ses affaires et de l'entreprise, lorsque les schémas de fonctionnement répondent enfin davantage au *nous*, et non plus à la triviale dualité du *eux* et du *nous ?*

II – Améliore t-on les organisations beaucoup plus rapidement, lorsqu'on recherche les *causes* des erreurs, et non pas les *coupables ?*

III – Ne capitalise t-on pas mieux le monde intérieur des personnes – en fournissant un meilleur service au client – quand on travaille dans une logique *gagner/gagner*, plutôt que dans une dynamique *gagner/perdre* ou *perdre/perdre ?*

IV – On crée plus d'indépendance émotionnelle quand on parle de *travailler « avec »* ou *d'être en concurrence « avec »*, plutôt que de stigmatiser le *travail « pour »* ou la *concurrence « contre »*.

V – On crée enfin beaucoup plus de ressources pour l'entreprise lorsque le quotidien des cadres est totalement dominé par la *passion des clients* et par la *bonne marche de l'entreprise au sens large*, et non quand l'objectif ultime de ses mandataires n'est régi que par les intérêts du *moi* et/ou de celui du *mon équipe*.

Les entreprises du futur réclament une plus grande et une meilleure utilisation de l'intelligence émotionnelle, qualité quasiment inconnue du modèle industriel.

Quand les cadres apprennent à utiliser l'intelligence émotionnelle dans leur travail, la réponse des clients et des employés ne se fait pas attendre. Cette réponse a un nom : **l'enthousiasme**.

En résumé

Les clients des services et les employés qui s'occupent d'eux sont avant tout des personnes, des individus, des êtres humains… et pas des choses. Les personnes ne sont pas des machines. Les personnes peuvent paraître d'une façon complexe si on ne les comprend pas.

Or, on ne peut pas facilement les comprendre si on ne les aime pas, si on n'a pas à leur égard une sincère et véritable estime.

Chacun d'entre nous est chargé d'espoirs, de peurs, de désirs, de besoins, de caprices, d'états d'âme ; chacun d'entre nous a une humeur différente, a un point de vue… qui comme le démontre **HSBC** dans sa campagne publicitaire (www.votrepointdevue.com) peut être radicalement opposé pour une même chose.

Chacun est unique et empli d'émotions uniques. Bref, chacun est un monde et le leader humaniste doit savoir polir chaque personne pour qu'elle développe au mieux toutes ses capacités et ce, en se sentant mieux, en étant plus heureuse.

Dans ce chapitre, on a essayé d'appréhender un certain nombre de clefs qui auront une incidence directe sur l'amélioration de la qualité du service par le biais de l'amélioration de la qualité humaine des personnes chargées de rendre ce service. Pour ce faire, il convient de faire évoluer drastiquement l'ancien modèle de fabrication en série et de rompre les cycles vicieux qui perpétuent la spirale de l'échec.

Le pouvoir de communiquer enthousiasme à ses clients et à ses employés passe par des cadres qui osent être eux-mêmes, des cadres vivants, eux-mêmes pleins d'enthousiasme sincère, capables de briser les règles ou les idées qui se transforment en corset artificiel du potentiel humain des entreprises.

Les entreprises ont aujourd'hui plus que jamais besoin de personnes, qui bien évidemment maîtrisent les aspects techniques de leur travail notamment en France où il y a sans doute plus de règles que nulle part ailleurs, mais ce n'est plus du tout une condition nécessaire et suffisante.

Aujourd'hui, elles doivent en plus savoir et vouloir y adjoindre les qualités permettant de prendre en compte créativité et émotions. Les entreprises ont besoin de personnes qui fassent de l'entreprise un lieu de travail et de joie, un lieu qui donne envie de faire, de mieux faire, un lieu de respect où se tissent des liens.

L'entreprise doit se reconfigurer autour des personnes qui voient le travail comme un vecteur de développement et d'excellence, comme un moyen de reconquête de la plénitude humaine à laquelle chacun aspire et ce, en fantastique synergie et non en antagonisme avec leurs propres aspirations extra professionnelles et leur vie en dehors de l'entreprise... car ce sont les mêmes émotions dedans ou dehors qui fabriquent la qualité d'une vie professionnelle et la qualité d'une vie tout court.

Il est vrai que la seule différence est sans doute qu'il est nécessaire de pouvoir compter sur des personnes qui sachent faire sentir à leurs équipes que l'entreprise n'est ni ses bureaux, ni son siège social, ni sa documentation publicitaire, ni son compte de résultat.

Pour le client, les yeux et le visage de l'entreprise sont les yeux et le visage des employés avec lesquels ils sont ou ont été en contact. Pour l'employé, les yeux et le visage de l'entreprise sont les yeux et le visage de leurs chefs, de leurs cadres.

Vu sous cet angle, les clients sont bien plus que des clients car ils sont la garantie dans le temps de l'entreprise et donc en essence, sa propre raison d'être. C'est de cela dont il s'agit et qui a été abordé dans ce dernier chapitre.

Conclusion

Nous vivons sans doute aucun une période de transition très importante entre deux siècles, avec cependant un effet retard qui conduit le XXe siècle à s'achever vraiment vers 2010. Le monde des affaires n'y échappe pas, il est peut-être même plus exposé qu'aucun autre aux multiples difficultés qui constituent autant de défis inhérents à toute grand phase de changement : accélération dramatique du rythme de travail, compétition déclinée à l'échelle du monde, multiplication des informations plus transparentes (bien que superficielles car disjointes) et en temps réel que jamais, prise de conscience environnementale et assimilation – encore à ses balbutiements – du fragile équilibre entre l'homme et la nature… autant de paramètres qui forcent l'adaptation et l'évolution irrémédiable de nos façons de penser et de faire.

Après la révolution industrielle il n'est pas du tout incertain que nous nous retrouvions engagés dans une révolution humaine nourrie par une recherche éperdue de sens. Il devient plus important que jamais de trouver de bonnes réponses non plus seulement aux « comment ? », mais aussi aux multiples « pourquoi ? » qui mobilisent le cœur et l'esprit des clients et des collaborateurs de l'entreprise. Pourquoi faire le choix de telle entreprise plutôt que de telle autre par exemple, question qui s'applique aussi bien si nous en sommes des clients ou des employés pour n'en citer qu'une.

La mise en équation apparemment contre nature de « réussir » et « être heureux », d'être client et satisfait, salarié et engagé est un exercice de rigueur, de constance, d'engagement constant… mais aussi et surtout, sans doute plus que jamais, d'intelligence. Un travail d'écoute et de ré-étalonnement de nos émotions, de celles de nos collaborateurs et de nos clients doit être réalisé de façon proactive et systématique.

De ce questionnement veillant à réconcilier les différents intérêts et enjeux de l'entreprise, du niveau dans lequel elle évolue, de ses clients, de ses employés et des différentes parties prenantes en général naîtra un nouveau business model plus à même de répondre non seulement aux enjeux à court terme mais de veiller aussi en permanence à regarder plus loin pour assurer plus de stabilité.

Ce modèle développé dans cet ouvrage est un des moyens de se mettre en quête de ce point « R »… point de Raison, point de Réconciliation, point vers lequel converge les intérêts communs qui fabriquent des relations où chacun parvient à trouver son compte.

Une lettre R qui se pose aussi comme l'initiale de concepts forts qui s'organisent entre eux pour orienter toute cette réflexion intangible… R comme Reconnaissance et Remerciements pour pouvoir exprimer et donner le meilleur de nous-même à cette fantastique mission qu'est écrire l'avenir d'une entreprise, de ses collaborateurs et de ses clients, cette fantastique quête de sens au sein de nos entreprises et avec la sincérité de nos émotions… Une lettre R qui précède la lettre S comme dans ce Souhait ultime que je formulerai : celui de voir émerger des entreprises à la recherche, ou déjà plus riches de sens et sans doute porteuses de solutions pour une sortie de crise et pour la construction d'un monde plus sage et plus solidaire.

Remerciements de Myriam Maestroni

Dans une vie, trop souvent, les occasions de remercier toutes ces personnes qui, autour de nous, hier, aujourd'hui, demain ont contribué et contribueront à faire une véritable différence dans nos vies sont trop limitées.

Le manque de temps, l'accélération du rythme de travail, le « quotidien » (cette horrible et horriblement contagieuse maladie), la recherche d'excellence, parfois même tout simplement la pudeur d'exprimer nos véritables émotions sont autant d'excuses que nous nous trouvons pour qu'il en soit ainsi.

Alors cette fois ci, je ne voudrais pas gâcher cette merveilleuse opportunité qui m'est offerte de pouvoir remercier du fond du cœur tous ceux qui m'aident chaque jour à construire une vie qui vaut la peine d'être vécue.

À tous mes collaborateurs, collègues, partenaires et patrons d'hier, chez Dyneff, chez Agip, chez Primagaz Espagne et chez SHV, avec qui j'ai découvert et partagé les pires mais surtout les meilleurs moments dans un marché en plein bouleversement : Lourdes et Juan à qui je pense encore souvent même s'ils ne sont plus de ce monde et à qui je rends hommage, mais aussi Rosa, Carmen, Antoine Lécéa, Fernando, Josep et tous les autres… Merci.

À tous mes collaborateurs, collègues, partenaires et patrons d'aujourd'hui, qui plus que jamais alimentent cette magnifique source d'inspiration dont on a tellement besoin dans ce monde de l'énergie qui évolue comme jamais auparavant. Ma « Primafamille » chez Primagaz qui chaque jour force mon respect, mon admiration et mon envie de mieux faire pour continuer à être digne de cet héritage de 150 ans d'histoire. C'est rare une société aussi ancienne, mais c'est parce que sa capacité à se réinventer fait partie de son ADN enrichie de l'immense engagement personnel de chacun, homme, femme, jeune, âgés, administratif ou cadre supérieur, au siège ou sur le terrain. Merci à l'ensemble des collaborateurs de Primagaz avec qui j'ai la chance de travailler au quotidien. Oui, merci du fond du cœur à vous tous. C'est une immense grâce que de pouvoir compter sur des personnes comme vous. Merci à La Primafamille d'Or et notamment à Alain Thiery et Pierre Debrus qui m'ont tellement aidé à tous les points de vue et à son Président Michel Pouquet.

Ma famille qui n'a jamais cessé de m'offrir un soutien inconditionnel et que j'aime profondément.

Mes amis de toujours qui sont toujours là pour partager les peines mais surtout les joies : Véronique, Florence, Anne, Rosa, Alberto, Christophe, Felipe, Jean Luc, Elena, Marian, Cathy, Catherine, Marika, Federico, Pierre, Pat, Emmanuel, Alexandre et tous les autres en France, en Espagne ou ailleurs. Merci.

Tous ceux qui m'aident à réfléchir en dehors des sentiers battus parce qu'ils ont eux mêmes depuis longtemps déjà ouvert de façon remarquable leurs horizons : Luis Huete bien sûr, mais aussi Jaime Fillella, Ceferi Soler, de l'ESADE, de l'IESE, de Sup de Co Bordeaux, de Harvard Business School ou d'ailleurs. Par votre travail et par la qualité de votre engagement, vous contribuez chaque jour à réconcilier, bonheur, travail, excellence et développement personnel. Merci d'être là, et voyez en ces remerciements un témoignage de ma reconnaissance et de mon affection inconditionnelle.

Des remerciements en particulier à Lucette pour son aide et à Magali qui se sont toutes les deux énormément investies pour que ce livre soit le plus lisible possible, mais aussi, bien sûr, aux auteurs de la version espagnole du livre : Luis Huete, Juan Serrano et Iñigo Soler.

Myriam Maestroni
Directeur général Primagaz

Remerciements de Luis M. Huete

Ma reconnaissance mêlée d'affection va d'abord à mes collègues du corps professoral de l'IESE et particulièrement à Carlos Cavallé, directeur général de l'établissement, et Jordi Canals, directeur général adjoint, sans oublier Pedro Nuero, le meilleur ambassadeur de notre école comme nous le surnommons entre amis. Non seulement ces hommes me stimulent en permanence à travailler avec courage et intelligence, mais il sont aussi pour moi un exemple de professionnalisme, d'application et de dévouement dans la tâche qui consiste à faire de l'IESE une école de renommée mondiale, un lieu de travail extraordinaire et plein de vitalité. L'IESE est pour ainsi dire ma deuxième maison ; le travail que j'y accomplis m'apporte énormément et, chaque jour, je me demande jusqu'où ira cette école au fil des ans.

Je tiens également à remercier Earl Sasser et Gary Loveman, professeurs à la Harvard Business School, avec qui je partage la tâche de former des centaines de chefs d'entreprise du monde entier, au cours des séminaires annuels organisés conjointement par Harvard et l'IESE en Suisse et en Argentine. Presque tout ce que contient ce livre, je l'ai appris de ces deux hommes. Nous nous sommes connus à l'époque où je faisais mon doctorat à Boston et où ils exerçaient déjà une forte influence sur moi. ils sont un exemple de la générosité intellectuelle dont seuls les grands maîtres et les personnes dotées d'une intelligence émotionnelle sont capables envers autrui.

Juan Serrano, mastère de l'université de San Diego (1989) et Iñigo Soler, mastère de l'IESE (1992), sont les deux personnes avec lesquelles j'ai travaillé le plus étroitement au cours de ces dernières années, à l'IESE et sur des travaux de recherche. Nous avons également collaboré à de nombreux projets visant à améliorer les fondamentaux d'entreprises qui nous avaient embauchés comme consultants. Bien des dirigeants d'entreprise peuvent témoigner de notre travail. Ce furent des missions intenses au cours desquelles nous avons rapproché nos sensibilités et nos connaissances et avons beaucoup appris les uns des autres.

Juan vient du monde de la gestion et de la planification ; Iñigo, de l'univers du commerce et du marketing ; quant à moi, mes domaines d'intervention sont le service et la qualité. Nous avons fait en sorte que le mélange des trois fonctionne pour obtenir un résultat dont ce livre est un exemple. je tenais donc à remercier spécialement ces deux hommes, parce qu'ils ont accepté de collaborer avec moi à ce livre comme dans mon cabinet conseil, mais aussi pour tout ce que j'ai appris en travaillant avec eux, pour tous les bons moments que nous avons partagés, pour tous les rêves auxquels nous allons donner corps dans l'avenir et pour la confiance qui préside à nos rapports et à notre travail.

Cosimo Chiesa est une autre des personnes que je tiens à remercier tout spécialement. Des années durant, j'ai fait partie du comité consultatif de sa société de conseil. Ensemble, nous avons animé des dizaines de séminaires un peu partout en Espagne ; des milliers de personnes nous ont écoutés et sont venues nous dire leur gratitude pour notre travail. En Cosimo, je trouve toujours un ami attentif, un collègue intelligent et vif, un maître dans bien des domaines.

Eulogio Bordas, président de THR, la plus importante société de conseil d'Espagne en matière de tourisme, m'inspire quant à lui non seulement de la gratitude mais aussi de l'admiration. Si j'admire l'ampleur, le prestige et l'importance des missions que lui confient ses clients, j'admire encore plus la bonne humeur et la sympathie avec laquelle il aborde les rapports avec autrui et avec moi-même. Je le remercie infiniment de m'avoir aidé à diriger certaines rencontres sectorielles destinées à des entrepreneurs du tourisme dont nous espérons bien qu'elles feront date. Tout au long de nos diverses collaborations, j'ai eu l'occasion d'apprendre beaucoup.

Mes remerciements vont aussi à Antonio Cortés, membre d'un des meilleurs cabinets d'avocats de Barcelone, qui a su me pousser à ouvrir mon propre cabinet conseil et à terminer ce livre dans les délais prévus. Je remercie aussi Federico Dios, professeur à la Universidad Politécnica de Cataluña, qui m'a démontré les fondements mathématiques de certaines idées contenues dans le chapitre 2. Je ne voudrais pas oublier Elena Jorí, mastère de l'IESE (1995) et Victor Kuppers pour l'aide précieuse qu'ils ont apportée à cet ouvrage par leurs idées et suggestions.

J'ai également une dette envers trois magnifiques personnes qui travaillent à l'IESE : María de la Puerta, Natalia Godó et Mercedes Castelló. Toutes trois m'ont considérablement aidé à terminer ce livre – en me disant qu'elles l'adoraient, notamment. dans le cadre des tâches de direction que nous partageons elle et moi, María m'a donné des leçons dans l'art de diriger les autres et de se mettre à leur service. sans même que je le lui demande, elle a accompli une grande part du travail qui m'incombait. Quant à Natalia, elle a mis toute son intelligence et son professionnalisme au service des graphiques et de la coordination logistique du projet. Mercedes, enfin, a su faire en sorte que sa gaieté, sa vivacité et son inventivité transparaissent dans cct ouvrage, dont elle a corrigé le brouillon. À toutes trois, du fond du cœur, un grand merci !

Une trentaine de professionnels prestigieux et reconnus ont généreusement apporté d'élogieux témoignages sur le contenu de ce livre. À tous, je tiens à dire ma reconnaissance et ma gratitude pour ce geste d'amitié et de soutien.

Je dois aussi à ma famille des remerciements très particuliers. Mes parents et mes frères occupent une place de choix dans ma vie. La somme de travail que m'a demandé cet ouvrage les a privés d'une partie de l'attention que je leur devais. je me sens une dette envers eux, mêmes s'ils savent que j'ai toujours essayé de mettre tout ce que j'avais, y compris mon temps, à leur service. Je ferai tout mon possible pour leur apporter les compensations qu'ils méritent.

Ma reconnaissance va aussi à mes étudiants de l'IESE et aux nombreux dirigeants qui m'ont confié la tâche de les aider à améliorer leur entreprise. J'ai eu le privilège de nouer des amitiés solides parmi mes étudiants comme parmi mes clients et d'apprendre autant d'eux, voire davantage, que ce que j'ai pu leur apprendre.

Ma gratitude s'étend également à ceux qui, chaque année, assistent aux conférences, séminaires, entretiens et ateliers de travail qui me sont demandés par des entreprises aux quatre coins du globe. Cette année, d'après mes calculs, plus de quatre mille personnes sont venues m'écouter lors de manifestations qui se sont tenues dans une vingtaine de villes situées dans plus de dix pays différents.

Enfin, je voudrais remercier la Federación Vasco-Navarra de Cajas de Ahorros et Winterthur pour leur aide financière, qui m'a permis de mener à bien une partie du travail consigné dans ce livre.

Luis María Huete
Professeur à l'IESE

Bibliographie

AAKER, D., *Management brand equity*, The Free Press, New York, 1991 [*Le management du capital-marque*, Dalloz, 1994].

ALET, J., *Marketing relacional, Como obtener clients leales y rentables*, Ediciones Gestion 2000, S.A., Barcelona, 1994.

ANDERSON, J.C., NARUS, J.A., « Capturing the value of supplementary services » *Harvard Business Review*, Jan./Feb. 95, vol. 73, Issue 1, p. 75-83.

ANDREU, R., RICART, J.E., *Estrategia y sistemas de informacion*, Mc Graw-Hill, Madrid, 1990.

ANDREU, R., RICART, J.E., *La organizacion en la era de la informacion ; aprendizaje, innovation y cambio*, McGraw-Hill, Madrid, 1995.

ASHER, M., *Managing quality in the service sector. Step by step guidance. Effective tools and techniques*, Kogan Page Limited, London, 1996.

BAND, W. A., *Creating value for customers*, John Wiley & Sons, London-New York, 1991.

BARLOW, J., MØLLER, C., *A complaint is a gift. Using customer feedback as a strategic tool*, Barrett-Koehler Publishers, San Francisco, 1996.

BERRY, L.L., *On great service*, The Free Press, New York, 1995.

BERRY, L.L., PARASURAMAN, A., *Marketing services ; competing though quality*, The Free Press, New York, 1991.

BLANCHARD, K., WAGHORN, T., *Mission possible*, McGraw-Hill, New York, 1977 [*Anticiper le changement – Mission possible*, Dunod, 1997].

BREMMER, J., *Professional network marketing. Practical advice for building a successful network*, Judy Piatkus Publishers Ltd., London, 1996.

CANALS, J., *La internacionalizacion de la empresa*, McGraw-Hill, Madrid, 1994.

CANALS, J., GARCIA PONT, C. y BALLARIN, E., *Globalizacion, Hacia la interdependencia, Biblioteca IESE de Gestion de Empresas*, Ediciones Folio, S.A., Barcelona, 1997.

CANNIE, J.K. y CAPLIN, D., *Keeping customers for life*, AMA, New York, 1991.

CARLZON, J., *Moments of truth*, Ballinger Publishing Co., 1987.

CASE, J., *Customer service : the last word*, Inc., avril 1991.

CHIAS, J., *El Mercado son personas : el marketing en las empresas de servicions*, McGraw-Hill, Madrid, 1991.

CHINCHILLA, N., *Lo que deberian saber los directores generales y los profesionales de RR.HH. sobre rotacion de directivos*, Ediciones Gestion 2000, en la coleccion EADA Gestion, 1996.

CLOTHIER, P., *Multi level-Marketing*, Kogan Page ltd., London, 1990.

COLLIER, D., *The Service/Quality Solution : Using Management to Gain Competitive Advantage*, Irwin, 1994.

COLLINS, J.C., PORRAS, J.I., *Built to last : Successful habits of visionary companies*, Century-Business, London, 1996 [*Bâties pour durer – Les entreprises visionnaires ont-elles un secret ?*, First, 1996].

COVEY, S., *Les sept habitudes de ceux qui réalisent tout ce qu'ils entreprennent*, First, 2005.

CRAM, A., *The Power of relationship marketing*, Pitman Publishing, London, 1994.

CRISTOPHER, M., *Marketing Relacional*, Diaz de Santos, Madrid, 1994.

CROSBY, P.B., *Compltleteness. Plentitud. Calidad para el siglo XXI*, Madrid, 1994.

DAVIS, S. M., *Vision 2020*, Dunod, 1993.

DAVIS, S. M., *Future Perfect*, Addison Wesley Longman, 1989.

DE GEUS, A., *The living company. Habits for survival in a turbulent business environment*, Harvard Business School Press, Boston, 1997 [*La Pérennité des entreprises*, Maxima, 1997].

DE ZULUETA, J., *Buscando El Dordado. Reflexiones sobre los negocios en España 1980-1996*, Editorial Noesis, Madris, 1997.

EIGLIER, P., LANGEAR, E., *Le marketing des services*, Mc Graw-Hill, Paris, 1987.

ELIAS, J. *Organizacion atenta. Consejospracticos para aquellas personas y organizaciones que trabajan diariamente en contecto con el cliente*, Gestion 2000, 1993.

FISHER, R., KOPELMAN, E., KUPPER SCHNEIDER, A., *Beyond Machiavelli*, Harvard Business School Press, Boston, 1994.

FITZSIMMONS, J.A., SULLIVAN, R.S., *Service Operation Management*, McGraw-Hill Book Co, New York, 1982.

FOSTER, D.L., *The complete franchise book, What you must know (and are rarely told) about buying or starting your own franchise*, Prima Publishing and Communications, Rocklin, California, 1988.

FROMM, B., SCHNLESINGER, L., *The real heroes of business*, Currency Doubleday, New York, 1994.

GARCIA, S., DOLAN, S.L., *La direction por valores (DpV) El cambio mas alla de la direction por objectivos*, Mcgraw-Hill/Management, Madrid, 1997.

GARDNER, H., *Frames of minds*, Basic Books, 1985.

GARDNER, H., *Creating minds*, Basic Books, 1993.

GARDNER, H., *Leading minds*, Harper Collins, 1996.

GINEBRA, J., ARANA DE LA GARZA, R., *Direction por servicio. La otra calidad*, McGraw-Hill/Interamericania de México, México, 1990.

Gomez-Llera, G., Pin, J.R., *Diriger es educar. El gobierno de la organizacion y el desarrollo de sus recursos directivos*, McGraw-Hill, Serie McGraw-Hill de Management, Madrid, 1994.

Gouillart, F.J., Kelly, J.N., *Transforming the organization. Performing corporate direction, restructuring the company, revitalizing the enterprise, renuevaing people*, McGraw-Hill, Inc., New York, 1995 [*Du mécanique au vivant – L'entreprise en transformation*, Village mondial, 1995].

Grover, R., *El toque Magico de Disney*, Diaz de Santos, Madrid, 1995.

Guardia, R., *Nunca vendas a un extraño. Marketing directo, hoy*, Edictiones Deusto, S.A., Bilbao.

Hamel, G., Prahalad, C.K., *Competing for the future. Breakthrough strategies for seizing control of your industry and creating the markets of tomorrow*, Harvard Business School Press, Boston, 1994 [*La Conquête du futur – Construire l'avenir de son entreprise plutôt que le subir*, Dunod, 1999].

Handy, C., *The empty Raincoat*, Random House Business Books, 1995 [*Le Temps des paradoxes*, Village Mondial, 1995].

Hart, C. W. L., « The Power of unconditional service guarantees », *Harvard business Review*, Jul./Aug. 88, vol. 66, Issue 4, p. 54-62.

Hart, C. W. L., Bogan, C. E., *The baldridge : What it is, How it's won, how to use it to improve quality in your company*, McGraw-Hill, Inc., New York, 1992.

Hart, C. W. L., « The profitable art of service recovery », *Harvard Business Review*, Jul./Aug. 90, vol. 68, Issue 4, p. 148-156.

Heskett, J.L., « Lessons in the service sector », *Harvard Business Review*, Mar./Apr. 87, vol. 65, Issue 2, p. 118-126.

Heskett, J.L., *Managing in the service economy*, Harvard Business School Press, Boston, 1986.

Helskett, J.L., Jones, T.O., Loveman, G.W., Sasser, W.E. Jr., Schlesinger, L.A., « Putting the service-profit chain to work », *Harvard Business Review*, Jul./Aug. 2008, vol. 86, Issue 7/8, p. 118-129.

Helskett, J.L., Sasser, W.E. Jr., Hart, C., *Service breakthroughs. Changing the rules of the game*, The Free Press, New York, 1990.

Helskett, J.L., Sasser, Schlesinger, L.A., *The Service profit chain. How leading companies link profit and growth to loyality, satisfaction and value*, The Free Press, New York, 1997.

Helskett, J.L., Schlesinger, L.A., « Breaking the cycle of failure in services », *Sloan Management Review*, Spring 91, vol. 32, Issue 3, p. 17-28.

Helskett, J.L., Schlesinger, L.A., « The service-driven service company », *Harvard Business Review*, Sept./Oct. 91, vol. 69, Issue 5, p. 71-81.

Horovitz, J., *La qualité de service*, Inter Éditions, Paris, 1987.

HOROVITZ, J., *Total Customer satisfaction. Lessons from 50 European companies with top quality service*, Pitman Publishing, London, 1992 [*La satisfaction totale du client*, Dunod, 1994].

HOROVITZ, J., NIRMALYA, K., « Getting close to the customer », *Mastering Management*, parte 13, 1996.

HEUTE, L.M., DEBAIG, M., *Hacia un Nuevo paradigma de gestion*, McGraw-Hill, Madrid, 1995.

KOTTER, J.P., *Leading change. An action plan from the world foremost expert on business leadership*, Harvard Business School Press, Boston, 1996.

LAGER, F., *Ben and Jerry's : The Inside scoop. How tow real guys built a business with a social conscience and a sense of humor*, Crown Publishers, Inc., New York, 1994.

LARREA, P.,*Calidad de servicio. Del marketing a la estrategia*, Ediciones Diaz de Santos, S.A., Madrid, 1991.

LEVITT, T., *The marketing imagination*, The Free Press, New York, 1983 [*L'imagination au service du marketing*, Economica, 1985].

LOVELOCK, C.H., *Managing services : marketing, operations and human resources*, Prentice Hall, London, 1988.

LOVELOCK, C.H., *Product plus. How product + service = Competitive advantage*, McGraw-Hill, Inc., New York, 1994.

LOVELOCK, C.H., *Service Marketing*, Prentice Hall, Englewood Cliffs, New Jeresy, 1991 [*Marketing des services*, 6e edition, Pearson Education, 2008].

MAISTER, D.H., *Managing the professional service firm*, The Free Press, New York, 1993.

MAISTER, D.H., *True professionalism*, The Free Press, New York, 1997.

MARINA, J.A., *El laberinto sentimental*, Anagrama, Barcelona, 1996.

MARINA, J.A., *Teoria de la inteligencia creadora*, Anagrama, Barcelona, 1993.

MARTI, J., COMAS, A., *La quiebra de la « idea Disney » en Paris*, Tibidabo, Barcelona, 1994.

MCKENNA, R., *Relationship marketing*, Addison Wesley, 1995.

MILLS, P.K., *Managing service industries. Organizational practices in a postindustrial economy*, Ballinger Publishing Co, 1987.

MONAGHAM, *Pizza Tiger*, House, Inc., 1986.

MONTANER MONTEAJO, J., *Psicologia del turismo*, Madrid, 1996.

MOORE, G.A., *Inside the tornado. Marketing strategies from Silicon Valley's cutting edge*, Harper Business, New York, 1995 [*Dans l'œil du cyclone. Grandeur et misère de la Silicon Valley*, First, 1997].

NORMANN, R., *Service management. Strategy and leadership in service business*, John Wiley & Sons, London-New York, 1991.

NUEO, P., *Emprendiendo. El arte de crear empesas y sus artistas*, Ediciones Deusto, Bilbao, 1994.

O'BRIEN, L., JONES, C., « Do rewards really creat loyalty ? », *Harvard Business Review*, May/June 95, vol. 73, Issue 3, p. 75-82.

OGILVY, D., *Ogilvy on advertising*, Vintage Books, New York, 1985 [*La publicité selon Ogilvy*, Dunod, 1993].

PAULI, G., *Double-digit growth. How to achieve it with services*, Pauli Publishing, 1992.

PEPPERS, D., ROGERS, M., *The one to one future. Building relationships one customer at a time*, Currency Doubleday, New York, 1993.

PEREZ, G., CRUZ, J., ROCA, J., *Psicologia y deporte*, Alianza Editorial, Madrid, 1995.

PEREZ-LOPEZ, J.A., *Teoria de la accion humana en las organizaciones*, Editiorial, Madrid, 1995.

PEREZ-LOPEZ, J.A., *Fundamentos de la direction de empresas*, Ediciones Rialp, S.A., Madrid, 1993.

PETERS, T., *Le Chaos Management : manuel pour une nouvelle prospérité de l'entreprise*, Inter Éditions, 1988.

PETERS, T., *Reinventando la excelencia*, Ed. Folio, Barcelona, 1990.

PFEFFER, J., *Competitive advantage through people. Unleashing the power of the work force*, Harvard Business School Press, 1993.

PINE, B.J.II, *Mass customization. The new frontier in business competition*, Harvard Business School Press, Boston, 1993.

PROKESH, S.E., « Competing on customer service », *Harvard Business Review*, Nov./Dec. 95, vol. 73, Issue 6, p. 100-112.

QUINN, F., *Crowning the customer*, O'Brien Press, 1990.

REICHHELD, F.F., « Learning from customer defections », *Harvard Business Review*, Mar./Apr. 96, vol. 74, Issue 2, p. 56-69.

REICHHELD, F.F., *The loyalty effect. The hidden force behind growth, profits, and lasting value*, Harvard Business School Press, Boston, 1996 [*L'effet loyauté. Réussir en fidélisant ses clients, ses salaries et ses actionnaires*, Dunod, 1996].

REICHHELD, F.F., *The quest for loyalty. Creating value through partnership*, Harvard Business School Press, Boston, 1996.

REICHHELD, F.F., SASSER, W.E. Jr., « Zero defections : quality comes to service », *Harvard Business Review*, Sep./Oct. 90, vol. 68, Issue 5, p. 105-111.

RIES, A., TROUT, J., *Positioning : The battle for your mind*, McGraw-Hill, Inc., USA, 1986.

ROBBINS, A., *Unlimited power*, Simons & Schuster, New York, 1986 [*Pouvoir illimité*, Robert Laffont, 2003].

RODDICK, A., *Cuerpo y alma. La polémica historia de la creadora de « The Body Shop »*, Ediciones B, 1992 [*Corps et âme – L'aventure de The Body Shop racontée par sa fondatrice*, Village mondial, 2003].

RODRIGUEZ PORRAS, J.M., *El factor humano en la empresa*, Ediciones Deusto, S.A., Bilbao, 1989.

RODRIGUEZ PORRAS, J.M., *El factor humano en la empresa – Apuntes*, Ediciones Universidad de Navarra, S.A., Pamplona, 1995.

SCHLESINGER, L.A., « Finding heroes in unlikely places », *Executive Directions*, Sep./Oct. 1994.

SCHNEIDER, B., BOWN, D., *Winning the service game*, Harvard Business School Press, Boston, 1995.

SELLER, P., « Companies that serve you well », *Fortune*, 31 May 1993.

SENGE, P.M., *The fifth discipline*, Doubleday, Bantam Doublebay Dell Publishing Group Inc., 1990 [*La Cinquième Discipline*, First, 1991].

SEWELL, C., BROWN, P.B., *Customer for life : How to turn that one-time buyer into a lifetime customer*, Doubleday, New York, 1990.

TRACY, B., *Advanced selling strategies : The proven system of sales ideals, methods, and techniques used by top salespeople everywhere*, Simon & Schuster, New York, 1995 [*Le pouvoir du charme – Comment gagner tout le monde à sa cause en toute situation*, Trésor caché, 2007].

TRACY, B., *Maximum achievement : The proven system of strategies and skills that will unlock your hidden powers to succeed*, Simon & Schuster, New York, 1993 [*Objectifs – Comment obtenir tout ce que vous voulez plus rapidement que vous ne l'auriez imaginé*, Trésor caché, 2005].

TREACY, M., WIERSEMA, F., *The discipline of market leaders : Choose your customer, narrow your focus, dominate your market*, Effective Management Publications, 1995 [*L'Exigence du choix : Trois disciplines de valeur pour dominer ses marchés*, Village mondial, 2002].

TSCHOHL, J., *Alcanzando la excelencia mediante el service al cliente*, Diaz de Santos, Madrid, 1991.

VALERO, A., LUCAS, J.L., *Politica de empersa*, EUNSA, Ediciones Universidad de Navarra, S.A., Pamplona.

VALLAS, J.F., *Las claves del mercado turistico. Como cmpietir en el Nuevo entrorno*, Ediciones Deusto., S.A., Bilbao, 1996.

VAVRA, T.G., *Aftermarketing : how to keep customers for life through relationship marketing*, Irwin Professional Publishing, Burr Ridge, IL, USA, 1992.

WALKER, D., *Customer first : A strategy for quality service, Gower Publishing Co. Ltd., Aldershot, UK, 1990.*

ZEITHAML, V., PARASURAMAN, A., BERRY, L., *Delivering quality service. Balancing customer perceptions and expectations*, The Free Press, New York, 1990.

Composition et mise en pages : FACOMPO, LISIEUX

Achevé d'imprimer sur les presses de la Nouvelle Imprimerie Laballery – 58500 Clamecy
Numéro d'impression : 905226

Imprimé en France